Herrmann / Peters (Hrsg.)

Deutsche und Deutschland
in der russischen Lyrik des frühen 20. Jahrhunderts

WEST-ÖSTLICHE SPIEGELUNGEN

Russen und Rußland aus deutscher Sicht
und Deutsche und Deutschland aus russischer Sicht
von den Anfängen bis zum 20. Jahrhundert

Wuppertaler Projekt
zur Erforschung der Geschichte deutsch-russischer Fremdenbilder

unter der Leitung

von

LEW KOPELEW

Reihe B · Sonderband

Deutsche und Deutschland in der russischen Lyrik des frühen 20. Jahrhunderts

Herausgegeben von

DAGMAR HERRMANN
und
JOHANNE PETERS

unter Mitarbeit von
Volker Pallin

Zeichnungen von Andreas Reuther

Wilhelm Fink Verlag München

ISBN 3–7705–2477–2
© 1988 Wilhelm Fink Verlag, München
Gesamtherstellung: Ferdinand Schöningh, Paderborn

Inhaltsverzeichnis

Umschrift der russischen Wörter

Die Wiedergabe russischer Wörter folgt der philologisch-wissenschaftlichen Transkription. Es sind danach auszusprechen:

    s   wie s in „Buße" (stimmlos)
    š   wie sch in „Schule" (stimmlos)
    z   wie s in „Rose" (stimmhaft)
    ž   wie j in „Journal" (stimmhaft)
    c   wie deutsches z
    ck wie zk
    č   wie tsch in „Peitsche"
    šč wie schtsch
    y   wie dumpfes i
    ė   wie ein offenes ä
    ë   wie deutsch: jo

Ein Apostroph (') nach Konsonant bezeichnet die weiche Aussprache des betreffenden Konsonanten, als wenn ihm ein i folgte.

Lew Kopelew

Lyriker als Zeitzeugen

Vorwort

Die außerordentlich große Bedeutung, die das Dichterwort in Rußland in etwa zwei Jahrhunderten – seit der Zeit der Aufklärung –
erreicht hat, ist in anderen Ländern kaum bekannt und noch weniger
vorstellbar.

Pëtr Kropotkin[1] schrieb schon zu Beginn dieses Jahrhunderts:

> „In keinem anderen Lande nimmt die Literatur eine so einflußreiche
> Stellung ein als in Rußland, nirgends sonst übt sie einen so tiefen und
> direkten Einfluß auf die geistige Entwicklung der jüngeren Generation aus.
> [...]
> Der Grund, weshalb die Literatur einen solchen Einfluß in Rußland ausübt,
> ist klar genug. Es gibt kein öffentliches politisches Leben, und mit Aus-
> nahme von ein paar Jahren zur Zeit der Abschaffung der Leibeigenschaft
> ist das russische Volk niemals dazu gekommen, einen tätigen Anteil an der
> Entwicklung des Landes zu nehmen.
> Die Folge ist dann davon gewesen, daß die besten Geister des Landes
> die Lyrik und Novellistik, die Satire oder literarische Kritik zum Ausdrucks-
> mittel ihrer Bestrebungen, ihrer Begriffe vom nationalen Leben und ihrer
> Ideale gewählt haben. Nicht aus Regierungs-Blaubüchern oder den
> Leitartikeln der Zeitungen, sondern aus den Werken der Kunst und Litera-
> tur wird man in Rußland die politischen, wirtschaftlichen und sozialen
> Ideale des Landes – die Bestrebungen der russischen Gesellschaft –
> verstehen lernen."[2]

Das gilt auch für die Rolle der russischen Literatur nach 1917,
ebenso wie für die Literaturen der meisten Völker in der Sowjetunion.

Den deutschen Leser mag die Entwicklung der russischen Literatur
im 19. und 20. Jahrhundert an die Ideen der deutschen Aufklärung,
der Stürmer und Dränger, an die Träume Friedrich Schillers von der
„Schaubühne als einer moralischen Anstalt" und von „ästhetischer
Erziehung" erinnern. In Rußland wurden diese Ideale nicht nur weiter-
geträumt, sondern sind gewissermaßen Wirklichkeit geworden. Das
russische Dichterwort ist eine maßgebende nationale geistige Macht.
Es ist eben eine geistige, nicht eine publizistisch-propagandistische

---

[1] Fürst Pëtr Alekseevič Kropotkin (1842–1921); Historiker, Geograph, Schriftsteller und Theoretiker des gewaltfreien Anarchismus.

[2] PETER KROPOTKIN: *Ideale und Wirklichkeit in der russischen Literatur.* Leipzig
1906, S. IV.

Gewalt. Manchmal haben dichterische Werke unmittelbare Wirkung auf soziales und politisches Geschehen gehabt oder beansprucht. Doch ist dies nicht von Ideologen steuerbar. Manche Weltverbesserer – sowohl kirchliche wie weltliche, konservative wie liberale Prediger, Aufklärer, Revolutionäre, Staatsmänner – glaubten, daß es die eigentliche Aufgabe der Literaten sei, „großen", außerliterarischen Zwecken zu dienen. Sie wollten Poeten zu Sprachrohren der Ideen, zu Helfern der Missionare oder der Philosophen machen. Damit zerstörten sie meistens die Poesie.

Dagegen bestimmt nur die anscheinend schwer definierbare geistige Machtstellung des eigenständigen, freien poetischen Wortes seine entscheidende Bedeutung, seinen bleibenden Wert.

Anna Achmatova verkündete stolz:

> Gold verrostet, Stahl verwest,
> Marmor zerbröckelt: Alles ist zum Tod bereit.
> Trauer ist am dauerhaftesten auf Erden,
> und ewig währt des Wortes Majestät.

Lyrik, die offenkundig subjektivste, die beweglichste literarische Gattung, ist besonders sensibel und vermag darum auch unmittelbar und schnell auf die Ereignisse des geistigen Lebens, der sozialen und politischen Wirklichkeit zu reagieren.

> In Moskau ist alles von Gedichten durchdrungen,
> Von Reimen durchstochen kreuz und quer.

So schrieb Anna Achmatova.

Ihr Dichterfreund Osip Mandel'štam pflegte bitter zu scherzen: „Nirgendwo schätzt man die Poesie so hoch wie bei uns; in Rußland kann man für ein Gedicht erschossen werden."

Das war keine Übertreibung, er selbst zahlte für seine eigenwillige Lyrik mit dem Leben; 1938 wurde er im Straflager umgebracht.

Die Arbeitsgruppe „Wuppertaler Projekt" an der Bergischen Universität/Gesamthochschule Wuppertal versucht, die wesentlichen Ereignisse und Entwicklungen in der Geschichte der deutsch-russischen Fremdenbilder zu erforschen und nachzuvollziehen. Die Mitarbeiter der Gruppe und die von ihnen in verschiedenen Städten (auch im Ausland) als Autoren, Gutachter, Konsultanten gewonnenen Kollegen: Historiker, Germanisten, Slawisten, Soziologen, Übersetzer u. a. suchen zu erkennen und darzustellen, wie Deutsche und Russen in früheren Zeitaltern einander kennenlernten, welche Vorstellungen sie voneinander hatten, welche Fremdenbilder daraus entstanden und welche von ihnen zu Feindbildern ausarteten.

Die Ergebnisse dieser Forschungen werden in der Sammelreihe „West-östliche Spiegelungen" zusammengefaßt. Der erste und zweite Band „Russen und Rußland aus deutscher Sicht" (9. bis

17. Jahrhundert bzw. 18. Jahrhundert: Aufklärung, herausgegeben von Mechthild Keller) erschienen 1985 und 1987, weitere Bände werden folgen. Es sind Sammlungen von wissenschaftlichen Abhandlungen, Dokumenten und Essays, die nicht nur Fachwissenschaftler, sondern möglichst viele interessierte Leser ansprechen sollen.

Wir möchten den historischen, kulturhistorischen und musischen Interessen dieser Leser auf vielfältige Weise gerecht werden. Darum sollen in der Reihe „West-östliche Spiegelungen" auch Sonderbände herausgegeben werden, die ohne Anspruch auf wissenschaftliche Systematik und lückenlose Materialfülle einzelne kulturgeschichtliche Erscheinungen oder das Wirken bedeutender Persönlichkeiten schildern und erörtern, insofern sie für die Problematik der Fremdenbildgestaltung und -entwicklung relevant waren und sind.

Dieser Band enthält Gedichte russischer Lyriker einiger Generationen, die im ersten Drittel unseres Jahrhunderts (bis 1933) entstanden und veröffentlicht wurden. Es sind Gedichte, in denen bestimmte Vorstellungen von Deutschland und deutschen Menschen erkennbar sind, Vorstellungen, die in verschiedenen Schichten der russischen Gesellschaft weit verbreitet waren und Einfluß ausübten.

Diese Sammlung ist nicht vollständig, und die Beiträge sind unterschiedlich: schlichte Auskunftsnotizen, kurze kulturhistorische Skizzen, Kommentare zu einzelnen Gedichten u. a. m. Die Kriterien der Auswahl sind einfach zu benennen: dichterische Qualität und/oder unmittelbarer Bezug zum Zeitgeist.

In exemplarischen Fragmenten eines lyrischen Zeitspiegels werden manche der vielfältigen russischen Deutschlandbilder aus dem ersten Drittel unseres Jahrhunderts erkennbar.

Die bedeutendsten Lyriker sind vertreten: Blok, Achmatova, Belyj, Mandel'štam, Cvetaeva, Pasternak, Majakovskij. Es fehlen aber auch einige bekannte Namen, z. B. Chlebnikov, Esenin und Vjačeslav Ivanov, weil wir bei diesen Dichtern bisher keine Deutschlandbilder gefunden haben.

Dagegen werden mehrere Gedichte von Autoren angeführt, die im Ausland wenig oder gar nicht bekannt sind. Doch waren sie einst in Rußland einflußreich, manche blieben es bis heute. Lyriker wie Brjusov, Gumilëv, Vološin, Saša Černyj, Bagrickij, Tret'jakov, Kirsanov und die „russischen Berliner" der zwanziger Jahre haben die geistigen Strömungen und Vorstellungen ihrer Zeit nicht nur widergespiegelt, sondern auch mitgestaltet.

Mehrere der Gedichte, die wir hier zusammengestellt haben, erschienen schon früher in deutscher Übertragung, aber die meisten sind für die „West-östlichen Spiegelungen" erstmals übersetzt oder nachgedichtet worden.

Lew Kopelew

Ein faustischer Traum –
Anna Achmatova

Anna Andreevna Achmatova (1889–1966) ist eine der größten Dichtergestalten der russischen und der europäischen Literatur des 20. Jahrhunderts. Ihre ersten Gedichtbände „Abend" (Večer, 1912) und „Rosenkranz" (Čётki, 1913) machten sie in Rußland bekannt und beliebt. Sie gehörte zusammen mit ihrem ersten Mann, dem Lyriker Nikolaj Gumilëv (1886–1921), Osip Mandel'štam (1891–1938) und anderen damals jungen Autoren der literarischen Gruppe der Akmeisten[1] an.

Die Poesie Anna Achmatovas ist äußerst klar in allen recht vielfältigen Ausdrucksformen, klassisch exakt in Wortwahl und Architektonik. Ihre Gedichte sind erdgebunden, dinghaft, konkret und zugleich durchgeistigt, von einer tiefen Religiosität und metaphysischen Gedankengängen durchdrungen. Sie enthüllen intime Leidenschaften, seelische Abgründe, bringen Liebesleid und selbstkasteiende Bekenntnisse zum Ausdruck, bergen unlösbare magische Rätsel, Mysterien, Geheimschriften.

Anna Achmatova war nie an zeitpolitischen Aktivitäten beteiligt, hat sich nie zu revolutionären, geschweige denn kommunistischen Ideen bekannt. Aber sie fühlte sich unlösbar mit ihrer Heimat verbunden und ließ sich nicht in die Emigration vertreiben. Von den linien-

---

[1] Zu den Akmeisten vgl. in diesem Band: Ein korrekter Gegner, Nikolaj Gumilëv, S. 218, und besonders: Das Hohelied der deutschen Sprache. Osip Mandel'štam, S. 276.

treuen sowjetischen Kritikern wurde sie mehrmals heftig angegriffen, bestenfalls als „ideenlose", „individualistische", „subjektivistische" Lyrikerin, aber manchmal auch ganz schlimm als Vertreterin der Dekadenz, als Verkünderin religiösen Dünkels und reaktionärer Ideologie verketzert. Von 1922 bis 1940 gelang es ihr nur, in Zeitschriften einzelne Gedichte zu publizieren. Erst 1940 erschien ein kleiner Gedichtband „Aus sechs Büchern" (Iz šesti knig) und 1943 ein anderer, „Ausgewähltes" (Izbrannoe). Doch 1946 begann der Chefideologe der stalinschen Parteiführung, Ždanov, einen großangelegten ideologischen Feldzug, der sich zu einer Hetzkampagne gegen verdächtige, parteifeindliche oder „entartete", „unzuverlässige", „dekadente" Künstler und Literaten ausweitete. Ždanov griff als erste Anna Achmatova und den Epiker Michail Zoščenko an; in seiner Rede beschimpfte er sie grob. Darauf erfolgte ein entsprechender Beschluß des ZK der KPdSU, der später in alle Schulbücher für Literaturgeschichte aufgenommen wurde. Mehr als zwanzig Jahre mußten sich die Schüler über die von der Partei ideologisch verdammten, gefährlichen Autoren belehren lassen, ohne daß sie nur ein einziges Gedicht von Achmatova zu lesen bekamen.

1946 wurden sie und Zoščenko aus dem Schriftstellerverband ausgeschlossen, erhielten keine Brot- und Lebensmittelkarten und konnten mehrere Jahre nur mit Hilfe der Freunde und Verwandten leben. Später durfte Anna Achmatova poetische Übersetzungen aus verschiedenen Sprachen machen und konnte damit eher schlecht als recht leben. Ihr einziger Sohn, Lev Gumilëv – ein Orientalist (Historiker und Ethnologe) –, war dreimal in Haft (1935, 1938–1944, 1949–1956). Sie selbst lebte all diese Jahre in dem Bewußtsein, stets von der Geheimpolizei beschattet zu werden.

Ihr tragisches Poem „Requiem" und viele Gedichte, in denen sie ihre Erkenntnisse aus den Terrorjahren, ihre Gedanken und Erfahrungen lyrisch verdichtet hat, wagte sie nicht, in Manuskripten aufzubewahren. Sie und ihre nächsten Freunde lernten sie auswendig. Erst nach 1962, nachdem Stalins Verbrechen zum Teil offiziell bloßgestellt worden waren, gestattete sie, diese Gedichte zu Papier zu bringen. Viele davon wurden bisher nur im Ausland publiziert. Doch Anna Achmatova erlebte noch die öffentliche Anerkennung sowohl in ihrer Heimat wie auch in anderen Ländern. Ihre Bücher – „Gedichte" (Stichotvorenija, 1958 und 1961), „Lauf der Zeit" (Beg vremeni, 1965) – waren in wenigen Stunden vergriffen. 1964 erhielt sie in Italien den „Ätna-Taormina-Preis" für Poesie, und 1965 empfing sie die Ehrendoktorwürde in Oxford.

So durfte sie wieder ins Ausland reisen. Vor dem Ersten Weltkrieg war sie in Frankreich und Italien, nun, ein halbes Jahrhundert später, konnte sie Paris und Rom wiedersehen. Sie beherrschte vollkommen Französisch, Italienisch und Latein, las Englisch und Deutsch ohne

Wörterbuch. Fachwissenschaftler bewunderten ihre Kenntnisse der Weltgeschichte, der Weltliteratur und der Kunst. Sie war eine bedeutende Puškin-Forscherin und hat wesentlich zur Analyse kompliziertester Probleme seiner Lebensgeschichte beigetragen.

Die Entwicklung ihrer Weltanschauung, ihrer ästhetischen Weltempfindung und dichterischen Meisterschaft wurde vor allem aus russischen Quellen genährt. Die philosophischen Auseinandersetzungen im Rußland des 19. und 20. Jahrhunderts, die Polemik der Westler und Slawophilen, der Theologen und Historiosophen waren ihr vertraut. Maßgebend für ihre Gedankenwelt und für ihr Schaffen waren die Überlieferungen der russischen Literatur von alten Heldenliedern und Sagen bis zur Folklore der letzten Jahre, von Klassikern und Romantikern des 18./19. Jahrhunderts – Puškin blieb für sie ihr Leben lang ganz besonders wichtig – bis zu den Werken ihrer älteren und auch jüngeren Zeitgenossen.

Doch fast ebenso bedeutend waren für sie die großen Dichter der Antike: Homer, Sophokles, Sappho, Horaz, Vergil und andere. Seit frühester Jugend verband sie eine wahre Wahlverwandtschaft mit Dante, Shakespeare, Byron und Shelley. Ihre Verbindung zu italienischen, französischen und englischen mittelalterlichen und neuzeitlichen Autoren und Künstlern war tief verwurzelt. Von Deutschland wußte sie weniger als Marina Cvetaeva und Boris Pasternak. Doch Bach und Goethe, E.T.A. Hoffmann und Kafka gehörten unabdingbar zu ihrer Welt. Faust-Gestalt und faustische Motive erscheinen in ihrem letzten großen Werk „Poem ohne Held" (Poéma bez geroja, 1960) im sinnbildlich magischen Karneval, der die Dichterin bald zurück zur Silvesternacht 1914 bringt – in die Zeit, als „nicht das kalendarische, sondern das wahre 20. Jahrhundert sich näherte" –, bald wieder in die Zeit nach 1941 und 1942.

In diesen Jahren lebte Anna Achmatova in Taschkent, wohin sie aus dem belagerten Leningrad evakuiert wurde. In diesen Jahren dichtete sie auch über den Krieg, über das schreckliche Los ihrer geliebten Stadt, die Tag für Tag bombardiert, von ausgemergelten, hungernden und frierenden Menschen verteidigt wurde. Sie dichtete über Leid und Tod.[2]

> Todesvögel stehen in der Luft,
> Da Leningrad um Hilfe ruft.

Sie pries den Mut und die Standhaftigkeit ihrer Landsleute.[3]

> Wir haben keine Furcht vorm Tod im Kugelhagel,
> Keine Furcht, daß wir obdachlos bleiben, –

---

[2] Russischer Text in: ANNA ACHMATOVA. *Sočinenija* (Werke). Hrsg. von G. P. Struve und B. A. Filippov. Bd. 1, München 1965, S. 243.
[3] Russischer Text in: EBENDA, S. 244. Datiert vom 23. Februar 1942.

> Doch wir erhalten dich, russische Sprache,
> Du großes russisches Wort.
> Wir werden dich frei und rein
> Den Enkeln übergeben,
> Wir retten dich aus der Gefangenschaft,
>   Retten für alle Zeit!

Sie klagte, sie trauerte, sie pries und ermunterte. Aber in keiner Zeile, in keinem Wort ihrer Gedichte aus dem Zyklus, den sie „Wind des Krieges" (Veter vojny) genannt hat, kann man auch nur eine Andeutung von Haß oder eines Feindbildes verspüren.

...
И очертанья Фауста вдали —
Как города, где много черных башен,
И колоколен с гулкими часами,
И полночей, наполненных грозою,
И старичков с негётевской судьбою,
Шарманщиков, менял и букинистов,
Кто вызвал черта, кто с ним вел торговлю
И обманул его, а нам в наследство
Оставил эту сделку ...
И выли трубы, зазывая смерть,
Пред смертию смычки благоговели,
Когда какой-то странный инструмент
Предупредил, и женский голос сразу
Ответствовал, и я тогда проснулась.

1945

...
Und Faustens Silhouette in der Ferne –
Wie eine Stadt, mit vielen schwarzen Burgen,
Mit Glockentürmen, deren Uhren dröhnen,
Mit Mitternächten, die gewitterschwer,
Mit kleinen Greisen, deren Schicksal
Ganz anders ist, als Goethes Schicksal war,
Leiermänner, Geldwechsler, Antiquare,
Die den Teufel gerufen, mit ihm gefeilscht
Und ihn betrogen hatten, aber dieses Geschäft
Als Erbschaft uns hinterließen ...
Und die Trompeten heulten, rufend nach dem Tod,
Andächtig ehrten den Tod die Geigenbögen,
Als plötzlich erklang ein sonderbares Instrument,
Es mahnte, und eine Frauenstimme
Erwiderte sofort, da bin ich erwacht.

1945

Dieses Gedicht, datiert 1945, wurde nicht zu ihren Lebzeiten veröffentlicht (erschienen posthum 1969).[4] Wir bringen es hier, obwohl diese Anthologie nur Gedichte, die vor 1933 erschienen und geschrieben sind, enthalten soll, weil Anna Achmatova eben im „Silbernen Zeitalter" der russischen Poesie, d. h. in den ersten zwei Jahrzehnten des 20. Jahrhunderts, zu einer bereits „reifen", weit bekannten und beliebten Dichterin geworden war.

Ihre Zeitgenossen und Dichterfreunde Marina Cvetaeva und Boris Pasternak bekannten sich in ihren Gedichten 1915/16 zum deutschen Geist und zur deutschen Kultur, als die gesamte russische Presse von Haßpropaganda schäumte. Achmatova war von den Kriegsereignissen unmittelbar betroffen – ihr Mann kämpfte als Soldat an der Front. Mehrere ihrer Gedichte aus diesen Jahren sind inbrünstige Gebete für die schwerbedrohte Heimat, für die bekannten und unbekannten Soldaten; aber die Gegner erwähnt sie kaum – und nie mit einem schlechten Wort.

Ihre Vorstellungen und Empfindungen in dem zitierten Gedicht, in den Zeilen, die während des Zweiten Weltkriegs entstanden, als der Deutschenhaß in Rußland unvergleichlich stärker, leidenschaftlicher und verbreiteter war als je zuvor, sind zweifelsohne bezeichnend für ihre Einstellung, die seit ihrer Jugend unverändert blieb.

Dieses „faustische" Gedicht ist das einzige von Anna Achmatova, in dem man eine Art Deutschlandbild zu erkennen vermag – das Bild einer romantisch märchenhaften, anscheinend mittelalterlichen, eben faustischen Stadt. Sie ist bewohnt von „kleinen Greisen", deren Schicksal ganz anders als das Goethesche war und deren Teufelspakt, obwohl sie „den Teufel gerufen, mit ihm gefeilscht / Und ihn betrogen hatten", uns „als Erbschaft" blieb. Bedrohlich düster erscheint dieser Traum, unheilverkündend im Unterton klingt der Satz von der Erbschaft des Handels mit dem betrogenen Teufel.

Traumhaft oder eher alptraumartig wirkt der Übergang von sichtbaren und dinghaft konkreten Gestalten zu den nur hörbaren, beängstigend undefinierbaren Empfindungen, dem mahnenden Klang eines „sonderbaren Instruments" und einer Frauenstimme als Echo. Doch eben sie erwecken die Dichterin. Ist diese Stimme vielleicht ein Nachklang der letzten Szene in „Faust II" – die Stimme des „Ewig-Weiblichen"?

Alles in diesem Gedicht kann unterschiedlich gedeutet werden, bleibt rätselhaft und geheimnisvoll. Dennoch glaube ich, die Stimmung dieser Traumvision gewissermaßen deutlich zu empfinden. Das „faustische" Deutschland ist Achmatova gleichsam vertraut und geheimnisvoll, ist von einem bedrohlichen, tödlichen Verhängnis ge-

---

[4] Novyj mir (Neue Welt) 5(1969), S. 56.

zeichnet, aber zugleich auch mahnend mit Musik und Frauenstimme ... Noch viel mehr kann wohl aus diesem kleinen und dennoch bedeutungsreichen Gedicht herausgelesen und herausgehört werden. Aber kein böser Gedanke, kein böses Gefühl. Es ist ein traumhaft verwirrtes und verfremdetes Bild, aber nichts weniger als ein Feindbild.

Dieses Gedicht stammt aus dem Jahr 1945; allein die Gegenüberstellung dieser Jahreszahl mit den Trompeten, die nach dem Tode rufen, der mahnenden, sonderbaren Musik und der erweckenden Frauenstimme läßt letztlich eine versöhnliche und versöhnende poetische Aussage heraushören.

Efim Etkind

Von deutschen Wäldern
und deutschen Webern –
Ėduard Bagrickij

Ėduard Georgievič Bagrickij (eigentlich Dzjubin) ist am 3. November 1895 in Odessa in einer kleinbürgerlichen jüdischen Familie geboren. Das philisterhafte Milieu seiner Kindheit hinterließ bei ihm eine schwere Erinnerung, die er sein ganzes Leben zu bewältigen suchte. Die ersten Gedichte des Zwanzigjährigen erschienen im Almanach „Auto in Wolken" (Avto v oblakach, 1915) samt Gedichten anderer junger Lyriker aus Odessa, unter denen die bekannten Namen des späteren Brecht-Freunds Sergej Tret'jakov und des „Imaginisten" Vadim Šeršenevič zu notieren sind. Damals sprachen die Kritiker nicht viel von Bagrickij, sie bemerkten nur einstimmig seine Abhängigkeit von zahlreichen Dichtern verschiedener Richtungen und Stile: Kipling, Heine, Blok, Gumilëv, Leconte de Lisle, Rimbaud, Hérédia. Bagrickij war ein ästhetisch sehr raffinierter Leser und Lyriker; der einzige Dichter der Avantgarde, den er akzeptierte, war Vladimir Majakovskij. Für ihn hegte er eine wahre Begeisterung, ihm widmete er sogar eine Hymne (1915).

Seit Beginn der Revolutionsereignisse stellte sich Bagrickij in den Dienst der Roten Armee: Bis Februar 1918 war er im Einsatz in Persien, dann kehrte er heim nach Odessa und machte sich an die Literaturarbeit. Seit 1920 war er bei der Jug-ROSTA (Telegraphenagentur von Südrußland) tätig: malte Agitationsplakate und schrieb dazu entsprechende satirische Gedichte. 1925 kam er nach Moskau, wo er ein Jahr später zum Mitglied der Literaturgruppe „Pereval" (Übergang) wurde und sein berühmtes Poem „Die Sage von Opanas" (Duma pro Opanasa) dichtete; dies war der Höhepunkt seines

Kampfes gegen das Philistertum. 1932 wurde Bagrickij Mitglied der offiziellen RAPP (Assoziation Proletarischer Schriftsteller); er starb zwei Jahre später im Alter von 39 Jahren an der Schwindsucht. Lidija Suok, seine Frau seit 1920, wurde bald darauf von der sowjetischen Geheimpolizei verhaftet. Wahrscheinlich hätte Bagrickij dasselbe Los ereilt, wäre er nicht rechtzeitig aus dem Leben geschieden.

Враг

Сжимает разбитую ногу
Гвоздями подбитый сапог,
Он молится грустному богу:
Молитвы услышит ли бог?

Промечут холодные зори
В поля золотые огни …
Шумят на багряном просторе
Зеленые вязы одни.

Лишь ветер, сорвавшийся с кручи,
Взвихрит серебристую пыль,
Да пляшет татарник колючий,
Да никнет безмолвно ковыль.

А ночью покроет дороги
Пропитанный слизью туман,
Протопчут усталые ноги,
Тревогу пробьет барабан.

Идет, под котомкой сгибаясь,
В дыму погибающих сел,
Беззвучно кричит, задыхаясь,
На знамени черный орел.

Протопчет, как дикая пляска.
Коней ошалелый галоп …
Опускается медная каска
На влажный запыленный лоб.

Поблекли засохшие губы,
Ружье задрожало в руке;
Запели дозорные трубы
В деревне на ближней реке …

Der Feind

Dem Fuße drückt Blasen und Wunden
Der nägelbeschlagene Schuh.
Zum traurigen Gott fleht er betend.
Hört Gott den Gebeten wohl zu?

Das Abendrot fliegt kalt vorüber.
Der Feldfeuer goldener Schein ...
In purpurner Weite klingt rauschend
Das Lispeln der Ulmen allein.

Der Wind nur, vom Felsen sich lösend,
Zerwirbelt feinsilbrigen Staub.
Es tanzt eine stachlige Distel
Und still nicken Gräser und Laub.

Die Wege bedeckt in den Nächten
Ein Nebel, der schleimig sich legt.
So müde trampeln die Füße,
Ein Trommler sein Warnsignal schlägt.

Er geht durch die sterbenden Dörfer,
Vom schweren Tornister gedrückt.
Der schwarze Adler schreit lautlos,
Der keuchend sein Banner schmückt.

Der Pferde Galopp trampelt rasend,
Ein sinnenbetäubender Tanz ...
Auf die schweißnasse Stirn senkt sich nieder
Der Helm mit dem kupfernen Glanz.

Verblichen die rissigen Lippen,
Im Arm zittert leicht das Gewehr;
Vom anderen Flußufer rufen
Die Hörner der Vorposten her ...

Сейчас над сырыми полями
Свой веер раскроет восток ...
Стучит тяжело сапогами
И взводит упругий курок ...

сентябрь 1914

Und über den schlammfeuchten Wiesen
Da fächert der Osten sich auf …
Er stampft mit den bleischweren Stiefeln
Und spannt seinen Hahn unterm Lauf …

September 1914

(Übers. von Eva Rönnau)

Птицелов

Трудно дело птицелова:
Заучи повадки птичьи,
Помни время перелетов,
Разным посвистом свисти.

Но, шатаясь по дорогам,
Под заборами ночуя,
Дидель весел, Дидель может
Песни петь и птиц ловить.

В бузине, сырой и круглой,
Соловей ударил дудкой,
На сосне звенят синицы,
На березе зяблик бьет.

И вытаскивает Дидель
Из котомки заповедной
Три манка – и каждой птице
Посвящает он манок.

Дунет он в манок бузинный,
И звенит манок бузинный, –
Из бузинного прикрытья
Отвечает соловей.

Дунет он в манок сосновый,
И свистит манок сосновый, –
На сосне в ответ синицы
Рассыпают бубенцы.

И вытаскивает Дидель
Из котомки заповедной
Самый легкий, самый звонкий
Свой березовый манок.

Он лады проверит нежно,
Щель певучую продует, –
Громким голосом береза
Под дыханьем запоет.

Der Vogelfänger

Nicht leicht ist das Vogelstellen:
Vogelbräuche muß man kennen,
Zeit der Vogelzüge wissen,
pfeifen auf verschiedene Weise.

Doch, auf vielen Wegen wandernd
und an Zäunen übernachtend,
freut sich Didel; Didel kann
Lieder singen, Vögel fangen.

Im Holunder, rund und glänzend,
stimmt die Nachtigall die Flöte,
von den Föhren tönen Meisen,
auf der Birke schlägt der Fink.

Aus dem Quersack, wohl gehütet,
holt sich Didel vor drei Flöten,
jedem Vogel eine Flöte,
ihn zu rufen, ihn zu locken.

Bläst er die Holunderflöte,
klingt sie, die Holunderflöte,
kommt, versteckt, aus dem Holunder
Antwort von der Nachtigall.

Bläst er in die Föhrenflöte,
pfeift und lockt die Föhrenflöte,
lassen Meisen auf den Föhren
wunderhelle Schellen läuten.

Aus dem Quersack, wohl gehütet,
nimmt die dritte Flöte Didel,
leicht wie keine, schön wie keine,
die geliebte Birkenflöte.

Zärtlich prüft er ihre Töne,
zärtlich bläst er durch das Blasloch,
und sein Atem läßt die Birke
voll und tönend Lieder singen.

И, заслышав этот голос,
Голос дерева и птицы,
На березе придорожной
Зяблик загремит в ответ.

За проселочной дорогой,
Где затих тележный грохот,
Над прудом, покрытым ряской,
Дидель сети разложил.

И пред ним, зеленый снизу,
Голубой и синий сверху,
Мир встает огромной птицей,
Свищет, щелкает, звенит.

Так идет веселый Дидель
С палкой, птицей и котомкой
Через Гарц, поросший лесом,
Вдоль по рейнским берегам,

По Тюрингии дубовой,
По Саксонии сосновой,
По Вестфалии бузинной,
По Баварии хмельной.

Марта, Марта, надо ль плакать,
Если Дидель ходит в поле,
Если Дидель свищет птицам
И смеется невзначай?

1918

Und sobald die Stimmen klingen,
Ton des Holzes, Vogelstimme,
schwillt als Antwort her vom Wegrand
aus der Birke Finkenschlagen.

Weit vom Feldweg, wo der Wagen
dumpfes Rumpeln ganz verstummt ist,
überm grünen Teich hat Didel
Netze ausgelegt und wartet.

Und vor ihm – am Grunde grün,
hell- und dunkelblau darüber –
schwirrt die Welt als Riesenvogel,
girrt und pfeift und schlägt und zwitschert.

So geht Didel, fröhlich pfeifend,
mit dem Quersack, wohl gehütet,
durch den Harz mit seinen Wäldern,
rheinentlang durch Rebengärten.

Thüringen mit Eichenwäldern
kennt er gut wie Sachsens Föhren;
der Holunder in Westfalen
ist ihm lieb wie Bayerns Hopfen.

Marta, Marta, muß man weinen,
wenn durch Felder Didel hingeht,
Didel seinen Vögeln flötet,
wenn er lacht, ganz unvermutet?

1918

(Übers. von Helmut Preißler)

Саксонские ткачи
(Песня)

На воле – в лазури нежной
Прохладный день онемел …
Судьба –
       Чтоб станок прилежный
Под ловкой рукою пел …

И песня –
       Любви не ждите,
Сияющий мир далек …
За нитями вьются нити,
В основе снует челнок …

Ткачи –
       Наступает осень,
Сентябрьский звездопад,
Но тихо скрипят колеса –
И нити летят, летят.

Шерстинка дрожит –
       И снова,
Наматываясь, поет …
На воле дорогой новой
Сияющий мир идет.

На воле – огонь и ветер,
Тревога и барабан …
Полей и заводов дети
Тяжелый смыкают стан …

И встали ткачи, чтоб снова
Принять в свои руки власть,
Чтобы канат суровый
Для капитала спрясть …

Как тяжек на повороте
Их ткацких колес раскат –
Из жил и рабочей плоти
Они прядут канат.

Die sächsischen Weber
(Lied)

Im Freien senkt sich hernieder
Verstummend ein kühler Tag …
Schicksal –
              Des Webstuhles Lieder
Unter der emsigen Hand …

Ihr wartet vergeblich auf Liebe,
Die glänzende Welt ist fern …
Fäden auf Fäden sich wiegen,
Das Schiffchen läuft hin und her …

Weber –
        Das Jahr geht zur Neige,
Septemberlich Sternenfall,
Doch fliegen die Fäden weiter
Und leise knarret das Rad.

Ein Fädchen zittert –
                    Von neuem
Spult es sich auf und es singt …
Die glänzende Welt im Freien,
Sie geht einen neuen Weg.

Im Freien sind Glut und Winde,
Alarm und Trommelgedröhn …
Des Felds, der Fabriken Kinder
Die ziehn als Körper heran …

Und als die Weber erstehen,
Da nehmen sie sich die Macht.
Ein Seil sieht man sie drehen,
Das ist fürs Kapital …

Wie schwer dröhnt diesmal das Drehen,
Wie walzt des Webrades Gang –
Aus Arbeiterfleisch und Sehnen
Wird dieses Seil gemacht.

Он натуго будет связан,
Упрямый и дикий враг, –
И заполощет разом
Обрызганный кровью флаг …

Из Дрездена недалеко
И до Берлина дойти.
Дойдем …
     А там широко
Раскинулись пути.

Теперь мы узнаем, кто ты?
Как руки твои ловки?
На улицу – пулеметы,
На крышу лезьте стрелки …

Отрите же лбы от пота,
Пусть радостным будет лик.
За взводом взвод,
     И рота
К сраженью готова вмиг …

Из Дрездена недалеко
И до Берлина дойти.
Дойдем …
     А там широко
Раскинулись пути.

1923

Der Strick wird ihn reglos halten,
Den störrischen, wilden Feind, –
Und dann wird sich entfalten
Die Fahne, von Blut befleckt ...

Von Dresden ist es ein leichtes,
Bis nach Berlin zu marschiern.
Marschiert ...
                    Denn dort ins Weite
Eröffnet sich der Weg.

Wird man dich endlich erkennen?
Und deiner Hände Geschick?
Laßt Schüsse die Straßen durchrennen,
Ihr Schützen, klettert aufs Dach ...

Den Schweiß wischt euch von den Wangen,
Und froh mögt ihr um euch sehn:
Es folgt ein Heer dem andern.
Sie sind zum Gefecht bereit ...

Von Dresden ist es ein leichtes,
Bis nach Berlin zu marschiern.
Marschiert ...
                    Denn dort ins Weite
Eröffnet sich der Weg.

1923

(Übers. von Eva Rönnau)

Während seiner ersten Schaffensperiode zeigte Bagrickij viel Interesse für die altslawische Mythologie: Das vorchristliche Rußland begeisterte ihn wie manchen seiner Zeitgenossen (Chlebnikov, Gorodeckij). Die Gedichte der Kriegsjahre waren zwar patriotisch, nie aber von Haß durchdrungen, wie es bei anderen Autoren öfters der Fall war. Laut Bagrickij war der Krieg ein blutiger und unerklärlicher Wahnsinn. Eines der besten Gedichte dieser Art war *„Der Feind"* *(Vrag, 1914)*[1]. Ein todmüder deutscher Soldat betet, wird aber Gott, der Gott der Trauer, seine Stimme hören? Er marschiert immer weiter und trägt in der zitternden Hand sein immer schwerer werdendes Gewehr.

Seit Beginn der zwanziger Jahre galt Ėduard Bagrickij als der erste Romantiker der Sowjetlyrik. Was verstand man darunter? Ziemlich oberflächliche Merkmale: seine Sympathie für die Sonderlinge, Vagabunden, Fischer und Jäger, für die Schmuggler und Schiffer, sein Interesse für das germanische Mittelalter, den flämischen Bummler und Freiheitskämpfer Till Eulenspiegel und den deutschen Vogelfänger Didel, seine Liebe zu Fischen und Vögeln. Letztere kommen sehr oft vor; für Bagrickij ist der Vogel das Symbol der Freiheit, der Unschuld, des Friedens, der Schönheit und der Poesie; der Vogel kann aber auch zum Bildnis der Welt werden wie im außerordentlichen *„Vogelfänger"* *(Pticelov, 1918)*[2]:

> Und vor ihm – am Grunde grün,
> hell- und dunkelblau darüber –
> schwirrt die Welt als Riesenvogel,
> girrt und pfeift und schlägt und zwitschert.

Didel, der Vogelfänger, verkörpert das seltenste, was es in der Dichtung, ja in der Welt überhaupt gibt: das Glück. Er ist ein glücklicher Mensch. Er lebt frei und fröhlich, kennt die Vogelbräuche und kann auf verschiedene Weise pfeifen; drei Lockflöten hat er, und

> jedem Vogel eine Flöte,
> ihn zu rufen, ihn zu locken.
>
> Bläst er die Holunderflöte,
> klingt sie, die Holunderflöte,
> kommt, versteckt, aus dem Holunder
> Antwort von der Nachtigall.

---

[1] Russischer Text in: ĖDUARD BAGRICKIJ. *Stichotvorenija i poėmy* (Gedichte und Poeme). Moskau und Leningrad 1964, S. 230f.

[2] Russischer Text in: EBENDA, S. 49ff. Deutsche Übersetzung in: *Russische Lyrik. Gedichte aus drei Jahrhunderten.* Ausgewählt und eingeleitet von Efim Etkind. München und Zürich 1981, S. 291ff.

Auch die Meise und der Fink antworten ihm, und:

> So geht Didel, fröhlich pfeifend,
> mit dem Quersack, wohl gehütet,
> durch den Harz mit seinen Wäldern,
> rheinentlang durch Rebengärten.
>
> Thüringen mit Eichenwäldern
> kennt er gut wie Sachsens Föhren;
> der Holunder in Westfalen
> ist ihm lieb wie Bayerns Hopfen.

Dieses Gedicht, durchdrungen von inniger Zärtlichkeit zum deutschen Geist und sogar von den so schön klingenden deutschen Worten wie Harz, Rhein, Thüringen, Westfalen, Bayerland, Didel, ist im Jahre 1918, im letzten Kriegsjahr also, entstanden, eigentlich aber früher: Die ersten Didel-Lieder findet man in Bagrickijs Notizbüchern unter dem Datum 1916/1917; hier ist Didel noch kein Vogelfänger, sondern ein einfacher Bummler, der seine Marta allein läßt, und es kommt in die Kneipe der schöne Königsreiter und schaut auf die Marta, indem er seinen Schnurrbart dreht. Der Krieg mit Deutschland konnte Bagrickijs Liebe zu Deutschland nicht zerstören. 1934 starb er an Schwindsucht; der frühe Tod rettete ihn vor der Enttäuschung, die seine Zeitgenossin, Marina Cvetajeva, die den deutschen Geist auch so hoch schätzte („O Deutschland, du mein Wahn, O Deutschland, du meine Liebe ...") zur Zeit der Invasion der Tschechoslowakei empfinden sollte.

Didel ist glücklich, er ist nicht nur ein Teil der lebendigen Natur, sondern die Seele, das Leben selbst der Natur, die sich erst durch seine Flöte voll ausdrücken kann. Der einzige und wirkliche Gegner des Dichters ist der Philister, – für Bagrickij ein Mensch, der dem Raum und der Zeit fremd ist, unbeweglich dasteht oder besser gesagt daliegt, die Bewegung haßt, weil sie immer ein Risiko darstellt, sich an das Alte festkrallt und vor allem Neuen zurückschreckt. Philister können alle sein: Junge und Alte, Reiche und Arme; das Philistertum ist für Bagrickij ein sozialpsychologischer Zustand, der den Menschen entmenscht, der ihn zum lebendigen Kadaver macht. Manche Kritiker waren über seine autobiographischen Gedichte empört: Wie konnte sich Bagrickij erlauben, über seine Eltern zu schreiben:

> Bucklige, rostige Juden; verwegen
> Schleudern sie mir, die Luft zerhämmernd,
> Ihre haarigen Fäuste entgegen ...[3]

---

[3] Russischer Text aus: *Proischoždenie* (Meine Herkunft). In: Ėduard Bagrickij, a.a.O., S. 107. Deutsche Übersetzung von Jürgen Rennert in: EFIM ETKIND: *Russische Lyrik von der Oktoberrevolution bis zur Gegenwart. Versuch einer Darstellung.* München 1984.

Juden oder nicht, 1930 kümmerte das Bagrickij sehr wenig. Sein Feind war nicht eine Rasse, sondern das Philistertum in all seinen Erscheinungen. Glück war die Bewegung: das Wandern, der Sturm, die Revolution.

Für Bagrickij wie für Majakovskij war das besiegte und erniedrigte Deutschland, das Deutschland des Beginns der zwanziger Jahre, das Land der großen Hoffnung: Man wartete auf eine baldige Revolution, die für die Sowjetregierung weit mehr als eine Hilfe – eine Legitimation und eine Rettung sein würde. Als im Oktober 1923 im Lande Sachsen ein Aufstand ausbrach und eine revolutionäre Arbeiterregierung geschaffen wurde, schrieb Ėduard Bagrickij *„Die sächsischen Weber"* *(Saksonskie tkači, 1923)*[4], ein Lied, in dem die naiv optimistischen Zeilen „Von Dresden ist es ein leichtes, / Bis nach Berlin zu marschiern" den Refrain bilden. Die sächsische Arbeiterregierung wurde von der Reichswehr vertrieben; damit waren auch die Hoffnungen auf die Weltrevolution, deren Anfang in Deutschland stattfinden sollte, erloschen.

Die sächsischen Weber

---

[4] Russischer Text in: ĖDUARD BAGRICKIJ, a.a.O., S. 308f.

Thomas R. Beyer

Zwischen Moskau und Goetheanum – Andrej Belyj

Boris Nikolaevič Bugaev, besser bekannt als Andrej Belyj, wurde am 26. Oktober 1880 in Moskau geboren. Sein Vater, Nikolaj Vasil'evič, war Professor an der Moskauer Universität und einer der führenden Mathematiker Rußlands. Seine Mutter, Aleksandra Dmitrievna, war eine ungewöhnlich schöne Frau mit einer Vorliebe für Musik und Theater. Die Kontraste und die häuslichen Auseinandersetzungen zwischen den Eltern übten einen grundlegenden und dauerhaften Einfluß auf den Sohn aus, der ständig zwischen der Präzision des Wissenschaftlers und der Passion des Künstlers hin und her gerissen wurde.

Belyjs erste Veröffentlichung war die „Zweite Symphonie" (Vtoraja simfonija, 1902), ein Versuch, der Wortkunst eine musikalische Struktur zu geben und die Dichtung dadurch der Perfektion der Musik anzunähern. 1904 erschienen seine „Nördliche Symphonie" (Severnaja simfonija) und der erste einer Reihe von Gedichtbänden mit dem Titel „Gold in Azur" (Zoloto v lazuri), der einen eindeutigen Hinweis auf die Bedeutung der Farbe für Belyjs Kunst gibt. (Sein Künstlername „Belyj" lehnt sich an das russische Wort für „weiß" an.) In nur wenigen Jahren machte er sich einen Namen als einer der führenden Theoretiker und Praktiker des russischen Symbolismus. Vor 1910 veröffentlichte er über 200 Artikel sowie zwei weitere „Symphonien" und zwei Lyriksammlungen: „Asche" (Pepel, 1909) und „Die Urne" (Urna, 1909).

Mit seinem ersten Roman „Die silberne Taube" (Serebrjanyj golub', 1909) schuf Belyj die Grundlage für eine Revolution in der russischen Erzählkunst. Einige Jahre später erschloß sein Meisterwerk, der Roman „Petersburg", der russischen Prosa neue, vielfältige Möglichkeiten; der Roman fand Anerkennung als eines der herausragenden Prosawerke des 20. Jahrhunderts. Der Stil war kühn, innovativ, komplex und fesselnd; er forderte vom Leser eine intellektuelle Teilnahme am Schaffensprozeß selbst. In diesen Jahren lernte Belyj Rudolf Steiner kennen, den Begründer der Anthroposophie. Belyj, der in jüngeren Jahren von verschiedenen Philosophen beeinflußt worden war, unter ihnen von Vladimir Solov'ëv, Nietzsche und den Neukantianern, besonders Rickert, wandte sich nach und nach dem Mystizismus zu. In Steiners Lehren fand Belyj seine eigenen Gedanken in deutlicherer Form wieder; zusammen mit seiner ersten Frau, Asja Turgeneva, ließ er sich in Dornach in der Schweiz nieder, um beim Aufbau des ersten Goetheanums mitzuwirken.

1916 kehrte Belyj nach Rußland zurück; Asja hingegen blieb in der Schweiz. Die Euphorie der russischen Revolution von 1917 machte bald der grausamen Wirklichkeit Platz; in Moskau und Petersburg herrschten Kälte, Hunger und Mangel. Zwar nahm Belyj noch so aktiv wie möglich am kulturellen Leben des neuen Staates teil, doch bemühte er sich mehrfach um ein Ausreisevisum. 1921 erhielt er schließlich die Erlaubnis, Rußland zu verlassen; im November kam er in Berlin an, wo er schon bald eine führende Position als Schriftsteller, Redner, Herausgeber und Gründungsmitglied des „Russischen Hauses der Künste" innehatte. Diese Aktivitäten konnten jedoch nicht den Schmerz kompensieren, den ihm Asja zufügte, als sie ihn im April 1922 endgültig abwies; auch kränkte ihn, daß Steiner offensichtlich einem privaten Treffen mit ihm aus dem Weg ging. Die Qualen, die Belyj in dieser Zeit ausstand, werden besonders bei der Lektüre seines Gedichtbandes „Nach der Trennung" (Posle razluki) deutlich, den er zwischen Mai und Juni 1922 in Zossen schrieb. Während seines zweijährigen Aufenthalts in Berlin und Umgebung veröffentlichte er sechzehn neue und neubearbeitete Werke, darunter seine monumentalen „Erinnerungen an Blok" (Vospominanija ob A. A. Bloke), die – trotz ihrer stark subjektiven Färbung – immer noch zu den besten Darstellungen der russischen Symbolistenbewegung gehören.

Zu Beginn des Jahres 1923 kam Klavdija Nikolaevna Vasil'eva in Berlin an; sie half mit, Ende März in Stuttgart eine Versöhnung zwischen Belyj und Steiner herbeizuführen. Wenig später kehrte sie nach Moskau zurück, wohin ihr Belyj im Oktober folgte. Bald darauf wurde Klavdija Nikolaevna seine Frau; in seinen letzten Lebensjahren bot sie ihm eine Atmosphäre der Ruhe und Sicherheit, in der er seiner schriftstellerischen Tätigkeit weiterhin nachgehen konnte.

Das schmale Bändchen „Im Königreich der Schatten" (Odna iz obitelej carstva tenej, 1924) enthält Belyjs schmerzhafte Erinnerungen

an seine Zeit in Berlin. Er schrieb zwei weitere Romane, „Moskau"
(1926) und „Masken" (Maski, 1932); in der Entdeckung des Prota-
gonisten Ivan Ivanovič Korobkin glaubten einige Kritiker, eine Vor-
ausdeutung auf die Atombombe sehen zu können. Während seiner
letzten Lebensjahre arbeitete Belyj an einer mehrbändigen Chronik
der aufregenden ersten zwei Jahrzehnte des 20. Jahrhunderts in
Rußland; zudem veröffentlichte er zwei literaturkritische Studien – eine
über Puškin und eine über Gogol'.

Diejenigen, die Belyj kannten, erinnern sich an seine hypnotischen
Augen, seine überwältigende Präsenz, den unvergeßlichen Eindruck,
den er unweigerlich auf andere machte. Sein Leben war ebenso
faszinierend wie seine Kunst; seine Beiträge zur russischen Literatur
und zur Schule des russischen Formalismus sind immer noch bedeut-
sam und unbestreitbar. Dennoch war er letztlich ein großartiger
Versager – einer, der wagte, die alltäglichen Grenzen von Raum und
Zeit zu überschreiten und dort nach neuen Erkenntnissen zu suchen.
Marina Cvetaeva nannte ihn einen „gefangenen Geist" (plennyj
duch). Im Januar 1934 wurde er von den Banden der irdischen
Gefangenschaft befreit.

Вместо письма

Любимому другу и брату
(С. М. Соловьеву)

Я вижу – лаврами венчанный,
Ты обернулся на закат.
Привет тебе, мой брат желанный
Судьбою посланный мне брат!

К вам в октябре спешат морозы
На крыльях ветра ледяных.
Здесь все в лучах, здесь дышат розы
У водометов голубых.

Я здесь с утра в Пинакотеке
Над Максом Клингером сижу.
Потом один, смеживши веки,
По белым улицам брожу.

Под небом жарким ем Kalbsbraten,
Зайдя обедать в Breierei,
А свет пройдется сетью пятен
По темени, где нет кудрей.

Там ждет Владимиров Василий
Васильевич (он шлет привет).
Здесь на чужбине обновили
Воспоминанья прежних лет.

Сидим, молчим над кружкой пива
Над воскресающим былым,
Засунув трубки в рот лениво,
Пуская в небо пыльный дым.

Вот и теперь: в лучах заката
(Ты знаешь сам – разлуки нет)
Повеет ветр – услышу брата
И улыбнусь ему в ответ.

Statt eines Briefes

Meinem lieben Freund und Bruder
(S. M. Solov'ëv)

Ich seh Dich, lorbeerkranzumwunden,
Der Abendröte zugewandt.
Gruß, Bruder Dir, der mir verbunden,
Der mir vom Schicksal selbst gesandt.

Indes zu euch mit Sturmestosen
Schon die Oktoberfröste wehn,
Ist hier nur Glanz, sieht man hier Rosen
Um blaue Wasserspiele stehn.

Ich sitz, Max Klinger zu studieren,
Schon früh in der Pinakothek,
Danach geh blinzelnd ich spazieren,
Durch grelle Straßen führt mein Weg.

Kalbsbraten unter heißem Himmel
Wird in der *Breierei* verdrückt.
Licht huscht in fleckigem Gewimmel
Ums Haupt, das keine Locke schmückt.

Dort sitzt auch Wasja, der Bekannte
(Er läßt Dich grüßen) schon am Tisch.
Wir haben hier, im fremden Lande,
Manche Erinnrung aufgefrischt.

Vorm Maßkrug die Gedanken schweifen,
Stumm tritt Vergangnes wieder vor.
Im Munde hängen träg die Pfeifen,
Zum Himmel wölkt ihr Rauch empor.

Da kommts: der Tag will sich verzehren –
(Du weißt ja, Trennung gibt es nicht) –
Ein Weh'n – ich kann den Bruder hören,
Und ihm zur Antwort lächle ich.

Привет тебе, мне Богом данный,
Судьбою посланный мне брат,
Я вижу, лаврами венчанный,
Ты мне киваешь на закат.

Часу в десятом, деньги в Кассе
Сочтя, бегу – путь не далек –
Накинув плащ, по Türkenstraße
Туда, где красный огонек.

Я знаю, час придет, и снова
Родимый север призовет
И сердце там в борьбе суровой
Вновь сердце кровью изойдет.

Но в миг, как взор падет на глобус,
В душе истает туч гряда.
Я вспомню München, Kathy Cobus
И Simplicissimus тогда.

Придет бывало – бьют минуты
Снопами праздничных ракет,
И не грозится Хронос лютый
Потомкам вечно бледных лет.

Вот ритму вальса незаметно
Тоску угрюмую предашь.
Глядишь – кивает там приветно
Мне длинноносый, бритый Asch.

Кивает нежно Fräulein Ани
В бездумной резвости своей,
Идет, несет в простертой длани
Бокал слепительных огней.

Под шелест скрипки тиховейный
Взлетит бокал над головой,
Рассеет искры мозельвейна,
Как некий факел золотой.

Gruß, Bruder, dem mich Gott verbunden,
Den mir das Schicksal selbst geschickt;
Ich seh, wie, lorbeerkranzumwunden,
Du mir gen Abend zugenickt.

Nach neun – das Geld in meiner Kasse
Ist abgezählt – lauf ich, wenns stimmt,
Dorthin, wo in der *Türkenstraße*
(Nicht weit) ein rotes Lämpchen glimmt.

Ich weiß, die Zeit wird sicher kommen:
Der Norden ruft mich heimatwärts,
Mein Herz wird dort in Pflicht genommen,
Im Kampf verbluten wird mein Herz.

Doch jetzt – beim Blicke auf den Globus
Droht kein Gewitter mit Verdruß.
Ich denk an *München, Kathy Cobus*
Und an den *Simplicissimus.*

Dann werden plötzlich die Minuten
Ein Feuerwerk als Festgeleit,
Und Chronos droht nicht mehr mit Wuten
Den Erben ewig blasser Zeit.

Dem Walzerrhythmus überlassen,
Löst alle Trübsal sich ganz rasch.
Und freundlich nickt mir – kaum zu fassen –
Langnäsig, glattrasiert, Herr *Asch.*

Und *Fräulein* Anni nickt am Ende
Auch lieb und schaut gar schelmisch drein;
Und ihre ausgestreckten Hände
Bringen den funkelnd-goldnen Wein.

Ich heb den Humpen mit Emphase,
Dieweil die Geige leise streicht,
Und Funken sprühn vom Moselglase,
Das einer goldnen Fackel gleicht.

Но, милый брат, мне не надолго
Забыться сном – вином утех –
Ведь прозвучал под небом долга
Нам золотой, осенний смех!

Пусть бесконечно длинен свиток –
Бесцельный свиток бытия.
Пускай отравленный напиток
Обжег мне грудь – не умер я.

...

21 октября 1906

Doch, lieber Bruder, nicht für immer
Tröstet des Traumestrankes Mohn.
Uns klang ja unterm Pflichtenhimmel
Ein goldnes Herbstgelächter schon.

Ist auch unendlich lang die Liste,
Die alles Sein schreibt sinnlos an –
Hat mir ein Trank auch, der vergiftet,
Die Brust verbrannt – ich starb nicht dran.

. . .

21. Oktober 1906

(Übers. von Rolf-Dietrich Keil)

Берлин

Взор
Божий, –
          – Пламенные
               Стрелы, –
Взогнит наш каменный
Позор ...

Куда нам убежать
От гнева?
И как взвизжать
Из черных нор?

Дух –
Чрево.
          – Пучащее газы, –
Потухни!

Рухни,
Старый храм, –
               – Где –

Вспух
От злобы
Озверелый. –
               – Безлобый
                    Узкоглазый –
                         – Хам!

Жрец сала, прожеватель
Хлеба, –

Упорно
Вспучив
Смокинг –
          – Гроб, –

Со щелком нахлобучив
Небо, –

Berlin

Auge
Gottes, –
– feurige
Pfeile, –
unsere steinerne Schande
aufgerichtet …

Wohin sollen wir fliehen
vor dem Zorn?
Und wie aufheulen
aus den schwarzen Löchern?

Geist –
Leib, –
– Gaserzeuger, –
verlösche!

Stürz ein,
alter Tempel, –
– wo –
aufschwoll,
durch Bosheit
vertiert, –
– der stirnlose
schmaläugige –
– Schurke!

Der Talgpriester,
der Brotzerkauer, –
er bläht
borniert
den Smoking auf –
– das Grab, –
drückt mit einem Knall
den Himmel ins Gesicht, –

        − Свой черный
            Котелок −
                    − На лоб, −

Сжав
Совесть −
            − Лаковым
                Портфелем.

Живот −
            − Караковым
                Пальто, −

Вот −
Побежит к конечным
Целям, −
            − Чтоб −
                    − С тумбы

Грянуться
В ничто!

Кучино. 1931.

– die schwarze
Melone –
– in die Stirn, –
preßt
das Gewissen zusammen –
– mit der lackierten
Aktentasche,
den Magen –
– mit dem
dunkelbraunen Mantel, –

eilt so
dem Endziel
zu, –
– um –
– am Prellstein
ins Nichts
hinzustürzen!

Kutschino. 1931.

(Übers. von J. R.)

SiMPLiCiSSiMUS

„Statt eines Briefes" *(Vmesto pis'ma)*[1] entstand kurz nach Belyjs   *Statt eines*
(erstmaliger) Ankunft in Deutschland im Jahre 1906. Kurz zuvor hatte   *Briefes*
er einen niederschmetternden Schlag hinnehmen müssen, als Ljubov'
Dmitrievna, die Ehefrau seines guten Freundes, des berühmten
russischen Dichters Aleksandr Blok, seine romantischen Annähe-
rungsversuche zurückwies.[2] Der Schmerz, der den unschönen Szenen
in der Petersburger Wohnung der Bloks gefolgt war, zwang Belyj,
seine Freunde und seine russische Heimat hinter sich zu lassen. Aus
diesem Grunde kam er im Herbst 1906 nach München und bezog
Quartier an der Ecke Türkenstraße/Barerstraße.

Belyj hatte keine Schwierigkeiten, Anschluß an das kulturelle und
intellektuelle Leben der Stadt zu finden. Er war sehr belesen in deutscher Philosophie und Ästhetik, und in seinen frühen Werken finden
sich zahlreiche Beispiele für den Einfluß der deutschen Kultur von
Wagner bis Nietzsche. In seinen Memoiren „Zwischen zwei Revolutionen" (Meždu dvuch revoljucij, 1934) erinnert sich Belyj:

> „Nachdem ich mir bayrische Kleidung besorgt und mir eine Pfeife in den
> Mund gesteckt hatte, fühlte ich mich gleich in München heimisch: Wenn
> ich mit Deutschen zusammen war, war ich ein Deutscher."[3]

Kurz vor Ausbruch des Ersten Weltkriegs bekannte Belyj, was er
der deutschen Kultur künstlerisch verdankte:

> „Die Abende in meiner frühen Kindheit, wenn meine Mutter Sonaten von
> Beethoven oder Präludien von Chopin spielte, waren wohl meine ersten
> wirklichen Berührungspunkte mit der Kunst. Meine ersten Kontakte zur
> Dichtung verdanke ich meinem (deutschen) Kindermädchen, das mir
> Verse von Uhland und Goethe oder Geschichten von Andersen laut
> vorlas. Die Musik, Uhland, Goethe und Andersen erweckten in mir eine
> unstillbare Liebe zur Kunst, eine Liebe, die ich – aus kindlicher Scheu, wie
> ich gestehen muß – lange Zeit mit aufwendigen Mitteln zu verbergen
> suchte. Vielleicht fand die Tatsache, daß ästhetische Gefühle in mir durch
> Andersen und Uhland geweckt wurden, später Ausdruck im Stil meiner
> Jugendsymphonie (‚Die nördliche Symphonie'), die in alten deutschen
> Klängen gehalten ist. Möglicherweise ist das der Grund dafür, daß in mir
> bis zum heutigen Tag eine Liebe zum alten Deutschland (und zu Deutsch-
> land überhaupt) erhalten blieb, eine Liebe zur deutschen Musik (Beetho-
> ven, Schumann, Wagner), Kunst (Dürer, Wohlgemut, Grünewald, Strie-
> gel), Dichtung (Goethe, die Romantiker, Nietzsche), Philosophie (Kant,
> Leibniz, Schelling, Schopenhauer, Rickert und noch einmal Nietzsche),
> Wissenschaft (Helmholtz, Ostwald, Wundt u. a.) und zum Mystizismus

---

[1] Andrej Belyj: *Stichotvorenija II. Nesobrannoe, pererabotannoe i neopublikovannoe* (Gedichte II. Ungesammeltes, Überarbeitetes und Unveröffentlichtes). Hrsg. von John E. Malmstad. München 1982, S. 76ff.
[2] Vgl. hierzu auch im Beitrag dieses Bandes über Aleksandr Blok S. 96.
[3] Russischer Text in: Andrej Belyj: *Meždu dvuch revoljucij.* Chicago 1966,
S. 142.

(Eckhart, Böhme und, unter den Zeitgenossen, – Rudolf Steiner). Alles, was ich am Westen liebe, ist irgendwie automatisch mit Deutschland verbunden."[4]

Das Gedicht „Statt eines Briefes" wurde zu Belyjs Lebzeiten nicht veröffentlicht, blieb jedoch unter seinen Papieren erhalten. Es ist an seinen Jugendfreund und vertrauten Kollegen in Moskau, Sergej Michajlovič Solov'ёv, gerichtet und beschreibt einzelne Menschen und Örtlichkeiten, die Belyj während seines Aufenthalts in München auffielen.

Er erinnert sich an die Pinakothek, das Münchner Museum, in dem ihn – so schreibt er – Vasilij Vladimirov anhand der Werke Max Klingers „zu sehen gelehrt" habe. Belyj richtet seine besondere Aufmerksamkeit auf das „Simplicissimus"; in diesem Café, wo er regelmäßig verkehrte, trafen sich Künstler und Mitarbeiter des gleichnamigen wöchentlich erscheinenden Satiremagazins unter den wachsamen Augen der Besitzerin, Kathy Cobus, die dafür sorgte, daß die Atmosphäre frei blieb von der gefürchteten russischen und deutschen Sünde der „Banalität". Fräulein Annie, die Kellnerin, „ein hochgewachsenes, schlankes Mädchen, fast schon eine Schönheit", nimmt Mariechen, die Tochter eines Berliner Gasthaus-Besitzers, vorweg, von der sich Belyj sechzehn Jahre später angezogen fühlte.

Der Aufenthalt in München ermöglichte Belyj die Bekanntschaft mit einer Reihe von bedeutenden Persönlichkeiten der damaligen Zeit. Hier traf er den polnischen Symbolisten Stanisław Przybyszewski, den Autor der „Totenmesse" (1893). Im „Simplizissimus" traf er den polnisch-jüdischen Schriftsteller Schalom Asch, lernte den umstrittenen Dramatiker Wedekind kennen. Die Stadt selbst beschreibt Belyj mit unverhohlener Zuneigung: „Münchens Charme liegt in der Fähigkeit, den Himmel und die Luft in sanften Farben nachzuzeichnen." Im weiteren Verlauf des Gedichtes wird deutlich, daß selbst die Ablenkungen durch deutschen Wein und deutsche Frauen und auch der Charme Münchens für Belyj nur zeitlich begrenzte Atempausen bedeuteten. Der Schlußvers des unvollendeten Gedichts verweist darauf, daß auch nach der tragischen Affaire mit Ljubov' Dmitrievna noch Leben in ihm war: Obwohl seine Existenz durch Ziellosigkeit gekennzeichnet ist, erklärt der Dichter: „Ich bin nicht gestorben."

Die Unruhe trieb ihn bald nach Paris zu Dmitrij Merežkovskij und dessen Frau Zinaida Gippius. Im Mai des Jahres 1912 kehrte Belyj nach Deutschland zurück; zusammen mit Asja Turgeneva eilte er von Brüssel nach Köln, um eine dringende Audienz bei Rudolf Steiner zu erbitten. Belyj besuchte mehrere Vorträge Steiners; er war einer der

---

[4] ANDREJ BELYJ: *Avtobiografičeskaja spravka.* (Autobiographische Auskunft). In: S. A. Vengerov: Russkaja Literatura XX veka. Čast' 2, tom 3, Moskau 1916, S. 9–10.

Russen, die sich an dem Hang ansiedelten, von dem aus man Dornach überblicken konnte.

Zum letzten Mal kam der Schriftsteller im November 1921 nach Deutschland. Die meisten beschreiben diese Tage in den dunkelsten Farben: Belyj ist oft betrunken, ohne Kontrolle über sich, ein leidendes Abbild seiner selbst. In seinen eigenen Erinnerungen an diese Zeit, „Im Königreich der Schatten", zeichnet Belyj das trübe, wenig schmeichelhafte Bild einer Stadt, in der alles drunter und drüber geht. „Mein Aufenthalt in Berlin war durch einen Schatten getrübt." Für diesen Schatten gab es eine Reihe von Gründen. Anstelle einer Versöhnung mit Asja mußte er die endgültige Zurückweisung hinnehmen; hinzu kam die verletzende Affaire Asjas mit dem jüngeren Dichter Aleksandr Kusikov, die ihm in geschmackloser Weise vor Augen geführt wurde. Durch die kühle Art, wie Steiner ihn empfing, wurde Belyjs Vertrauen in die Anthroposophie ernsthaft untergraben; auch nach dem Gespräch im Jahre 1923 wurde Belyj nicht aufgefordert, erneut in den Schoß der Gemeinde in Dornach zurückzukehren, sondern nach Rußland abgeschoben. Zu diesen persönlichen Schicksalsschlägen kam noch hinzu, daß die wohlbekannte Liberalität Berlins Belyj schockte und sein Bild von der deutschen Kultur ins Wanken brachte. Diese Höhle des Lasters mit ihrer Sündhaftigkeit, ihren Drogen, Prostituierten und Homosexuellen empfand er als absolut „kurfürstenverdammt und trostlos".

Belyjs düstere Bewertung seines Aufenthalts in Berlin täuscht darüber hinweg, daß er dort einiges erreicht hat. Wenige Tage nach seiner Ankunft half er mit, in Berlin das „Russische Haus der Künste" zu organisieren, wo er ein häufiger Besucher und aktiver Teilnehmer war. Im März 1922 hieß Belyj Thomas Mann zu einer Wohltätigkeitsveranstaltung für Hungernde in Rußland willkommen. Das Haus der Künste wurde buchstäblich zum Gastgeber für ein literarisches „Who's Who" der russischen Literatur der damaligen Zeit: Vladimir Majakovskij, Il'ja Ėrenburg, Boris Pasternak, Sergej Esenin, Aleksej Remizov, Viktor Šklovskij und viele andere fanden in diesen Jahren den Weg nach Berlin, das für eine kurze Spanne die dritte „literarische Hauptstadt Rußlands" wurde.

Überdies gab Belyj im Jahre 1922 die Zeitschrift „Ėpopeja" heraus, in der erstmalig seine „Erinnerungen an Blok" veröffentlicht wurden. Berlin war – sieht man von kurzen Aufenthalten in Zossen und Swinemünde ab – Belyjs Heimat; zunächst wohnte er gegenüber dem Warenhaus KaDeWe in der Passauer Straße 3, später am Viktoria-Luise-Platz. Sein erstes Jahr in Berlin war gekrönt mit Ruhm, erfolgreichen Veröffentlichungen und einem optimistischen Blick in die Zukunft. Darin spiegelte sich das Gefühl für die unbegrenzten Möglichkeiten, die Berlin bot. Die nachfolgenden Enttäuschungen und der Niedergang seines persönlichen Geschicks verliefen parallel zu dem Chaos in den Straßen, dem Mangel und der Geldentwertung von 1923. Diejenigen, die Rußland im Jahre 1917 und die nachfolgenden Jahre des Bürgerkriegs erlebt hatten, erkannten die auffälligen Ähnlichkeiten zwischen der Situation in Berlin und den vergangenen Ereignissen und Bildern. Dieses Berlin, das kurz vor dem „Zusammenbruch ins Nichts" steht, beschreibt Belyj 1931 in einem unveröffentlichten Gedicht mit dem Titel *„Berlin"*.[5]

Berlin

Belyjs Beziehung zu Deutschland endet mit dem Plan für einen gleichnamigen Roman, den er 1931 entwickelte. Tatsächlich schloß er einen Vertrag mit einem Leningrader Verleger für „ein Buch über Deutschland, zerschlagen nach einem Krieg, an dessen Ende der Vertrag von Versailles stand, über seine verrückten Einwohner, die zwischen den Hammer der Revolution und den Amboß des Faschismus eingezwängt sind, über die russische Emigration usw."[6] Die Idee des Romans, die nie endgültig in die Tat umgesetzt wurde, galt zwei Jahre später als eine Prophezeiung der Ereignisse von 1933. Der Entwurf für den Roman enthält Belyjs etwas modifizierte Ansicht von den Deutschen, die er nun in zwei Gruppen aufteilt: die Deutschen Goethes und die Deutschen Bismarcks; die Baden-Württemberger, die Heidelberger, die rechtmäßigen Erben der kulturellen Tradition Deutschlands, werden den Berlinern gegenübergestellt.

Als Belyj nach Berlin kam, glühte in seinen Augen, diesen tiefliegenden, funkelnden, hypnotischen Augen, immer noch das Feuer seines Genies. Als er nach Rußland zurückkehrte, verlosch das Feuer. Über seinem Sterbebett hing ein Bild Rudolf Steiners. Belyj nahm ein Stück von Deutschland mit in sein Grab; er ließ ein Stück von sich für die Geschichte Deutschlands und des russischen Berlin zurück.

---

[5] ANDREJ BELYJ: *Stichotvorenija II,* a.a.O., S. 271f.
[6] S. S. GREČIŠKIN und A. V. LAVROV: *Neosuščestvlennyj zamysel Andreja Belogo.* (Ein unverwirklichter Entwurf Andrej Belyjs). In: Russkaja Literatura 1 (1974), S. 199.

Thomas Urban

Berlin, Zuflucht russischer Literaten

Vladislav Chodasevič, Vladimir Nabokov, Nikolaj Ėl'jašēv

Anfang der zwanziger Jahre nannten sowohl Deutsche als auch Russen Berlin die „dritte Hauptstadt Rußlands". Die Stadt an Havel und Spree lag näher an Mütterchen Rußland als Paris, wo sich der Kern der antibolschewistischen Emigration versammelt hatte. Von Berlin ließ sich leichter an eine Rückkehr denken, und hier lebte es sich vor allem leichter: Der immer schneller verfallende Kurs der Reichsmark erlaubte den Besitzern harter Devisen, wie Dollar, Pfund oder Franken, umfangreiche Tauschaktionen, aus denen sie vielfachen Gewinn schlagen konnten. Vladimir Majakovskij, der damals als Verkünder revolutionärer Ideen in den Westen reiste, entrüstete sich in einem Artikel für die „Izvestija" über die Moral seiner Landsleute, die allzu gern in das finanzschwache Deutschland führen, um die eigene Kasse aufzubessern (vgl. S. 253).[1]

Auch Andrej Belyj ereiferte sich in Berlin über die Russen, die vor den Wechselstuben Schlange standen und mit ihren Finanzmanipulationen besser lebten als die meisten Deutschen. Großspurig tätigten sie nach seinen Worten ihre Einkäufe im teuren und schicken KaDeWo (Kaufhaus des Westens) und feierten ein Fest nach dem anderen. In seinem später in Leningrad herausgebrachten Bericht über die Berliner Zeit parodierte Belyj seine protzigen Landsleute: „Hier riecht's nach Rußland! Und, man wundert sich, manchmal hört man deutsche Laute. Wie? Deutsche? Was treiben die in unserer Stadt?"[2]

Die Erregung Belyjs aber galt nur einer Minderheit der Russen in Berlin. Die meisten von ihnen lebten vielmehr in einer prekären Lage. Sie waren dem Wohl und Wehe ihrer Hauswirte ausgesetzt, mußten sich mit halsstarrigen Beamten herumschlagen und hatten die allergrößte Not, eine Arbeit zu finden, zumal sie als Staatenlose nicht in den Arbeitsämtern registriert wurden.[3] Die Vermieter verlangten

---

[1] Izvestija VCIK (Izvestija Vserossijskogo Central'nogo Ispolnitel'nogo Komiteta). 6. 2. 1923, S. 3.

[2] ANDREJ BELYJ: *Odna iz obitelej carstva tenej* (Im Königreich der Schatten). Leningrad 1924, S. 30.

[3] J. M. RABINOWITSCH: *Die Rechtslage der staatenlosen russischen Emigranten in Deutschland*. In: Osteuropa 3(1927/28), S. 617–625.

durchweg horrende Vorauszahlungen, oft in Devisen, und dezimierten auf diese Weise das letzte Hab und Gut der Emigranten, zur Freude der Pfandleiher.

Vadim Andreev, der Sohn des 1919 im finnischen Exil verstorbenen Schriftstellers Leonid Andreev, den es ebenfalls nach Berlin verschlagen hatte, schilderte in seinen Erinnerungen die Pedanterie seiner Vermieterin, für ihn Prototyp des deutschen Wesens: „Sie erklärte, daß man auf dem mit Samt bezogenen Sofa erst auf dem einen Ende sitzen müsse, dann auf dem andern, schließlich in der Mitte, damit es gleichmäßig abgenutzt werde." Berlin war für ihn eine abweisende Stadt, deren Einwohner ständig gegen die Regeln der Gastfreundschaft verstießen, die sich aufregten, wenn Russisch auf der Straße geredet wurde. Deutsche und Russen waren „wie Wasser und Öl in einem Gefäß".[4]

Auch der Politiker Iosif Gessen beklagte sich in seinen Memoiren über die Engstirnigkeit von Vermietern und Behördenvertretern. Er erinnerte sich an einen Emigranten, der kurz vor der Abfahrt seines Zuges auf einem Berliner Bahnhof einen Herzanfall erlitt und an Ort und Stelle verstarb. Seine Angehörigen erhielten das Geld für die nicht benutzte Fahrkarte zurückerstattet, abzüglich des Preises für eine Bahnsteigkarte – denn den hatte der Verstorbene ja noch betreten.[5]

Allein 1923 suchten in Berlin 360000 Russen um Asyl nach. Der Völkerbund verzeichnete für dasselbe Jahr 600000 Flüchtlinge aus Rußland für das gesamte Reichsgebiet. Deutsche und Russen nannten den Kurfürstendamm in Anlehnung an den Petrograder Nevskij Prospekt und in Anspielung auf Lenins „Neue ökonomische Politik" den NEPski-Prospekt. Sie erzählten sich Russenwitze, wie den von dem alten Berliner, der sich auf dem Kudamm nicht mehr verständigen kann, weil überall nur noch Russisch gesprochen wird, und der sich zu Hause aufhängt, nachdem er in einem Schaufenster ein Schild mit der Aufschrift „Man spricht auch Deutsch" gesehen hat.

Zunächst gedieh das Russische Berlin auf das prächtigste. Russische Kleinunternehmen schossen wie Pilze aus dem Boden. Besonders lebhaft war das Geschehen in der Presse und im Verlagswesen. Drei Tageszeitungen wetteiferten bis Mitte der zwanziger Jahre um die Gunst der Leser. Aus dem Stand erschienen 1920 in Berlin bereits neun Zeitschriften, drei Jahre später hatte sich ihre Zahl auf 39 gesteigert. In einem Verzeichnis für 1923 werden nicht weniger als 86 russische Verlage und Buchhandlungen aufgeführt. Auch mehrere sowjetische Verlage eröffneten in Berlin Niederlassungen mit Drucke-

---

[4] VADIM ANDREEV: *Vozvraščenie v žizn'* (Rückkehr ins Leben). In: Zvezda 5(1969), S. 121f.

[5] IOSIF GESSEN: *Gody izgnanija* (Jahre der Vertreibung). Paris 1979, S. 13.

reien, da für sie die finanziellen Konditionen in Deutschland günstiger waren als in Sowjetrußland.

Mit der Konjunktur des Verlagswesens standen und fielen auch Aktivität und Stimmung in der russischen Schriftstellerkolonie, die prominente Namen aufzuweisen hatte. Maksim Gor'kij lebte vorübergehend in Bad Saarow bei Berlin und versuchte, Einfluß auf das Geschehen in der deutschen Hauptstadt zu nehmen. Sergej Esenin suchte die Stadt und ihre Lokale im Mai 1922 im Gefolge seiner Frau Isadora Duncan heim. Seine Trinkgelage und skandalträchtigen Rezitierabende boten willkommenen Stoff nicht nur für die russischen Zeitungen, sondern auch für die Berliner Klatschblätter. Der Komponist Nicolas Nabokov, damals ein junger unbekannter Student, ein Cousin des Schriftstellers, erinnerte sich:

> „Es war in einem kleinen Homosexuellenlokal an der Bülowstraße, in dem sich Esenin durchaus eine Art männlichen Strip-Tease-Akt und weitere homosexuelle Unzuchtshandlungen ansehen wollte, von denen er und Isadora Duncan schon in Moskau von irgendwelchen Freunden in der ,Hominform' gehört hatten. [...] Esenin wurde zunehmend betrunkener und kommentierte die unzüchtigen Vorgänge auf der Bühne mit nicht weniger unzüchtigen Bemerkungen in einem Gemisch aus Russisch und vulgärstem Deutsch, von dem er ohnehin nur ein paar, meist unwiederholbare Wörter kannte."[6]

Marina Cvetaeva machte zur selben Zeit zehn Wochen lang in Berlin Station, von Il'ja Ėrenburg, der in derselben Wilmersdorfer Pension lebte, stürmisch begrüßt und als gefeierte Dichterin in die Literaturzirkel eingeführt. Ėrenburg hatte sogar dafür gesorgt, daß bei ihrer Ankunft in Berlin ihr Versband „Trennung", der an ihren Mann gerichtet war, und die „Verse an Blok" gedruckt vorlagen. Später sollte sie sich von ihm distanzieren und über ihn sagen: „Ein Zyniker kann kein Lyriker sein."

Vorübergehend schlugen die Schriftsteller und Dichter Belyj, Šklovskij, Remizov, Zajcev sowie Chodasevič und Nina Berberova ihre Zelte an Havel und Spree auf. Aus Paris reiste Aldanov an, aus Moskau Majakovskij. Pasternak kam mit einem sowjetischen Visum, um seine Eltern zu besuchen. Auch der junge Nabokov, der nach der Flucht der Familie in Cambridge studierte, verbrachte seine Semesterferien regelmäßig im Elternhaus in Berlin, bis er sich 1923 für vierzehn Jahre dort niederließ. Der Schriftsteller Graf Aleksej N. Tolstoj (1883–1945), der während des Bürgerkriegs für den Weißen General Denikin Propagandapamphlete verfaßt hatte, nannte einen ganz simplen Grund für seine Übersiedelung aus Frankreich nach Deutschland:

---

[6] NICOLAS NABOKOV: *Zwei rechte Schuhe im Gepäck.* München 1975, S. 145f.

„In Paris wären wir vor Hunger gestorben", schrieb er an Bunin, der außerdem mutmaßte, daß Tolstoj seine Schulden in Paris nicht zurückzahlen wollte und deshalb die Flucht ergriffen habe.[7]

Berlin wurde zur Begegnungsstätte für Künstler und Intellektuelle aus Sowjetrußland und der Emigrantendiaspora, die Trennungslinie zwischen Schriftstellern diesseits und jenseits der Grenze war noch nicht gezogen. Doch Esenin beklagte in einem Brief vom Februar 1922, daß er in Berlin verdächtigt wurde, die Emigrantenszene auszukundschaften und Spaltungen in ihr zu vertiefen:

> „Alle glauben, ich sei auf Kosten der Bolschewiken hergekommen, als Tschekist oder Agitator. [...] Der Teufel soll sie holen, alle sind in den fünf Jahren der Emigration wurmstichig geworden. Wer im Grab lebt, stinkt nach Aas."[8]

Die wichtigsten Treffpunkte der Schriftsteller in Berlin waren die Cafés, Orte spontanen Rezitierens, heftiger Dispute oder der Probelesungen, wo für politische Manifestationen wenig Platz war. Das bedeutendste von ihnen war das Café Leon am Nollendorfplatz, dessen Räumlichkeiten im ersten Stock von den Russen einfach „unser Klub" genannt wurden, weil sich zunächst dort die Miglieder des „Klubs der Schriftsteller" wöchentlich trafen. Andere Kaffeehäuser am Nollendorfplatz mit seinen russischen Geschäften, Friseurläden und Kanzleien wurden ebenfalls von den Literaten aus dem Osten frequentiert, so daß es in den frühen Zwanzigern nichts Ungewöhnliches war, wenn am Platz gleichzeitig mehrere Dichterlesungen stattfanden. Die von Marina Cvetaeva und Belyj besungene „Prager Diele" wurde zum Treffpunkt der Neuankömmlinge aus Rußland. Érenburg hatte dort seinen Stammtisch, an dem er auf einer klapprigen Schreibmaschine seine Texte schrieb, an dem er sich auch mit Gästen aus der Sowjetunion oder mit Heimkehrwilligen traf. Belyj gehörte zu den ständigen Besuchern des Cafés. Er erfindet das Wort „pragerdilieren" (pragerdil'stvovat'), was für ihn bedeutet, seine Zeit mit Philosophieren, Polemisieren, blauem Dunst und Kognak zu verbringen.

Die mit dem Moskauer Regime liebäugelnden Schriftsteller und Künstler kamen vorzugsweise im Café Landgraf auf der Kurfürstenstraße zusammen, wo zunächst auch die Veranstaltungen des „Hauses der Künste" stattfanden, die auf großen Zuspruch in der russischen Gemeinde Berlins stießen. Eines Tages saß bei einem Pil'njak-Abend auch das sowjetische Politbüro-Mitglied Aleksej Rykov, später formell als Vorsitzender des Rats der Volkskommissare Regierungs-

---

[7] IVAN BUNIN: *Vospominanija* (Erinnerungen). Paris 1950, S. 234.

[8] SERGEJ ESENIN. *Sobranie sočinenij v šesti tomach* (Gesammelte Werke in 6 Bänden). Moskau 1980, Bd. 6, S. 126.

chef der UdSSR, unter den Zuschauern. Angeblich hielt sich Rykov, der Ende der dreißiger Jahre nach einem Schauprozeß hingerichtet wurde, zu einer Alkoholentziehungskur bei Berlin auf, wo er auch mit Gor'kij zusammengetroffen sein soll.

Ėrenburg schildert in seinen Memoiren die Versammlungen im „Haus der Künste" vor der Frontenbildung in der Emigrantenkolonie, vor dem Meinungsstreit um die Anerkennung der Sowjetmacht:

> „In einem gewöhnlichen Café trafen sich jeden Freitag russische Schriftsteller. Tolstoj, Remizov, Lidin, Pil'njak und Sokolov-Mikitov lasen aus ihren Werken. Majakovskij trat auf, Esenin, Marina Cvetaeva, Andrej Belyj, Pasternak und Chodasevič rezitierten Gedichte. [...] Als die Imaginisten ihren Abend veranstalteten, tobten sie wie im Moskauer ,Pegasusstall'. [...] Zwei oder drei Jahre später hätte der Lyriker Chodasevič [...] für nichts in der Welt einen Raum betreten, in dem sich Majakovskij befand."[9]

Zwei Ereignisse führten dazu, daß die Emigrantenkolonie in Berlin fast genauso schnell auseinanderbrach, wie sie buchstäblich aus dem Nichts entstanden war: die Stabilisierung der Währung und die politische Zusammenarbeit der deutschen Regierung mit der jungen Sowjetunion. Nach der Einführung der Rentenmark im Herbst 1923 mußten zahlreiche von Emigranten geführte Unternehmen schließen, da sich Spekulation und Devisenzufluß aus dem Ausland nicht mehr lohnten. Besonders betroffen war das russische Verlagswesen in Berlin, das Zeitschriften- und Zeitungssterben fing an. Bereits zuvor hatte die Außenpolitik der deutschen Reichsregierung in der russischen Kolonie für Aufregung gesorgt: Im 1922 geschlossenen Vertrag von Rapallo verzichtete Moskau auf Reparationen aus dem Krieg und Berlin auf die Beteiligung an einem gegen Sowjetrußland gerichteten Wirtschaftskonsortium. Erschreckt von diesen Entwicklungen, wanderten zahlreiche Russen aus. 1928 lebten nur noch 180 000 in Deutschland, ein knappes Jahrzehnt später war ihre Zahl auf 45 000 geschrumpft.

Bombenhagel und Feuersturm des Zweiten Weltkriegs haben die Schauplätze des Russischen Berlin der zwanziger Jahre ausgelöscht, das Viertel um den Nollendorfplatz mit seinen Cafés und Klubs brannte bis auf die Grundmauern nieder. Was vom Krieg übrigblieb, fiel den Abrißkugeln und Spitzhacken beim Wiederaufbau zum Opfer. Der heutige Prager Platz hat mit dem früheren Herzen der russischen Kolonie nur noch den Namen gemeinsam.

---

[9] IL'JA ĖRENBURG: *Ljudi gody žizn'* (Menschen, Jahre, Leben). In: Sobranie sočinenij v 9-i tomach (Gesammelte Werke in 9 Bänden). Moskau 1962–1966. Bd. 8, S. 410.

„Alles aus Stein" –

Vladislav Chodasevič

Vladislav Felicianovič Chodasevič wurde am 28. Mai 1886 in Moskau als Sohn eines Malers litauischer Herkunft geboren. In seiner frühen Jugend faszinierten ihn der damals gefeierte und skandalträchtige Symbolist Valerij Brjusov und sein Kreis. Während der Studienjahre in Moskau veröffentlichte er erste Gedichte und Literaturkritiken, darunter den Lyrikband „Jugend" (Molodost', 1908), in dem der Einfluß des Symbolismus deutlich spürbar ist. In dem sechs Jahre später herausgebrachten Band „Glückliches Häuschen" (Sčastlivyj domik) schlug sich schon deutlich seine Auseinandersetzung mit Puškin nieder, die für sein gesamtes Werk bestimmend werden sollte.

Von Krankheiten heimgesucht und vom Selbstmord seines besten Freundes tief getroffen, überlebte Chodasevič die schweren Kriegs- und Revolutionsjahre. Seine Erlebnisse und seine Ängste verarbeitete er in dem Gedichtszyklus „Der Weg des Korns" (Putëm zerna; 1920), der seinen Ruhm begründen sollte. In ihm fand Chodasevič zu seinem verhaltenen, sparsamen Stil.

In den ersten Monaten nach der Revolution sollte er als Gerichtsschreiber arbeiten, doch die Tätigkeit sagte ihm nicht zu. Stattdessen schlug er sich mit Gelegenheitsaufträgen für die Theaterabteilung des Volkskommissariats für Volksbildung, als Lektor bei Maksim Gor'kijs Verlagsprojekt „Weltliteratur" und mit Vorträgen für Literaturzirkel durch. Gor'kij verhinderte eine Einberufung des kränkelnden Dichters und riet zu einer Übersiedelung aus Moskau in das freiere Petrograd.

Schon 1917 hatte Chodasevič, der die Revolution in dieser Zeit prinzipiell bejahte, die Überzeugung geäußert, daß unter den Bolschewiki eine schriftstellerische Tätigkeit nicht möglich sei. Die Tagespolitik interessierte ihn zwar kaum, doch fühlte er sich im neuen System behindert. Daher brach er 1922 mit seiner neuen Lebensgefährtin Nina Berberova nach Berlin auf, verstand sich aber nicht als Emigrant, sondern als Reisender. In seiner Abwesenheit erschien im folgenden Jahr in Petrograd der Gedichtband „Schwere Lyra" (Tjažëlaja lira).

In Berlin gibt er mit Gor'kij „Beseda" (Gespräch) heraus, eine Zeitschrift für Russen in und außerhalb der Sowjetunion. Allerdings sollten diesem Unterfangen Grenzen gesetzt werden: Gor'kij beklagte sich sehr bald in einem Brief an Chodasevič darüber, daß die sowjetischen Behörden die Verbreitung der Zeitschrift in Rußland verboten hatten.[10] Sie sollte als politische, philosophische und literaturwissenschaftliche Rundschau eine gemeinsame Plattform der russischen Intelligenz in der Sowjetunion und im Exil darstellen. Gor'kij, von Ėrenburg als Halbemigrant bezeichnet, wollte darin auch Vertreter anderer Nationen und Kulturen zu Wort kommen lassen und bat – allerdings mit schwacher Resonanz – auch Albert Einstein, John Galsworthy, Thomas Mann, Romain Rolland, Oswald Spengler und Stefan Zweig um Beiträge für „Beseda". Insgesamt erschienen von 1923 bis 1925 sieben Nummern.

Als Chodasevič 1924 erfuhr, daß sein Name auf einer sowjetischen Deportationsliste stand, ihm die Rückkehr in die Heimat also verwehrt war, siedelte er mit Nina Berberova nach Paris über, wo er für mehrere Emigrantenzeitungen und -zeitschriften arbeitete. 1927 gab er unter dem Titel „Europäische Nacht" (Evropejskaja noč') einen Band mit gesammelten Gedichten heraus. Offenkundig unverstanden und angefeindet, schrieb er danach kaum noch Gedichte. Nabokov hielt in seinen Erinnerungen fest, daß Chodasevičs lyrische Werke systematisch von gewissen Kritikern zerrissen wurden, offenbar ein ständig wiederkehrender Akt der Rache.[11] Dazu hatten einige emigrierte Schriftsteller durchaus Grund, da Chodasevič selbst zu einem der scharfsinnigsten, aber auch schärfsten Kritiker in der Emigration geworden war. Außerdem schrieb er eine vielbeachtete Biographie Deržavins und mehrere Arbeiten über Puškin. Kurz vor Ausbruch des Krieges, am 14. Juni 1939, starb er in Billancourt bei Paris, gerade 53 Jahre alt.

Chodasevič war als Lyriker Traditionalist mit strenger formaler Disziplin und Knappheit des Stils, zugleich lakonischer Spötter und

---

[10] Vgl. Novyj žurnal (Neues Journal) 30 (1952), S. 194f.
[11] VLADIMIR NABOKOV: *Sprich, Erinnerung, sprich.* Aus dem Englischen von Dieter E. Zimmer. Reinbek bei Hamburg 1984, S. 289.

unabhängiger Dichter. Er schloß sich keinem der Dichterzirkel an, ebensowenig beteiligte er sich am politischen Richtungsstreit. Im Westen über die Gemeinde der Emigranten hinaus kaum bekanntgeworden, von den sowjetischen Kulturinstanzen wegen „Nihilismus" und „Zynismus" abgelehnt, drohte sein Werk in Vergessenheit zu geraten. Erst in jüngerer Zeit bahnt sich im Westen und in der Sowjetunion eine Neuentdeckung des Dichters an, den Nabokov den größten russischen Lyriker des 20. Jahrhunderts nannte.

CAFE PRAGER

Все каменное. В каменный пролет
Уходит ночь. В подъездах, у ворот —

Как изваянья — слипшиеся пары.
И тяжкий вздох. И тяжкий дух сигары.

Бренчит о камень ключ, гремит засов.
Ходи по камню до пяти часов,

Жди: резкий ветер дунет в окарино
По скважинам громоздкого Берлина, —

И грубый день взойдет из-за домов
Над мачехой российских городов.

1923

Alles aus Stein.
Durch den Brückenbogen
geht die Nacht.
An Auffahrten, Toren,
Statuen: enge Paare;
Seufzer, Zigarrenrauch,
beides schwer.
Stein, Schlüssel, Riegel.
Geh bis fünf
über Steine, warte:
der scharfe Wind
bläst durch die Löcher
Berlins, der Riesenokarina;
und dann der rauhe Tag
über der Stiefmutter
der russischen Städte.

1923

(Übers. von Kay Borowsky)

Берлинское

Что ж? От озноба и простуды —
Горячий грог или коньяк.
Здесь музыка, и звон посуды,
И лиловатый полумрак.

А там, за толстым и огромным
Отполированным стеклом,
Как бы в аквариуме темном,
В аквариуме голубом —

Многоочитые трамваи
Плывут между подводных лип,
Как электрические стаи
Светящихся ленивых рыб.

И там, скользя в ночную гнилость,
На толще чуждого стекла
В вагонных окнах отразилась
Поверхность моего стола, —

И проникая в жизнь чужую,
Вдруг с отвращеньем узнаю
Отрубленную, неживую,
Ночную голову мою.

1923

Berlinerisches

Erkältet? Schnupfen? In die Kneipe!
Bestell dir Kognak, heißen Grog.
Hier gibt's Musike, Lärm und Leute,
und lila treibt im Raum der Smog.

Und hinter dicken Fensterscheiben,
der breiten Glasfront, glattpoliert,
herrscht des Aquariums dunkles Treiben,
das Ganze ist hellblau grundiert:

Die Tram mit ihren vielen Augen
treibt durch der Linden Wasserwald,
der Fische leuchtend-träge Trauben
sieht man von fern elektrisch-kalt.

Und dort, im nächtlich-fahlen Flimmern,
in eines Fensterglases Blitz,
seh ich auf Trambahnwagen schimmern
den Tisch, an dem ich grade sitz',

ich schau hinein ins fremde Leben,
und plötzlich seh ich – ekelhaft! –
wie ohne seinen Rumpf soeben
mein Kopf vorbeiflog ohne Kraft.

1923

(Übers. von Kay Borowsky)

Нет, не найду сегодня пищи я
Для утешительной мечты:
Одни шарманщики, да нищие,
Да дождь — все с той же высоты.

Тускнеет в лужах электричество,
Нисходит предвечерний мрак
На идиотское количество
Серощетинистых собак.

Та — ткнется мордою нечистою
И повернувшись отбежит,
Другая лапою когтистою
Скребет обшмыганный гранит.

Те — жилятся, присев на корточки,
Повесив на бок языки, —
А их из самой верхней форточки
Зовут хозяйские свистки.

Все высвистано, прособачено.
Вот так и шлепай по грязи,
Пока не вздрогнет сердце, схвачено
Внезапным треском жалюзи.

1923

Keine Nahrung heute
für tröstliche Träume:
Leierkastenmänner, Bettler
und Regen, immer von oben.
In den Pfützen, blaß,
das elektrische Licht.
Die Dunkelheit kommt
auf das borstige Fell
idiotischer Hunde.
Der eine schnopert
mit schmutziger Schnauze,
dreht sich, läuft weg.
Der andre kratzt
übern vielbeschnupperten Granit.
Dritte pressen in der Hocke,
die Zunge hängt raus;
von den Fenstern oben
pfeifen ihnen die Herrchen.

Überall Pfiffe, Hunde –
weiter durch den Matsch,
bis das Herz zusammenzuckt
im Jalousien-Gerassel.

1923

(Übers. von Kay Borowsky)

Chodasevičs Berlin ist das Berlin der Straße. Rasselnde Jalousien und donnernde Riegel verschließen die Innenräume. Der Sprecher der Gedichte ist häufig ein nächtlicher Spaziergänger, der ohne Ziel die Stadt durchstreift. Sein Berlin ist lebendig: Leierkastenmänner, milieuschaffendes Zubehör der damaligen Stadt, immerhin Nahrung für Kinderphantasien bietend, Liebespaare in den Toreinfahrten und schließlich die „idiotischen Hunde", der Deutschen liebstes Kind und Verkörperung ihrer Sehnsucht nach ergebener Freundschaft. Doch liegt über allem Lebendigen ein trübes elektrisches Licht, herrscht steinerne Starre.

Alles aus Stein Zwei Eindrücke, die sich früher immer wieder in den Deutschlanderinnerungen russischer Reisender fanden, werden in dem Gedicht *„Alles aus Stein..."* (Vse kamennoe...)[12] Symbole für die Fremde: Stein und Tabakrauch. Die steinernen Häuser wurden in früheren Zeiten von den Reisenden aus dem Osten staunend bewundert, das Rauchen wurde, seit der Tabak im 18. Jahrhundert von Westen her seinen Siegeszug antrat, von den Russen als störende Angewohnheit der Deutschen vermerkt. Der Stein ist längst zur modernen Metapher der Kälte und Leblosigkeit geworden. Der Zigarrenrauch um das Liebespaar – eigentlich ein Zeichen des Lebens – verstärkt den Eindruck der Kälte und Befremdlichkeit: Der Mann und die Frau werden als Statuen wahrgenommen.

Berlinerisches Den einzigen Berliner „Innenraum" in der Lyrik Chodasevičs stellt das Café „Prager Diele" dar, dem das Gedicht *„Berlinerisches"* (Berlinskoe; 1923)[13] gewidmet ist. Wenn sich in der „Prager Diele" die Stadt vor dem Blick des Sprechers zum Aquarium wandelt, so handelt es sich um Träumereien, die nur einen Moment über das *Keine Nahrung* Fehlen wahrer Träume, wie es im Gedicht *„Keine Nahrung heute für* *heute* *tröstliche Träume ..."* (Net, ne najdu segodnja pišči ja ...)[14] thematisiert wird, hinwegtäuschen: Sie sind irreal und ohne Kraft. Die Spiegelung des eigenen vom Rumpf abgetrennten Kopfs bringt auf grausige Weise dem Beobachter der Straßenszene die Abgeschiedenheit des Exils ins Bewußtsein zurück. Fast scheint es, als ahne Chodasevič hier bereits, daß er als Dichter bald erschöpft und ausgezehrt sein würde.

Die konkreten Versatzstücke der Straßenszenen lassen die Berliner Realität banal, aber auch abstoßend hervortreten. Dennoch werden groß entworfene Bilder für die Stadt gefunden: Das Aquarium – ein Augenblicksversuch, das Fremde in ein handliches exotisches Format

---

[12] VLADISLAV CHODASEVIČ. *Sobranie stichov v dvuch tomach* (Gesammelte Verse in zwei Bänden). Hrsg. von Jurij Kolker. Paris 1982 und 1983. Bd. 2, S. 23.
[13] EBENDA, Bd. 2, S. 13.
[14] EBENDA, Bd. 2, S. 19.

zu bannen. Die Riesenflöte, durch die der Wind pfeift – das betriebsame Berlin entleert sich zu einem unwirtlichen steinernen Hohlraum, da zu seinem Innenleben kein Zugang gesucht wird.

Das eindringlichste Bild – Berlin als die Stiefmutter der russischen Städte – verdeutlicht am besten Chodasevičs Verhältnis zu dieser Stadt. In der berühmten „Nestorchronik" des 11./12. Jahrhunderts wurde einst das prächtige, stolze Kiew die „Mutter der russischen Städte" genannt. Vor diesem Hintergrund entfaltet Chodasevičs Gedicht erst seine volle Wirkungskraft (auf den russischen Leser); es zielt nicht nur auf sein individuelles Schicksal, sondern auch auf die nationale Dimension des Auszugs der russischen Intelligenzija. Der Dichter ertrug den Gedanken an ein Dasein fern von Rußland nur schwer. Berlin betrachtete er als eine notwendige Zwischenstation auf dem Weg zurück in die Heimat. Chodasevič bewegte sich fast ausschließlich in Kreisen der dort ebenfalls meist nur vorübergehend lebenden russischen Schriftsteller. Berlin sollte ihm den inneren Abstand gewähren von seinem bisherigen Leben, aber auch von der Entwicklung des öffentlich-geistigen Lebens in Rußland, um die dennoch seine Gedanken und Träume kreisten. Seine Gedichte sprechen kein Urteil über Berlin aus, sondern kennzeichnen den inneren Zustand der Fremdheit und Verlorenheit, der mit dem Exil verbunden ist.

Chodasevič legte keinen Wert darauf, sich in Westeuropa ein Publikum zu verschaffen. Er begriff sich ausschließlich als russischer Dichter. Um so mehr empfand er die Tragik des Exilanten, der sein Publikum nicht erreichen kann, die unmittelbare Nutzlosigkeit seines Schaffens. Berlin konnte für ihn nichts anderes als eine „Stiefmutter" sein.

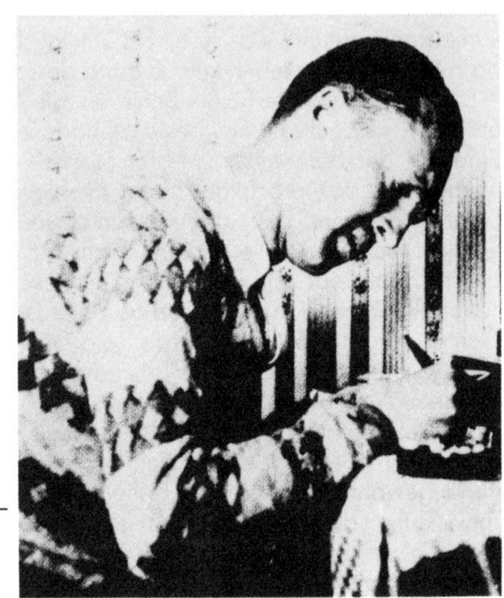

*„Der Schnee hier
ähnelt unserem kaum" –*

Vladimir Nabokov

Mitte der zwanziger Jahre hatten alle namhaften russischen Schriftsteller Berlin wieder verlassen. Neben Chodasevič waren auch
Remizov und Zajcev nach Paris übergesiedelt, Marina Cvetaeva
lebte in Prag, Tolstoj, Šklovskij und Belyj waren endgültig nach Rußland zurückgekehrt. In Berlin zurück blieb nur der junge Vladimir
Nabokov, der aus einer angesehenen großbürgerlichen Familie
stammte. Er war am 23. April 1899 in Petersburg als Sohn eines
liberalen Rechtsanwalts, der zu den führenden Köpfen der Konstitu-
tionell-Demokratischen Partei (Kadetten) gehörte, geboren worden.
Sein Großvater war Justizminister unter Zar Nikolaj II. Vladimir Nabokov, das älteste von fünf Kindern, erlebte eine privilegierte und
behütete Kindheit, betreut von englischen Gouvernanten, so daß er
zweisprachig aufwuchs. 1916 brachte er in Petrograd, wie die
Hauptstadt seit Beginn des Krieges hieß, auf Kosten seines Vaters
einen kleinen Gedichtband heraus.

Nach der Februarrevolution wurde der Vater ins Parlament gewählt. Doch der Oktoberumsturz zwang die Familie zur Flucht auf die
Krim, nach der Niederlage der Weißen im Bürgerkrieg emigrierte sie
über Istanbul nach Berlin, wo der Vater bald gemeinsam mit dem
Politiker Iosif Gessen die liberale Tageszeitung „Rul'" (Das Steuer)
als Sprachrohr der Kadetten herausbrachte. Von dort gingen die
beiden älteren Söhne zum Studium nach Cambridge. Vladimir studierte dort französische Literatur und befaßte sich in seiner Freizeit mit
Schmetterlingskunde.

Nachdem der Vater 1922 auf einer politischen Veranstaltung bei einem Attentat, das gar nicht ihm galt, erschossen wurde, kehrte Nabokov nach Berlin zurück. Er schlug sich nun als Englisch- und Tennislehrer, als Komparse in UFA-Filmen, als Austüftler von Schachaufgaben und russischen Kreuzworträtseln und schließlich als Schriftsteller durch. Unter dem Pseudonym Sirin veröffentlichte er zahlreiche Gedichte und Erzählungen, mehrere Theaterstücke sowie acht Romane. Die Hauptfiguren von „Maschenka" (1926), „Lushins Verteidigung" (Zaščita Lužina, 1930), „Die Mutprobe" (Podvig, 1932) sowie „Die Gabe" (Dar, 1937/38) sind russische Emigranten in Berlin. Hingegen sind „König, Dame, Bube" (Korol', dama, valet, 1928), „Gelächter im Dunkel" (Kamera obskura, 1933) und „Verzweiflung" (Otčajanie, 1936) losgelöst vom Emigrantenmilieu in der deutschen Bourgeoisie angesiedelt. Im ebenfalls 1936 veröffentlichten Roman „Einladung zur Enthauptung" (Priglašenie na kazn') schildert er, ähnlich wie Kafka in seinem „Prozeß", die kalten und erschreckenden Mechanismen eines nicht näher bezeichneten totalitären Systems.

In mehreren Erzählungen aus dieser Zeit läßt er Deutsche und Emigranten hart aufeinanderprallen: Gestaltung der Eindrücke eines Ausländers in einem von nationalistischem fremdenfeindlichem Wind durchwehten Land. Sein Deutschlandbild bleibt von den Erlebnissen mit den Kleinbürgern geprägt, die die Nazis an die Macht gebracht haben, seine späteren Memoiren sind voller deutschfeindlicher Anspielungen.

1937 verließ Nabokov mit seiner Frau Vera, einer Halbjüdin, um deren Leben er fürchtete, und dem dreijährigen Sohn Dmitrij Deutschland endgültig, um sich zunächst in Paris niederzulassen. Dort wurden im folgenden Jahr seine beiden Theaterstücke „Das Ereignis" (Sobytie) und „Walzers Erfindung" (Izobretenie val'sa) aufgeführt. Als die Deutschen ihn und seine Familie erneut in Gestalt der Wehrmacht einzuholen drohten, konnten sie sich 1940 noch rechtzeitig nach Amerika einschiffen. Wie berechtigt Nabokovs Befürchtungen waren, zeigte das Schicksal seines Bruders Sergej: Er sollte kurz vor Kriegsende in einem KZ umkommen.

Nabokov veröffentlichte, von mehreren Gedichten, dem Erinnerungsbuch „Andere Ufer" (Drugie berega, 1954) und den Übersetzungen eigener Werke abgesehen, in den Vereinigten Staaten nur noch auf englisch. Bereits nach einem Jahr erschien der Roman „Das wahre Leben des Sebastian Kneight" (1941). In den kommenden Jahren hielt Nabokov Vorlesungen über russische Literatur an mehreren Universitäten und arbeitete als Kurator in der berühmten Schmetterlingssammlung von Harvard. Die Schmetterlingskunde bedeutete für ihn lebenslang mehr als nur ein in der Kindheit begonnenes Hobby. Wie in seinen literarischen Werken versuchte er, die flüchtige

Schönheit irdischer Dinge in ihrer Differenziertheit bis in die kleinsten Nuancen zu erkennen und beschreibend aufzubewahren.

Nach dem Krieg wurde Nabokov amerikanischer Staatsbürger. Der Roman „Lolita" (1955), die Geschichte der Verbindung eines reifen Mannes mit einem zwölfjährigen Mädchen, wurde dank seines erotischen Gehalts zum Bestseller und besiegelte Nabokovs Weltruhm. In „Pnin" (1957) – die Hauptfigur ist ein russischer Literaturprofessor in der amerikanischen Provinz – kehrte Nabokov zur Emigrationsthematik zurück. Im Roman „Ada oder das Verlangen" (1969), der in einem amerikanisch-russischen Milieu spielt, vermischen sich spektakuläre erotische Passagen mit philosophischen Exkursen. In seinem Spätwerk „Sieh doch die Harlekins" (1974) persiflierte er, in der Maske eines Ich-Erzählers mit autobiographischen Zügen, sein eigenes Leben und Werk, wobei er durch viele erfundene Episoden seine Biographen verwirrte.

Bereits 1966 hatte er unter dem Titel „Sprich, Erinnerung, sprich" in überarbeiteter Form seine Erinnerungen herausgebracht. Seit Anfang der sechziger Jahre lebte Nabokov mit seiner Frau in einem Hotel im schweizerischen Montreux. Dort starb er am 2. Juli 1977. Fast ein Jahrzehnt nach seinem Tod wurde im Sommer 1986 erstmals ein Prosatext von ihm in der Sowjetunion veröffentlicht. Dort galten seine Werke bisher als „pornographisch, formalistisch und unrussisch".

Die Romane Nabokovs sind geprägt von seiner Lust am Spiel mit der Form durch die Aufsplitterung der Handlungsebenen in eine Vielzahl von Perspektiven. Außerdem führt er den Leser bewußt durch zahlreiche Andeutungen, echte und gefälschte Zitate in die Irre. Die Freude am Detail, die Brechung der Strukturen, durchzogen von einer manchmal ins Zynische reichenden Ironie, verschleiern eine direkte geistige Aussage oder ein soziales Anliegen.

In seiner Berliner Zeit brachte Nabokov Dutzende von Gedichten zu Papier, „gab sie in monströser Regelmäßigkeit von sich", wie er Jahrzehnte später schrieb. In den Vereinigten Staaten verfaßte er nur noch rund vierzig Gedichte, je zur Hälfte auf russisch und auf englisch. Seine Lyrik ist stark von der russischen Klassik und Romantik, besonders von Puškin, Lermontov, Tjutčev und dem in seiner Jugend berühmten Blok beeinflußt. In seiner Autobiographie „Sprich, Erinnerung, sprich" beschrieb er, wie die Klassiker ihm von klein auf derart vertraut waren, daß ihm epigonale Verse ohne Mühe gelangen:

> „Die ziemlich monotonen Muster, zu denen die russischen Dichter des frühen 19. Jahrhunderts die gefügige Elegie verbogen hatten, führten dazu, daß bestimmte Wörter oder Wortarten [...] immer wieder zusammengestellt wurden, und das vermochten spätere Lyriker ein ganzes Jahrhundert lang nicht mehr abzuschütteln [...]. Der junge russische Dichter neigte dazu, mit verhängnisvoller Leichtigkeit in diesen Abgrund

von Silben zu gleiten [...]. Als naiver Anfänger ging ich in alle Fallen des wohlklingenden Epithetons."[15]

Diese unerhörte Leichtigkeit, erprobte Muster zu benutzen, hinderte Nabokov allerdings daran, über ein hochstehendes Epigonentum als Lyriker hinauszugelangen. Später legte er selbst dar, daß er klassische Schönheit und Vollkommenheit des Versmaßes und des Rhythmus anstrebte. Doch wurde seine Lyrik kaum bekannt und wenig übersetzt. Immerhin erkannte Chodasevič schon früh ihren Rang unter den nach Tausenden zählenden Gedichten, die die Zeitungen und Zeitschriften der Emigranten abdruckten.

Erstmals war Sirin alias Nabokov mit Abdrucken in der von seinem Vater und Iosif Gessen herausgegebenen Tageszeitung „Rul'" (Das Steuer) hervorgetreten. Die Themen umriß er später selbst knapp und ironisch mit den Worten:

> „Blaue Abende in Berlin, der blühende Kastanienbaum an der Ecke, Verwirrungen, Armut, Liebe, der Mandarinenschimmer frühreifer Ladenbeleuchtungen und eine geradezu physisch schmerzende Sehnsucht nach dem noch frischen Geruch Rußlands [...]."[16]

---

[15] Vladimir Nabokov: *Sprich, Erinnerung, sprich,* a.a.O., S. 224.
[16] Ebenda, S. 285.

Берлинская весна

Нищетою необычной
на чужбине дорожу.
Утром в ратуше кирпичной
за конторкой не сижу.

Где я только не шатаюсь
в пустоте весенних дней!
И к подруге возвращаюсь
все позднее и позней.

В полумраке стул задену
и, нащупывая свет,
так растопаюсь, что в стену
стукнет яростно сосед.

Утром, он наполовину
открывать окно привык,
чтобы высунуть перину,
как малиновый язык.

Утром музыкант бродячий
двор наполнит до краев
при участии горячей
суматохи воробьев.

Понимают, слава Богу,
что всему я предпочту
дикую мою дорогу,
золотую нищету.

1925

Frühling in Berlin

Meine Armut, meine Sorgen
sind mir lieb im fremden Land.
Sitz nicht hinterm Pult am Morgen
irgendwo in einem Amt.

Durch die öden Frühlingstage
laß ich ohne Ziel mich wehn,
fühl mich lang nicht in der Lage,
früh zur Freundin heimzugehn.

Stoß den Stuhl um, als es dämmert,
taste schwankend nach dem Licht –
wie der Nachbar wütend hämmert,
daß die Zimmerwand fast bricht!

Morgens öffnet er gewöhnlich
halb sein Fenster, und heraus
kommt sein Bettzeug, sieht ganz ähnlich
wie 'ne rote Zunge aus.

Straßenmusikanten geigen
morgens auf dem Hof sich warm,
unterstützend von den Zweigen
tschilpt ganz wild ein Sperlingsschwarm.

Die Leute scheinen zu verstehen,
was für mich vor allem zählt:
muß durch Unwegsames gehen,
hab der Armut Gold gewählt.

1925

(Übers. von Kay Borowsky)

Прохожий с елкой

На белой площади поэт
запечатлел твой силуэт.

Домой, в непраздничный мороз,
ты елку черную понес.

Пальто российское до пят.
Калоши по снегу скрипят.

С зубчатой елкой на спине
ты шел по ровной белизне,

сам черный, сгорбленный, худой,
уткнувшись в ворот бородой,

в снегах не наших площадей,
с немецкой елочкой своей.

И в поэтический овал
твой силуэт я врисовал.

1925

Passant mit Weihnachtsbaum

Ein weißer Platz. Der Dichter sieht,
wie deine Silhouette flieht.

In deinen frosterstarrten Raum
trägst du den schwarzen Tannenbaum.

Der Russenmantel hängt recht tief.
Im Schnee knirscht die Galosche schief.

Mit deinem Baum, der nicht grad schön,
seh ich dich übers Schneefeld gehn,

du selbst bist mager, schwarz, gebückt,
am Kragen hängt dein Bart, zerdrückt,

der Schnee hier ähnelt unserm kaum,
und deutsch ist auch dein Tannenbaum.

So zeichne ich dich Strich um Strich,
so, Silhouette, seh ich dich.

1925

(Übers. von Kay Borowsky)

Вершина

Люблю я гору в шубе черной
лесов еловых, потому
что в темноте чужбины горной
я ближе к дому моему.

Как не узнать той хвои плотной
и как с ума мне не сойти
хотя б от ягоды болотной,
заголубевшей на пути.

Чем выше темные, сырые
тропинки вьются, тем ясней
приметы с детства дорогие
равнины северной моей.

Не так ли мы по склонам рая
взбираться будем в смертный час,
все то любимое встречая,
что в жизни возвышало нас?

Шварцвальд, 1925 г.

Der Gipfel

Ich mag den Berg, den Pelze hüllen
aus Tannenbäumen, schwarz und dick –
das Dunkel fremder Bergesstillen
bringt mir mein Heimathaus zurück.

Vertrautheit ist in diesen Zweigen,
verliere beinah den Verstand,
wenn sich die Beeren zu mir neigen
mit ihrem Blau am Wegesrand.

Wenn sich die Pfade höher winden
durch feuchte Waldesdunkelheit,
wird stärker noch das Wiederfinden,
ich seh die Kindheit, nördlich-weit.

Wird's so nicht sein, wenn wir erklimmen
zur Todesstund den letzten Hang
und wieder hören all die Stimmen,
die wir geliebt ein Leben lang?

Schwarzwald, 1925

(Übers. von Kay Borowsky)

In den wenigen Gedichten, die Nabokov dem ungeliebten und unfreiwillig gewählten Exil Berlin widmet, bricht das Heimweh durch. Die Deutschen sind für ihn arbeitswütige Ordnungsliebhaber, die im Grunde ihr Leben viel schlechter eingerichtet haben als der von Gelegenheitsarbeiten lebende Dichter, wie die Aussage der ersten Strophe des „Frühlings in Berlin" (Berlinskaja vesna, 1925)[17] lautet. *Frühling in* Besonders das regelmäßige Auslegen des Bettzeugs mit rotem Inlett *Berlin* aus dem Fenster, jeden Morgen zur selben Zeit, wird als Zeichen der kleinbürgerlichen Denkweise ironisiert. Begreifen können die deutschen Spießbürger den jungen Dichter nicht. Nur die Straßenmusikanten, die wie er ein Leben in Freiheit, wenn auch Armut wählten, haben Verständnis. Selbstsicher, mit einer Spur von Ironie, verteidigt das Ich diesen Zustand.

In „Passant mit Weihnachtsbaum" (Prochožij s ёlkoj, 1925)[18] zeich- *Passant mit* net er „Strich um Strich" („in ein poetisches Oval", wie es im Origi- *Weihnachts-* nal heißt) einen Landsmann, der – im Russenmantel und den typi- *baum* schen Galoschen – mit einer Tanne unter dem Arm durch den Schnee stapft, kein Individuum, sondern nur eine Silhouette, die nüchtern und ohne Anteilnahme mit den Augen verfolgt wird. Doch bricht in den letzten Versen dieser Momentaufnahme erneut das Gefühl der Verlassenheit im Exil durch. Die deutsche Umgebung wird als fremd und abweisend dargestellt, sogar der Weihnachtsbaum wird als fremd – eben deutsch – erlebt. Deutschland ist nur als in der Winterkälte erstarrte Fremde faßbar.

Die Sprache ist lakonisch, die Sätze sind einfach gebaut, sie enden jedesmal mit dem Strophenende. Mit Adjektiven wird sparsam umgegangen, nur bei der Beschreibung des Passanten häufen sie sich – „mager, schwarz, gebückt" – und verdeutlichen sowohl phonetisch als auch semantisch die Last des Lebens in der Emigration. Typisch für die Gedichte Nabokovs ist das Auftreten des reflektierenden Poeten in der ersten und letzten Strophe. Der Poet enthebt die triviale Erscheinung des Emigranten der vordergründigen Realität, indem er sie mit einem „poetischen Oval" als Rahmen in die fiktive, aber dauerhafte Welt der Poesie versetzt.

In Berlin entdeckt der Dichter zu wenig Anklänge an sein Rußland, die er dann doch in der Stille des Schwarzwaldes findet. In „Der *Der Gipfel* Gipfel" (Veršina, 1925)[19] thematisiert Nabokov seine Verbundenheit mit der verlorenen Heimat. Ähnlich wie bei Proust ist auch bei Nabokov das Phänomen der Erinnerung Ausgangspunkt seines dichterischen Schaffens. In diesem Gedicht ruft der deutsche Schwarzwald

---

[17] VLADIMIR NABOKOV. *Stichi* (Gedichte). Ann Arbor 1979, S. 165.
[18] EBENDA, S. 178.
[19] EBENDA, S. 175.

dem lyrischen Ich die unvergessene Landschaft südlich von Petersburg in Erinnerung, wo er einen Teil seiner Kindheit verbrachte, und raubt ihm „beinah den Verstand", versetzt ihn in einen anderen Bewußtseinszustand. Der Vorgang der Erinnerung wird gleichzeitig in die Zukunft gerichtet, die vollendete Zukunft am Ende des Lebens, wo er sich verdoppelt: Erinnerung nicht nur an Ereignisse und Zustände, sondern auch Erinnerung an die Erinnerung. Der Schwarzwald bildet hier die Kulisse, an der sich Heimweh- und Todesphantasie entzünden, über die Realität hinausgehoben.

Trotz seines vierzehnjährigen Aufenthalts in Berlin hat Nabokov Deutsche und Deutschland in seiner Lyrik nicht häufiger thematisiert. Die beiden letzten Gedichte verdeutlichen ebenso wie die meisten seiner später entstandenen Prosawerke, daß für ihn die eigentliche Realität nur Anstoß ist, sich — meist mit Hilfe der Erinnerung — in den Raum der kreativen Phantasie zu schwingen. Deutschland war für Nabokov — man denke an die Ermordung seines Vaters — eine harte und sicher oft sehr banale Realität, der er sich durch seine Kreativität weitgehend zu entziehen suchte. Nabokov erklärte später, daß er dank der doppelten Isolierung, die er unter den Deutschen und den Russen in Berlin erlebt habe, zur „absoluten geistigen Freiheit" gelangt sei.

„Wolken und Asphalt" –
Nikolaj El'jašëv

Ende der zwanziger Jahre existierte in Berlin ein „Russischer Dichterkreis". Die Namen der überwiegend jungen Mitglieder, die erst in Deutschland anfingen, sich literarisch zu betätigen, sind heute nur noch emsigen Literaturhistorikern bekannt. Zu ihnen gehörte auch Nikolaj El'jašëv. Von seiner Person ist nicht viel mehr als eine Anekdote überliefert: Im Dichterzirkel traf er auch mit Nabokov zusammen, der sich damals nach den Erinnerungen einer jungen Schriftstellerin bereits für einen Meister hielt und sich gern über die Verse der andern mokierte. Als El'jašëv einmal ein eigenes Gedicht vortrug, in dem der Vers „Und das Pferd fällt nach hinten" (I lošad' padaet nazad) vorkam, wollte Nabokov wissen, ob sich „nazad" zusammen oder in zwei Wörtern schreibe („na zad" bedeutet: auf den Hintern). Ohne die Antwort abzuwarten, fügte Nabokov hinzu: „Im übrigen bleibt der Gedanke ja derselbe."[20]

---

[20] EVGENIJA KANNAK: Berlinskij kružok poėtov (Berliner Dichterkreis) (1928–1933). In: Russkij Al'manach (Russischer Almanach). Hrsg. von Z. Šachovskaja, E. Ternovskij, R. Guerra. Paris 1981, S. 364.

Wer sich hinter dem Namen El'jašëv verbarg, woher er kam und wie sich sein weiterer Lebensweg gestaltete, bleibt im Dunkel.

Fehrbelliner Platz

Тоска моя, привычная тоска,
Сегодня ты ясней и безглагольней.
Как эти розовые облака
Над куполом зеленым колокольни.

От хлестких солнечных лучей намок
Покров багровый черепичной крыши,
Над крематорием сухой дымок
Напоминает о простом затишьи.

И каждый миг заветней, чем всегда,
И каждый час безмерней и дороже,
А под землей несутся поезда,
Колебля тротуар незримой дрожью.

Листва дерев, прохладна и легка,
Колышется в рассеянном привете.
О, жизнь моя — асфальт и облака,
Дрожанье мостовой и светлый ветер!

1932

Fehrbelliner Platz

O Trauer, du vertraute Trauer mein,
du bist heut heller und du liebst das Schweigen
wie jene Wolken dort im rosa Schein,
die sich soeben übern Kirchturm neigen.

Das nasse Ziegeldach glänzt rundherum
von Sonnenstrahlen, die ihm Purpur schenken;
das Wölklein überm Krematorium
läßt an Verstummen und an Stillstand denken.

Nie war ein Augenblick so innig-schön,
Von Stund zu Stund kommt reicheres Erleben;
tief in der Erde hört man Züge gehn,
daß unsichtbar die Bürgersteige beben.

Es schwankt das Laub der Bäume, leicht und kalt,
als grüße es – ich wüßte gern die Gründe.
O du mein Leben: Wolken und Asphalt,
des Fahrdamms Zittern und die hellen Winde!

1932

(Übers. von Kay Borowsky)

Aus der Feder Ėl'jašëvs stammt eines der prägnantesten Gedichte aus einem Sammelband des Berliner „Dichterkreises": *„Fehrbelliner Platz"* (Titel im Original deutsch).[21] In den zwanziger Jahren war der Platz noch nicht zum seelenlosen Verkehrsknotenpunkt mit glatten Hochhausfassaden herabgesunken. Das Gedicht thematisiert in der ersten Strophe die „toska", die Schwermut oder Trauer ohne äußeren Grund, Thema unendlich vieler russischer Gedichte, teilweise mit dem englischen „spleen" bei Byron gleichzusetzen.

In den beiden letzten Strophen zeigt sich das Ich durch die einander entgegengesetzten Pole von Natur und Technik beeindruckt. „Wolken und Asphalt" bestimmen das Lebensgefühl des Emigranten in der deutschen Großstadt. Der Platz ruft eine Empfindung von Weite und Freiheit hervor, die der junge Emigrant sowohl als Ansporn wie als Bedrückung erlebt haben konnte. Aus diesen gegensätzlichen Antrieben entsteht die Beschwörung eines Augenblicks, der dem realen Leben entrückt ist und für einen Moment („mig") die Empfindung des Glücks – mitten im banalen Alltag – entstehen läßt. Die russischen Symbolisten haben diesen Augenblick eines überrealen Glücks oft beschworen. Kay Borowsky, der Übersetzer dieses Gedichts, vergleicht diesen „innig-schönen" Augenblick mit dem Erleben der Mystiker, „wenn sie die Einswerdung mit dem ersehnten Gegenstand ihrer Meditation erahnen".

Die Darstellung eines bekannten Platzes mit dem auch heute für Berlin typischen Ineinander von Natur und technischer Zivilisation läßt erahnen, wie sehr die Emigranten in dieser deutschen Stadt die russischen Metropolen Petersburg und Moskau gesucht haben. Nicht zufällig ließen sich Hunderttausende von ihnen in Berlin nieder. Die deutsche Hauptstadt war in der ersten Hälfte der zwanziger Jahre für sie Ersatzheimat.

---

[21] Nikolaj Ėl'jašëv. In: Rošča. Vtoroj sbornik berlinskich poėtov (Hain. Zweiter Sammelband Berliner Dichter). Berlin 1932, S. 52.

Johanne Peters

Loreley und Germania –
Aleksandr Blok

Aleksandr Aleksandrovič Blok wurde am 16. November 1880 in Petersburg geboren. Sein Vater, Aleksandr L'vovič Blok, war Professor für Staatsrecht in Warschau. Er war auch künstlerisch, besonders musikalisch, hervorragend begabt. Bloks Mutter, Aleksandra Andreevna Beketova, stammte ebenso wie ihr Mann aus einer hochgebildeten Familie. Ihr Vater, Andrej Nikolaevič Beketov, war Rektor der Petersburger Universität. Sie selbst übersetzte Baudelaire und Flaubert. Nach der Scheidung der Eltern wuchs Blok bis zu seinem neunten Lebensjahr im Hause der Großeltern auf. Als seine Mutter 1889 einen Offizier heiratete, nahm sie den Jungen zu sich. Blok verließ nur ungern das Haus seiner Großeltern, das Offiziersmilieu mißfiel ihm. Von Herbst 1889 bis Herbst 1898 besuchte er in Petersburg das Gymnasium und anschließend die Universität; auf Wunsch des Vaters studierte er zunächst Jura, ab 1901 jedoch, seinen Neigungen entsprechend, russische Philologie und Literaturgeschichte.

In den Jahren 1898 bis 1900 entstand der Gedichtzyklus „Ante lucem", noch stark von Vorbildern wie Puškin, Lermontov und Fet beeinflußt. Vom Januar 1901 an änderte sich der Ton seiner Gedichte. In seinem großen Zyklus „Gedichte von der Schönen Dame" (Stichi o Prekrasnoj Dame), der in diesem und im darauffolgenden Jahr entstand, spricht er vom baldigen Erscheinen einer mystisch verklärten und doch realen Frauengestalt, die er zum Teil unter dem Einfluß der „Sophia" des Philosophen Vladimir Solov'ëv imaginiert.

„Sophia" bedeutet in der Lyrik Solov'ēvs die weise „Weltseele", die Mittlerin zwischen Gott und Mensch. Ebenso wie Solov'ēv erhoffte Blok eine Inkarnation dieser Weltseele – vergleichbar der Idee des „Ewig-Weiblichen", wie Goethe es verstand – in der Realität des Hier und Jetzt. Da eine Überbrückung der Kluft zwischen Mensch und Gott niemals gelingen kann, rückt die Gestalt der „Schönen Dame" – im Unterschied zu Solov'ēvs Sophia, die nur göttlich ist – näher zur diesseitigen Wirklichkeit und erhält dadurch zuweilen etwas Ambivalentes: „Ihr Gesicht spiegelt das Böse in der Welt wider."[1]

Am 17. August 1903 heiratete Aleksandr Blok die lang umworbene Ljubov' Dmitrievna Mendeleevna, eine Tochter des berühmten Chemikers Dmitrij I. Mendeleev, in der er das lebendige Urbild seiner „Schönen Dame" zu sehen glaubte. Nach dem Abschluß seiner Dissertation über Bolotov und Novikov[2] machte er 1906 sein Examen mit der Note „Sehr gut".

Nicht nur Blok selbst brachte seiner Frau Ljubov' maßlose idealistische Verehrung entgegen. Gemeinsam mit ihm trieben seine Freunde, unter ihnen Andrej Belyj, einen wahren Kult mit der schönen jungen Frau, ganz wie es dem zeitgenössischen Lebensgefühl entsprach, in dem Erotik und Mystik sich vermengten. Sie verliebte sich in Belyj und schwankte längere Zeit zwischen beiden Männern. Doch früher als die jungen Schwärmer hatte sie das Unechte und Hysterische in deren Verehrung erkannt. Alles andere als unirdisch, wollte sie nicht zum Idol gemacht werden. Später wurde sie Schauspielerin unter Meyerhold, was häufige Trennungen mit sich brachte. Trotz aller Belastungen blieb Bloks Ehe mit dieser starken und unabhängigen Frau bis zu seinem Tode 1921 bestehen.

Während der ersten Ehejahre entstanden die lyrischen Dramen „Die Schaubude" (Balagančik) und „Der König auf dem Stadtplatz" (Korol' na ploščadi), in denen nun die mystische Atmosphäre der frühen Gedichte durch romantische Ironie gebrochen wird. Die Aufführung der „Schaubude" brachte Blok mit dem Theater in Berührung. Hier lernte er die Schauspielerin Natal'ja Nikolaevna Volochova kennen, in die er sich heftig verliebte. Ihr widmete er unzählige Gedichte, vor allem den berühmten Zyklus „Schneemaske" (Snežnaja maska, 1907) und das lyrische Drama „Die Unbekannte" (Neznakomka, 1907), als deren reale Verkörperung sie ihm erschien. In der Gestalt der „Unbekannten" mischen sich göttliche und dämo-

---

[1] ALEKSANDR ALEKSANDROVIČ BLOK: *Sobranie sočinenij v vos'mi tomach* (Gesammelte Werke in acht Bänden). Hrsg. von V. N. Orlov, A. A. Surkov und K. I. Čukovskij. Moskau–Leningrad 1960–1963, Bd. 7, S. 41.

[2] Andrej Bolotov (1738–1833) war Gutsbesitzer und Schriftsteller. N. I. Novikov (1744–1818) war Publizist und Freimaurer. Beiden ging es um Besserung sozialer Mißstände unter Katharina II.

nische Züge; in solchem Zwielicht wird sie auch als Halbweltdame erlebt, dem Liebenden nicht mehr unzugänglich wie die „Schöne Dame" – ein Wesen zwischen Traum und Wirklichkeit. Die an sie gerichteten Verse sind doppelbödiger und stilistisch ausgefeilter als die frühen Gedichte. Blok hat mit der „Unbekannten" die „femme fatale" des Nordens geschaffen und damit ein Thema der westlichen Literatur, das besonders im Paris des fin de siècle eine große Rolle spielte, in die russische Literatur übertragen.[3]

Von den französischen Symbolisten inspiriert ist in Bloks Lyrik auch das Großstadtthema. Wie schon bei Baudelaire, dem Belgier Verhaeren, den Valerij Brjusov übersetzte, und Brjusovs eigenem, damals sehr bekannten Zyklus „Urbi et orbi" wird die moderne Großstadt mit ihrer Faszination, aber auch ihrer Härte und Leere dargestellt, in der der selbstentfremdete Mensch zugleich eine neue Poetisierung seiner selbst und seiner Umwelt erfährt.

Am Ende des zweiten Gedichtbuchs[4] tritt neben von den französischen Symbolisten inspirierte Themen ein anderes Motiv. Blok entdeckt für sich eine neue Variante des „Ewig-Weiblichen": Rußland als mythische Wesenheit, als Mutter, Frau, Geliebte. Es erscheinen Kobolde, Hexen, wandernde Pilger, die die weite russische Heimat ruhelos durchziehen, und die Gestalt der Zigeunerin Faïna, ein Symbol ungebändigter russischer Freiheitsliebe.

Seiner lyrischen Vereinsamung versuchte Blok in den Jahren 1908/ 1909 zu entkommen, indem er sich in einer Reihe von Essays gesellschaftlichen Fragen zuwandte. Sein Aufsatz „Rußland und die Intelligenz" (Rossija i intelligencija) fand große Beachtung. Ein Theaterstück, das er damals verfaßte, das dramatische Poem „Lied des Schicksals" (Pesnja sud'by), hatte keinen Erfolg. Personen und Handlung waren allzu mystisch-abstrakt.

Im Dezember 1909 reiste Blok nach Warschau, wo sein Vater im Sterben lag. Hier, im eisklirrenden Warschau, faßte er den Plan zu seinem großen Poem „Vergeltung" (Vozmezdie), in dem er versucht, sich mit dem Kultur- und Charaktererbe des Vaters auseinanderzusetzen und zugleich ein Bild Rußlands im ausgehenden 19. Jahrhundert zu zeichnen.

Puškins „Eugen Onegin" ist sein großes Vorbild; er möchte ein breites Panorama des russischen Lebens und der russischen Gesellschaft entwerfen. Doch das Ergebnis ist unvollkommen. Nicht die

---

[3] Vgl. hierzu MARIO PRAZ: *Liebe, Tod und Teufel. Die schwarze Romantik.* 2. Aufl., München 1981, besonders das Kapitel IV, 1: Allgemeingültigkeit des Motivs der ‚femme fatale'; sowie H. H. HOFSTÄTTER: *Symbolismus und die Kunst der Jahrhundertwende.* Köln 1978.

[4] Blok selbst teilte zu Lebzeiten seine Lyrik in drei Bücher ein, deren jedes eine Lebens- und Schaffensperiode vertritt.

breiten Schilderungen des epischen Gemäldes überzeugen, sondern
die lyrischen Details. Am Mißlingen des Vorhabens wird deutlich, daß
Blok ganz und gar Lyriker war, nicht Epiker oder Dramatiker. Er selbst
hat unter dieser Erkenntnis sehr gelitten.

Erst 1912 nahm er, angeregt durch den Mäzen M. I. Tereščenko,
doch noch einmal ein lyrisches Drama in Angriff. Das Stück mit dem
Titel „Rose und Kreuz" (Roza i Krest) wurde zu seiner besten Arbeit in
diesem Genre: Der Held, ein ungeschickter Ritter namens Bertran,
der seiner Liebe zur schönen jungen Schloßherrin Izora entsagt, lernt
einsehen, daß Erfüllung in der Realität unmöglich ist, weil diese den
Ansprüchen der Phantasie niemals Genüge tun kann.

In seinem dritten und letzten Gedichtband ist das Hauptthema die
„Rus'", das mythische Urrußland. Blok wählt Episoden der russischen
Geschichte aus, die für geistigen Umbruch und Neuanfang oder für
chaotisches Versagen stehen. Rußland wird als messianischer Welt-
erneuerer gesehen. Die schönsten Gedichte hier sind jedoch
schlichte Liebeserklärungen an die Heimat, in denen weder ihre
ärmlichen Dörfer noch ihre grundlosen Wege noch die Trägheit und
Schwermut ihrer Bewohner verschwiegen werden.

In den späten Gedichten mehren sich Töne der Resignation und
Ausweglosigkeit. Einen Ausweg aus der sittlich-kulturellen Erstarrung
der Décadence, die das ganze fin de siècle erfaßt hatte, hoffte Blok
in seinem neuen Glauben an Rußland zu finden. So begrüßte er den
Ersten Weltkrieg und auch die Oktoberrevolution von 1917, die er in
seinem Revolutionspoem „Die Zwölf" (Dvenadcat') feierte. Er arbeitete nach der Revolution intensiv in der Verwaltung der Leningrader
Theater und im Verlag „Weltliteratur", den Gor'kij 1918 erneuerte.
Bedingt durch allzuviel ungewohnte Arbeit, aber auch durch die
Hungersnot in Petrograd, zeigten sich im April 1921 die ersten Sym-
ptome eines Herzleidens, dem der erst Vierzigjährige am 7. August
desselben Jahres erlag. Eine rasch zunehmende innere Enttäuschung
über die bürokratische Verflachung der Revolution, von der er die
elementare Welterneuerung erwartet hatte, mag zu seinem frühen
Tod beigetragen haben.

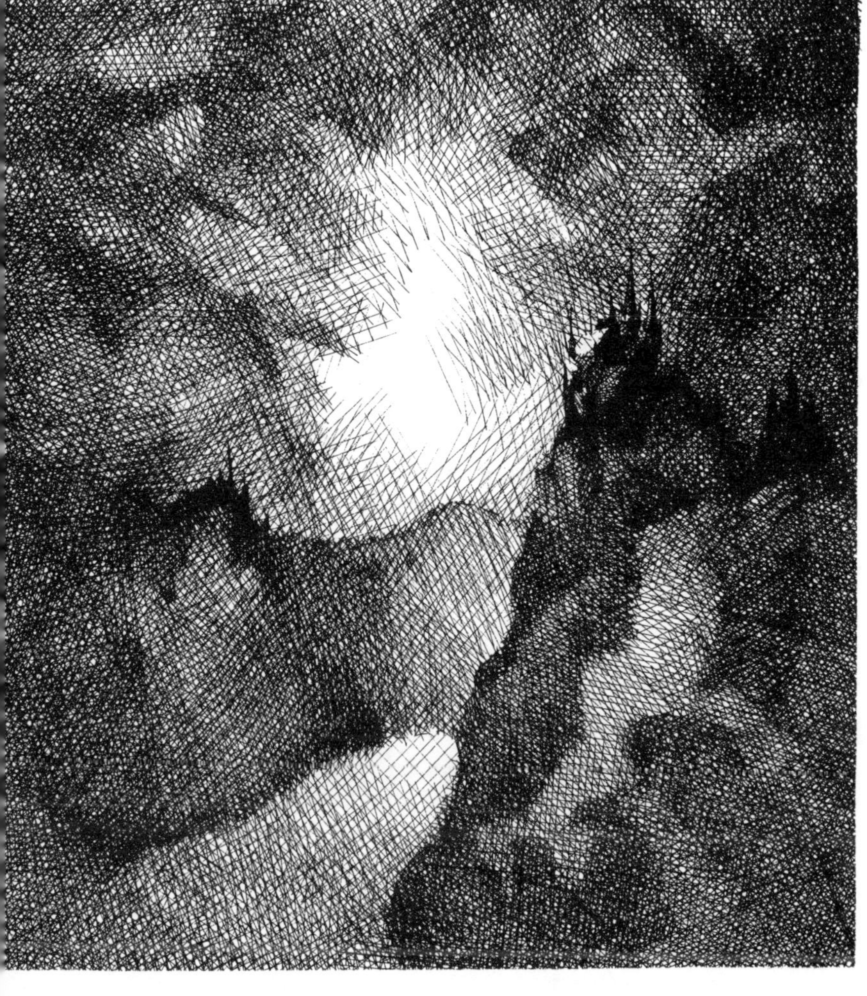

Впечатления Рейна

Рейн – чудесная река,
Хоть не очень широка.
Берега полны вином,
Полон пивом каждый дом,
Замки видны вдалеке,
Немки бродят налегке,
Ждут прекрасных женихов
И гоняют пастухов.
Скалы мрачные висят,
Немцы гадостью дымят,
Лёрлей нежная сидит
И печально так глядит,
Как победная Денкмаль
Кулаком грозит французу
И Термаль пускает в Узу.

6 июня 1897

Eindrücke vom Rhein

Der Rhein — ein wunderbarer Fluß,
Wenn auch nicht sehr breit.
Seine Ufer sind voll von Wein,
Voll von Bier ist jedes Haus,
Burgen sieht man in der Ferne,
Deutsche Mädchen schlendern leicht,
Warten auf stattliche Freier
Und weisen die Schäfer ab.
Düstre Felsen hängen herab,
Die Deutschen rauchen stinkendes Kraut,
Die zarte Loreley sitzt da,
So traurig schaut sie zu,
Wie mit der Faust das Sieges-Denkmal
Nach Frankreich droht und zur Usa hin
Die Thermalquelle lenkt.

6. Juni 1897

(Übers. von Johanne Peters)

Иммануил Кант

Сижу за ширмой. У меня
Такие крохотные ножки …
Такие ручки у меня,
Такое темное окошко …
Тепло и тёмно. Я гашу
Свечу, которую приносят,
Но благодарность приношу …
Меня давно развлечься просят,
Но эти ручки … Я влюблен
В мою морщинистую кожу …
Могу увидеть сладкий сон,
Но я себя не потревожу:
Не потревожу забытья,
Вот этих бликов на окошке …
И ручки скрещиваю я,
И также скрещиваю ножки.
Сижу за ширмой. Здесь тепло.
Здесь кто-то есть. Не надо свечки.
Глаза бездонны, как стекло.
На ручке сморщенной – колечки.

18 октября 1903

Immanuel Kant

Ich sitze hinterm Wandschirm. Ich hab
Solch winzige Füßchen …
Solch winzige Händchen hab ich,
Solch ein dunkles Fensterchen …
Warm und dunkel. Ich lösche
Die Kerze aus, die man mir bringt,
Doch Dankbarkeit bring ich entgegen …
Man bittet mich schon lang, mich zu zerstreuen,
Doch diese Händchen … Ich bin verliebt
In meine Haut voll Fältchen …
Kann sehen einen süßen Traum,
Doch werd ich mich nicht beunruhigen:
Ich werde meinen Halbschlaf nicht beunruhigen,
Seht diese hellen Flecken am Fensterchen …
Und ich kreuze meine Händchen,
Und ebenso kreuze ich meine Füßchen.
Ich sitze hinterm Wandschirm. Hier ist es warm.
Hier ist jemand. Ich brauch kein Kerzchen.
Meine Augen sind bodenlos wie Glas.
Mein runzliges Händchen trägt Ringelchen.

18. Oktober 1903

(Übers. von Johanne Peters)

Там, на горах, белели виллы,
Алели розы в цепком сне.
И тайна смутно нисходила
Чертой, в горах неясной мне.
О, как в горах был воздух кроток!
Из парка бешено взывал
И спорил с грохотом пролеток
Веками стиснутый хорал.
Там — к исцеляющим истокам
Увечных кресла повлеклись,
Там — в парке, на лугу широком,
Захлопал мяч и *lawn-tennis*;
Там — нить железная гудела,
И поезда вверху, внизу
Вонзали пламенное тело
В расплавленную бирюзу.
И в двери, в окна пыльных зданий
Врывался крик продавщика
Гвозди́к и лилий, роз и тканей,
И *cartes postales,* и *kodak'a.*

1904

Dort, auf den Bergen, schimmerten weiße Villen,
Röteten sich Rosen in zähem Schlaf.
Und das Geheimnis stieg verwirrt herab
In einer Linie, die in den Bergen mir unklar war.
Oh, wie war in den Bergen die Luft so mild!
Aus dem Park flehte wild
Und stritt mit dem Lärmen der Droschken
Ein durch Jahrhunderte erstickter Choral.
Dort zu den heilenden Quellen
Schob man die Sessel der Krüppel,
Dort im Park, auf der weiten Wiese,
Klopften die Bälle und lawn-tennis;
Dort summten die eisernen Drähte
Und Züge oben und unten
Bohrten ihre flammenden Körper
In das geschmolzene Blau.
Und in die Türen und Fenster verstaubter Gebäude
Drangen ein die Schreie der Verkäufer
Von Nelken und Lilien, Rosen und Stoffen,
Von Post- und Kodak-Karten.

1904

(Übers. von Johanne Peters)

Влюбленность

Королевна жила на высокой горе,
И над башней дымились прозрачные сны облаков.
Темный рыцарь в тяжелой кольчуге шептал о любви на
                                                                    заре,
В те часы, когда Рейн выступал из своих берегов.

Над зелеными рвами текла, розовея, весна.
Непомерность ждала в синевах отдаленной черты.
И влюбленность звала – не дала отойти от окна,
Не смотреть в роковые черты, оторваться от светлой
                                                                    мечты.

„Подними эту розу“, – шепнула – и ветер донес
Тишину улетающих лат, бездыхавный ответ.
„В синем утреннем небе найдешь Купину
                                        расцветающих роз“, –
Он шепнул, и сверкнул, и взлетел, и она полетела
                                                                    вослед.

И за облаком плыло и пело мерцание тьмы,
И влюбленность в погоне забыла, забыла свой щит.
И она, окрылясь, полетела из отчей тюрьмы –
На воздушном пути королевна полет свой стремит.

Уж в стремнинах туман, и рога созывают стада,
И заветная мгла протянула плащи и скрестила мечи,
И вечернюю грусть тишиной отражает вода,
И над лесом погасли лучи.

Не смолкает вдали властелинов борьба,
Распри дедов над ширью земель.
Но различна Судьба: здесь – мечтанье раба,
Там – воздушной Влюбленности хмель.

Verliebtheit

Die Königstochter lebte auf einem hohen Berge,
Und über dem Turm rauchten durchsichtige Wolkenträume.
Der dunkle Ritter im schweren Kettenhemd flüsterte von Liebe im
Abendrot,
In jenen Stunden, in denen der Rhein aus seinen Ufern trat.

Über die grünen Burggräben ergoß sich, rosig leuchtend, der
Frühling.
Maßlosigkeit wartete in der Bläue des fernen Horizonts.
Und die Verliebtheit rief – ließ nicht zu, vom Fenster wegzugehn,
Nicht in die schicksalhaften Züge zu schaun, sich loszureißen vom
hellen Traum.

„Nimm diese Rose", flüsterte sie, – und der Wind brachte herbei
Die Stille verflogener Sommer, die leblose Antwort.
„Im blauen Morgenhimmel wirst du den Dornbusch voll erblühender
Rosen finden",
Flüsterte er und flog leuchtend auf, und sie flog ihm nach.

Und der Wolke nach schwamm und sang das Leuchten der
Dunkelheit,
Und die Verliebtheit verlor, verlor bei ihrer Verfolgung den Schild.
Und, sich beflügelnd, flog sie aus den Fenstern des Kerkers –
Auf luftigem Weg eilt die Königstochter in ihrem Fluge dahin,

Schon ist auf den Abhängen Nebel, und Hörner rufen die Herden,
Und ein geheimnisvoller Dunst überzog die Umhänge und kreuzte
die Schwerter,
Und die abendliche Trauer spiegelt das Wasser als Stille wider,
Und über dem Wald sind die Strahlen erloschen.

In der Ferne schweigt nicht der Mächtigen Kampf,
Der Streit der Ahnen über der Weite der Länder.
Doch unterschiedlich das Schicksal: hier das Träumen des Sklaven,
Dort der luftigen Verliebtheit Rausch.

И в воздушный покров улетела на зов
Навсегда ... О, Влюбленность! Ты строже Судьбы!
Повелительней древних законов отцов!
Слаще звука военной трубы!

3 июня 1905

Und in ihre luftige Zuflucht flog auf einen Ruf sie davon
Für immer ... O, Verliebtheit! Du bist stärker als das Schicksal!
Gebieterischer als die alten Gesetze der Väter!
Süßer als die Laute der Kriegstrompete!

3. Juni 1905

(Übers. von Johanne Peters)

Скифы

Мильоны – вас. Нас – тьмы, и тьмы, и тьмы.
   Попробуйте, сразитесь с нами!
Да, скифы – мы! Да, азиаты – мы,
   С раскосыми и жадными очами!

Для вас – века, для нас – единый час.
   Мы, как послушные холопы,
Держали щит меж двух враждебных рас
   Монголов и Европы!

[…]

Мы любим всё – и жар холодных числ,
   И дар божественных видений,
Нам внятно всё – и острый галльский смысл,
   И сумрачный германский гений …

Мы помним всё – парижских улиц ад,
   И венецьянские прохлады,
Лимонных рощ далекий аромат,
   И Кельна дымные громады …

[…]

В последний раз – опомнись, старый мир!
   На братский пир труда и мира,
В последний раз на светлый братский пир
   Сзывает варварская лира!

30 января 1918

Die Skythen

Millionen seid ihr. Wir sind Massen und Massen und Massen.
   Versucht's und kämpft mit uns!
Ja, Skythen sind wir! Ja, Asiaten sind wir
   Mit schrägen und gierigen Augen!

Für euch sind die Jahrhunderte, für uns eine einzige Stunde.
   Wir, wie gehorsame Sklaven,
Hielten den Schild zwischen die zwei feindlichen Rassen
   Der Mongolen und Europas!

[...]

Wir lieben alles – die Glut der kalten Zahlen
   Und die Gabe göttlicher Visionen,
Uns ist alles verständlich – der scharfe gallische Geist
   Und das düstre germanische Genie ...

Wir erinnern uns an alles – die Hölle der Pariser Straßen
   Und die venezianische Kühle,
Der Zitronenhaine fernen Duft
   Und die dunstigen Massen Kölns ...

[...]

Zum letzten Mal – erwache, alte Welt!
   Zum brüderlichen Fest von Arbeit und Frieden,
Zum letzten Mal, zum hellen brüderlichen Fest
   Ruft die barbarische Leier!

30. Januar 1918

(Übers. von Johanne Peters)

Unter den insgesamt 1200 Gedichten im lyrischen Werk des großen russischen Symbolisten Aleksandr Blok gibt es nicht allzuviele,
die Deutsche und Deutschland zum Thema haben. Aus den Briefen
und Tagebüchern ist jedoch bekannt, daß Blok, dessen Ururgroß-
vater Johan von Blok aus Mecklenburg stammte und Leibarzt der
Kaiserin Elisabeth war, sich seines deutschen Erbes bewußt war und
der deutschen Kultur und Literatur sehr aufgeschlossen gegenüberstand. In seiner Jugend wurde er von der deutschen Romantik, zumal
von der idealistischen Philosophie, nachhaltig beeinflußt. Im Briefwechsel mit seinem Jugendfreund Andrej Belyj finden sich zahlreiche
Hinweise auf eine Auseinandersetzung mit den deutschen Philosophen, vor allem Kant und Nietzsche. Ihre Schriften konnte Blok im
Original lesen.

Persönliche Berührungen mit Deutschland hatte Blok erstmals mit
siebzehn Jahren, als er seine Mutter 1897 zu einem längeren Kurauf-
enthalt nach Bad Nauheim begleitete. Er war beeindruckt von der
„mittelalterlichen" Atmosphäre des nahegelegenen Städtchens Friedberg in Hessen, dessen Burg und Kirche er auch in Briefen an seine
spätere Frau Ljubov' Mendeleeva erwähnt. Bei einem zweiten Besuch
in Bad Nauheim im Sommer 1903 berichtete er ihr mehrfach von
seinen Eindrücken.[5]

In einigen Gedichten, die zum Teil die Ortsangabe Bad Nauheim
tragen, ist das Erlebnis der deutschen Kleinstadtatmosphäre dargestellt.[6] Für Blok verband sich die Stimmung des Märchenhaft-Mittelal-
terlichen, die die Friedberger Burg auf ihn ausstrahlte, mit seiner
ersten Liebe zu Ksenija Michajlovna Sadovskaja (1862–1925), einer
eleganten und gebildeten Petersburgerin, die er in Bad Nauheim
kennenlernte und später in Petersburg gelegentlich wiedersah. Daß
er in einem Zeitraum von mehr als dreizehn Jahren immer wieder
Gedichte über Bad Nauheim und die Begegnung mit Ksenija Sadovskaja veröffentlichte, läßt erahnen, wie nachhaltig ihn dieses
Liebeserlebnis bewegt haben muß. Dessen emotionale Tiefe hat sein
Deutschlandbild mitgeprägt.

Verliebtheit

Ich möchte zuerst auf das Gedicht *„Verliebtheit"* (Vljublennost';
3. Juni 1905)[7] aus dem zweiten Buch der Lyrik eingehen, weil es
meines Erachtens die Atmosphäre, wie sie der blutjunge Aleksandr
Blok damals in der verträumten deutschen Kleinstadt empfand, am
besten wiedergibt.

Bei diesem Gedicht fehlt zwar die Ortsangabe, doch Blok selbst
gab in den Anmerkungen zur zweiten Ausgabe seiner „Gesammel-

---

[5] ALEKSANDR BLOK, a.a.O., Bd. 8, S. 57ff.
[6] EBENDA, Bd. 1, S. 532ff.; Bd. 2, S. 311ff.; Bd. 3, S. 183f.
[7] EBENDA, Bd. 2, S. 61.

ten Gedichte" (1912) den Hinweis: „Das Gedicht ist inspiriert von dem alten Schloß in der Stadt Friedberg (Hessen)."[8]

Das Schloß, die Königstochter, der Ritter – das sind Märchenmotive, angeregt von der friedlich entrückten Atmosphäre der Kleinstadt. Sie haben mit der Realität eigentlich nichts gemein, und doch sind sie durch die Realität der Friedberger Burg und wohl auch durch das Erlebnis der Rheinlandschaft hervorgerufen, das sonst nur in einem Scherzgedicht von 1897 bezeugt ist. Wie nur wenige Russen vor ihm fühlt sich der junge Blok in die deutsche Umgebung ein, er ist – vielleicht bedingt durch seine große Jugend – weniger kritisch als viele seiner Landsleute, die in Deutschland oft nur das Beengt-Kleinliche und Spießbürgerliche wahrnehmen – man denke etwa an Fëdor M. Dostoevskij und seine Frau Anna. Für Blok überwiegt jetzt und auch in späteren Jahren das Positive.[9] Er nimmt die Stimmung des Märchenhaft-Ritterlich-Mittelalterlichen wahr, die auch andere deutsche Kleinstädte bis heute nicht ganz verloren haben. Man glaubt sich bei der Lektüre seiner Gedichte an Bilder des romantischen Malers Moritz von Schwind erinnert oder auch an die Illustrationen von Ludwig Richter zu den Märchen der Gebrüder Grimm.

Sicher hat die friedliche Atmosphäre in Deutschland vor dem Ersten Weltkrieg schon etwas Trügerisches; und das wird auch am Ende des Gedichts recht deutlich dargestellt. Mehrfach ist vom Schicksal die Rede, auch vom „Streit der Ahnen" und der „Kriegstrompete", womit Blok sicher auch auf die gespannte internationale Lage vor dem Krieg und ganz besonders wohl auf die Unruhen der russischen Revolution vom Januar 1905 anspielt.

Noch läßt er sich vom lockenden Ton der Kriegstrompete nicht beeinflussen: „O, VERLIEBTHEIT! Du bist stärker als das SCHICKSAL", heißt es gegen Ende, wobei unter „Verliebtheit" nicht nur die Neigung zu der geliebten Frau, sondern ganz allgemein die Neigung zur eigenen Subjektivität, die das Leben zum Traum erklärt, zu verstehen ist. 1917 wird sich Blok ganz anders entscheiden, nämlich für die Revolution. 1905 ist er aber noch ganz in Poesie und Träumen gefangen.

---

[8] EBENDA, Bd. 2, S. 397.

[9] Vgl. den Brief an seine Muttter vom Juni 1909, als er noch einmal Bad Nauheim besuchte: „Hier ist es ungewöhnlich schön, still und erholsam. Mich erstaunt die Schönheit und Verwandtschaft Deutschlands, seine mir verständlichen Sitten und der hohe Lyrismus, von dem hier alles durchdrungen ist. [...] Die Heimat der Gotik ist nur Deutschland, das Land, das Rußland am nächsten ist, ihm ein ewiger Vorwurf." Zitiert nach R.-D. KLUGE: *Westeuropa und Rußland im Weltbild Aleksandr Bloks*. München 1967 (= Slavistische Beiträge, Bd. 27), S. 132. Dieser Brief ist in den „Gesammelten Werken" Bloks (in acht Bänden) nicht veröffentlicht.

Schon im Sommer 1904 hatte Blok Gedichte geschrieben, denen seine Erlebnisse in Bad Nauheim zugrunde lagen, und zwar den kleinen Zyklus „Unvollendetes Poem" (Neokončennaja poėma; Bad Nauheim 1897–1903), wobei die Jahreszahlen Angaben über seine beiden Aufenthalte dort sind, keine Entstehungsdaten, wie sonst üblich. Der Zyklus umfaßt vier Gedichte, von denen das erste in der Art der „Gedichte von der Schönen Dame" nur Stimmungen, vermischt mit sehr wenig realistischen Naturbildern, wiedergibt. Ein anderes Gedicht des Zyklus, *„Dort, auf den Bergen, schimmerten weiße Villen ..."* *(Tam, na gorach, beleli villy ...)*[10], enthält mehr Details. Sehr konkrete Bilder und Szenen, wie sie in Badeorten begegnen: Droschken, Krankenstühle, Ballspiele, Verkaufsstände sollen das Treiben im Kurort sinnenhaft vergegenwärtigen. Doch die disparaten Versatzstücke passen sich nicht so recht in das lyrische Stimmungsbild des Gedichts ein.

Blok vollendet das Poem nicht – wohl deshalb, weil ihm der Versuch noch mißlang, mit dem Vokabular und der symbolistischen Technik, die seine Verse von der „Schönen Dame" kennzeichnen, Realität einzufangen. Es ist noch ein weiter Weg bis zu den Gedichten des dritten Bandes oder gar zu „Die Zwölf" und „Die Skythen" (Skify), den beiden berühmten Revolutionsgedichten, in denen es ihm gelingt, die volle Wirklichkeit mit ihren tausend Details darzustellen und sie in unvergänglichen Zeilen – gleichsam unmerklich – symbolisch zu überhöhen.[11]

Über Bloks Deutschlandbild erfahren wir aus dem unabgeschlossenen Zyklus sehr wenig. Der Kontrast der lyrischen Töne zu den Erscheinungsbildern des Kurbetriebs sagt über Empfinden und Schauen des Autors mehr aus als über den Gegenstand: Bad Nauheim, der Ort der empfangenen Eindrücke, bleibt ohne Konturen. Deutlich wird höchstens, daß der Kurbetrieb Blok abstieß – wie alles, was mit Zivilisation, nicht mit Kultur zusammenhing.

Eine interessante Ergänzung zu den Nauheimer Gedichten stellt ein frühes Scherzgedicht dar: *„Eindrücke vom Rhein"* *(Vpečatlenija Rejna, 1897)*[12]. Blok liebte solche scherzhaften Gelegenheitsgedichte und versah sie häufig – wie auch dieses – mit Zeichnungen. In der Landschaftsskizze wechseln nüchterne Beschreibung und stereotype Vorstellung, Interpretation und Impression einander spielerisch-heiter

[10] ALEKSANDR BLOK, a.a.O., Bd. 2, S. 312.
[11] Über diese Methode der „realistischen Symbole" bei Aleksandr Blok siehe auch JOHANNE PETERS: *Farbe und Licht. Symbolik bei Aleksandr Blok.* München 1981 (= Slavistische Beiträge, Bd. 144), S. 290f.
[12] ALEKSANDR BLOK, a.a.O., Bd. 1, S. 545. Zuerst veröffentlicht in der Zeitschrift „Neva" 8 (1957).

ab. Die Verquickung von romantischer Idylle und desillusionierender Wirklichkeitsdiagnose bringt Zeile für Zeile einen ironischen Umschlag hervor, so daß das Bild der attraktiven Reiselandschaft von spöttisch überzeichneten Szenenbildern aus Leben und Gesellschaft des Gastlandes relativiert wird. Es entsteht ein Spiel mit Stereotypen, wobei ein Klischee häufig durch ein anderes gebrochen wird.

Schon die ersten beiden Zeilen bauen ein Klischee auf, um es sofort wieder zu demontieren: Touristischer Rheinseligkeit – „ein wunderbarer Fluß" – wird mit der lakonischen Feststellung „nicht sehr breit" der Schwung genommen. Daß der Rhein als schmal angesehen wird, klingt für einen Deutschen erstaunlich, ist aber für einen Russen, wenn er etwa den Vergleich zur Wolga zieht, verständlich.

Seit Jahrhunderten bekannt ist auch das Stereotyp vom Deutschen als starkem Biertrinker und Raucher. In vielen Reiseberichten und Briefen russischer Besucher kann man darüber lesen. Hier wird es benutzt, um die Rheinweinromantik zu entzaubern.

Spießig wie die deutschen Männer sind auch die Mädchen, wenn sie nach „stattlichen Freiern" Ausschau halten und die „Schäfer" abweisen. Traurig schaut die Loreley, dem jungen Blok sicher bereits aus Heines berühmten Zeilen bekannt, auf dieses Schauspiel, ebenso wie auf die kriegerische Germania, die den Franzosen droht. Der ganz Europa aufschreckende Sieg der Deutschen über Frankreich im Krieg von 1870/71 war im Jahre 1897 noch unvergessen und formte das Bild vom aggressiven, waffenklirrenden Deutschland Wilhelms II. mit, das ein ausländischer Besucher in den Jahren vor dem Ersten Weltkrieg gewinnen konnte. Als „machtgeschützte Innerlichkeit" hat Thomas Mann später die geistige Verfassung Deutschlands in jenen Jahren bezeichnet. Blok deutet in seinem Scherzgedicht von 1897 alle diese geheimen Widersprüche – friedlich-bürgerliches Alltagsleben, märchenhaft-romantische Verklärung der Realität und militärisch-politische Aggressivität – in leicht hingeworfenen Versen an. Sie zeugen davon, daß er intuitiv die spannungsvollen Gegensätze im deutschen Kaiserreich sehr genau erfaßte.

Zum Deutschlandbild Bloks gehören auch seine Übertragungen Heinescher Lyrik, unter denen sich die „Loreley" befindet. Diese Übersetzung trägt das Datum Januar 1909; in diesem und im folgenden Jahr entstand auch ein Zyklus mit dem Titel „Zwölf Jahre danach" (Posle dvenadcat' let), in dem noch einmal das Bad Nauheimer Liebeserlebnis beschworen wird. Die Rheinerinnerungen aus der Jugend verbinden sich in der Übertragung mit dem romantischen Rheinbild, das Heines Verse vermitteln. Blok hielt selbst seine russische Fassung der „Loreley" für sehr gelungen. Er schrieb am 19. November 1909 darüber an S. A. Vengerov: „Erlauben Sie mir, Ihnen [...] diese meine Übersetzung der berühmten ‚Loreley' vorzuschlagen. Ich bestehe entschieden gerade auf diesem Gedicht, weil mir dabei, wie es scheint, gelungen ist, alle Feinheiten des Versmaßes wiederzugeben, und dies, soweit ich weiß, zum ersten Mal."[13]

Ursprünglich hatte er beabsichtigt, das ganze „Buch der Lieder" von Heine zu übersetzen, doch blieb es zunächst bei dreizehn Gedichten aus dem Zyklus „Die Heimkehr", die im Januar 1909 fertiggestellt worden waren. Erst 1920/21, im Zusammenhang mit seiner Redaktionsarbeit für eine Heine-Ausgabe, übersetzte Blok noch einmal einige Gedichte. Sie wurden erst nach seinem Tod veröffentlicht und stammen alle, bis auf eines, aus den „Neuen Gedichten"; darunter ist das sehr bekannte „Leise zieht durch mein Gemüt".

Das Studium deutscher Philosophen, vor allem die Auseinandersetzung mit Kants „Kritik der reinen Vernunft", schlägt sich in einem Gedicht vom *18. Oktober 1903* nieder, das Immanuel Kant gewidmet ist: *„Ich sitze hinterm Wandschirm ..."* *(Sižu za širmoj ...)*.[14] Unverkennbar ist die Abwehr, mit der der Philosoph gestaltet wurde. Es handelt sich um eine ins Groteske verzerrte Parodie auf die Person, vor allem aber auf den Denkansatz Kants. Die bekannte Tatsache, daß er Königsberg nie verließ, so wie er allgemein der Erfahrung als Vehikel der Erkenntnis eine untergeordnete Rolle zuwies, spiegelt das Gedicht in der Wiedergabe der selbst gewählten Enge seines Lebensraums wider. Sogar die geringe Körpergröße und schwächliche Konstitution des Philosophen müssen herhalten, um Kleinheit und Enge zu suggerieren. Das Thema Kant ist für Blok untrennbar mit dem Thema der Angst verbunden, wie wir aus seinem Briefwechsel mit Belyj entnehmen können.[15] Die in der „Kritik der reinen Vernunft" verkündeten Schranken der Erkenntnis akzeptiert er nicht. Ihm, dem Mystiker, erscheinen sie als freiwillige Selbstbeschränkung aus Angst vor den Schrecken der metaphysischen Erkenntnis.

In dem zitierten Gedicht *„Die Skythen"* *(Skify; 27. Januar 1918)*[16] findet sich noch einmal eine Äußerung über Deutschland. In wenigen Strichen wird ein Bild vom deutschen Wesen entworfen. Das Gedicht ist stark von den politischen Zeitumständen der Revolution geprägt. Herausfordernd wird das asiatische Erbe des russischen Reiches gegenüber dem europäischen Westen hervorgekehrt, den es vor dem Barbarentum der „Skythen" graut, der aber auf ihre Schild-„Wehr" angewiesen ist, weil sie ihn vor dem gefährlichen Ansturm aus dem Osten schützen. Blok negiert schlicht die Zugehörigkeit Rußlands zu Europa, und wenn er benennt, was Russen seit jeher an

---

[13] ALEKSANDR BLOK, a.a.O., Bd. 3, S. 638f.

[14] EBENDA, Bd. 1, S. 294; Anmerkungen S. 623.

[15] Vgl. *Perepiska Blok-Belyj* (Aleksandr Blok – Andrej Belyj. Briefwechsel). Nachdruck der Ausgabe Moskau 1940. München 1969 (= Slavische Propyläen, Bd. 65), vor allem S. 46f. und 67ff.

[16] ALEKSANDR BLOK, a.a.O., Bd. 3, S. 360f.

Europa fasziniert, so geschieht dies aus der Sicht des Außenstehenden. Drei Länder werden in Erinnerungsbildern festgehalten. Die „Hölle" der Pariser Straßen, Venedig und Italiens Zitronenhaine vereinigen sich mit der Kölner Stadtansicht zu einem Panorama Westeuropas. Der Kölner Dom, erst 1880 vollendet, galt damals als Symbol des Mittelalters und des mystisch-romantischen Geistes der Deutschen. Der Dualismus des „scharfen gallischen Geistes" und des „düstren germanischen Genies" formt aus „skythisch"-russischer Sicht das geistige Antlitz Europas. Dieser Gegensatz der Charakterisierung deutschen und französischen Wesens ist seit Madame de Staëls Buch „De l'Allemagne" (Erstveröffentlichung 1813) ein immer wiederkehrendes Stereotyp geworden.

Auch wenn in diesem Gedicht dem Geist beider Völker gleiche Wertschätzung entgegengebracht wird, so ist es doch der scharf beobachtenden Klarheit „gallischer" Provenienz – die auch Heine so geschätzt hat – zu verdanken, daß Aleksandr Blok in seinen späteren Werken die esoterische Mystik seiner frühen Verse überwinden und eine Lyrik von hoher Ausdruckskraft – in Rußland nur mit Puškins Versen verglichen – schaffen konnte, in der sich „Ideal und Wirklichkeit" zu unvergänglicher Schönheit vereinigen.

Irmgard Wille

Für deutschen Geist – gegen deutsche Krieger – Valerij Brjusov

Valerij Jakovlevič Brjusov wurde am 13. Dezember 1873 in Moskau als Sohn eines wohlhabenden Kaufmanns geboren. In seiner Jugend faßte er eine Vorliebe für französische Literatur, insbesondere den Symbolismus. In den Jahren 1894/95 veröffentlichte er drei schmale Sammelbände mit dem Titel „Russische Symbolisten" (Russkie simvolisty). Die darin enthaltenen Gedichte und Übertragungen französischer Lyrik, die größtenteils von ihm selbst stammten, machten den literarischen Begriff des Symbolismus in Rußland erstmals bekannt.

Damit wurde ein Wandel in der literarischen Atmosphäre Rußlands eingeleitet, der die Richtung der kommenden Jahrzehnte bestimmte.

Bald danach erschienen eigene Gedichtbände Brjusovs, zunächst „Chefs d'œuvre" im Jahre 1895. Sie brachten ihm zunächst eine eher umstrittene Berühmtheit ein. Ende 1896 folgte der Lyrikband „Me eum esse".

1897 heiratete Brjusov Joanna Runt, mit der er trotz seiner heftigen Affairen offenbar eine glückliche, gutbürgerliche Ehe führte. Einige Jahre später lernte er den Dichter Andrej Belyj kennen, der bald sein enger Freund wurde. Belyj durchschaute sein oft exzentrisches Benehmen als bewußte Maske, die andere Menschen beeindrucken sollte. Nur im kleinen Kreis von Familie und Freunden konnte Brjusov auch einfach und herzlich sein.

1903 erschien der sehr erfolgreiche Lyrikband „Urbi et orbi". Mit ihm führte Brjusov das Thema der modernen Großstadt in die russische Lyrik ein. Er stilisierte das patriarchalische Moskau nach dem

Paris Baudelaires und übernahm den französischen ‚vers libre' in seine Gedichte.

Bei aller Hinneigung zur französischen Literatur zeigte Brjusov doch schon früh auch ein Interesse an deutscher Dichtung – er übersetzte bereits in seiner Gymnasialzeit Balladen von Schiller. Deutsch zählte er zu den Sprachen, die er „kann" (im Gegensatz zum bloßen Verstehen), und differenzierte diese Äußerung dahingehend, daß es zu den Sprachen gehöre, die er „ohne Wörterbuch" lesen könne. Er besuchte Deutschland dreimal: Im Sommer 1897 war es das Ziel seiner ersten Auslandsreise; damals war er in Berlin, Köln, Aachen und Bonn. Im Mai 1903 legte er auf einer Reise nach Paris einen Zwischenaufenthalt in Köln ein, und schließlich hielt er sich im Sommer 1909 in Süddeutschland auf. Wichtig für sein Schaffen wurden vor allem die Eindrücke der mittelalterlichen Kirchen in Köln und Aachen; hier sind nach seiner eigenen Aussage die ersten Anregungen für den 1907/1908 entstandenen Roman „Der Feuerengel" (Ognennyj angel) zu suchen, der im Köln des 16. Jahrhunderts und seiner Umgebung spielt.[1]

Brjusov, der Geschichte studiert hatte, interessierte sich besonders für Epochen des Umbruchs und sah eine solche im Deutschland des 16. Jahrhunderts, in dem sich in dramatischer Weise vollziehenden Wechsel vom Mittelalter zur Renaissance. Für sein Interesse an dieser Zeit spielte eine wesentliche Rolle, daß er selbst eine vergleichbare Epoche – die Zeit zwischen den beiden Revolutionen von 1905 und 1917 – miterlebte, in der sich in Rußland eine grundlegende gesellschaftliche Veränderung vollzog.

Die Beziehung Brjusovs zu deutscher Literatur dokumentiert sich in einer Vielzahl von Gedichten, wobei die Zahl von Übersetzungen im Vergleich zu denen aus dem Französischen nicht sehr groß ist. Einen Eindruck von der Spannweite seines Interesses können die Namen deutscher Dichter vermitteln, die Brjusov übersetzte: Franz Evers, Georg Bachmann, George, Dehmel, Lenau, Liliencron, Nietzsche, Uhland, Schiller und Goethe – von dem er unter anderem 1919 bis 1921 beide Teile des „Faust" übersetzte.[2]

---

[1] Ausführlich behandelt wird dieser Roman von B. I. Purišev in seinem Aufsatz: *Brjusov i nemeckaja kul'tura 16. veka* (Brjusov und die deutsche Kultur des 16. Jahrhunderts). In: Brjusovskie čtenija 1966 goda (Brjusov-Vorlesungen, 1966). Erevan 1968, S. 452–472. Leicht verändert nachgedruckt in der Gesamtausgabe von Brjusovs Werken: Valerij Jakovlevič Brjusov. *Sobranie sočinenij v semi tomach* (Gesammelte Werke in sieben Bänden). Hrsg. von P. G. Antokol'skij. Moskau 1973–1975. Bd. IV, S. 328–340.

[2] Vgl. B. I. Purišev: *Brjusov i nemeckaja kul'tura 16. veka,* a.a.O. Der größte Teil dieser Übersetzungen ist nur schwer zugänglich; teilweise sind sie unveröffentlicht. Brjusovs Heine-Übersetzungen, die Purišev wahrscheinlich noch nicht

Von den Übersetzungen zu unterscheiden sind die sogenannten Nachempfindungen (podražanija) deutscher Lyrik; zu ihnen gehören in der Entwurf gebliebenen Anthologie der Weltliteratur „Träume der Menschheit" (Sny čelovečestva) innerhalb der Abteilung „Romantik" die beiden „Lieder im Geiste Heines" (Pesni v duche G. Gejne, 1912).

Eine weitere Gruppe bilden eigenständige Gedichte, die lediglich durch deutsche Dichtungen angeregt sind und deutsche Motti oder Titel tragen. So steht über einem Zyklus von Jugendgedichten als Motto der Vers „Es ist eine alte Geschichte" aus Heines Gedicht „Ein Jüngling liebt ein Mädchen".

Drei weitere Gedichte mit den Titeln „Erdgeist" (Duch zemli), „Faust" und „Klassische Walpurgisnacht (Titel im Original deutsch) orientierten sich an Goethes „Faust".

Eine Sonderstellung schließlich nehmen – ebenfalls in der genannten Anthologie – zwei Gedichte ein, die nicht auf literarische Vorlagen zurückgehen, sondern auf Werke der bildenden Kunst. Es ist bezeichnend, daß es sich um Werke des 16. Jahrhunderts handelt, einer Epoche, die Brjusov ja innerhalb der deutschen Geschichte besonders interessierte. Es sind die Gedichte „Totentanz" (nach den Gravüren von Hans Holbein d.J.) und „Das Weib und der Tod" (beide Titel im Original deutsch) nach einer anonymen Gravüre des 16. Jahrhunderts.

Brjusov war nicht nur als Dichter, sondern auch als Dichtungstheoretiker äußerst einflußreich. Viele junge Poeten erkannten ihn als ihren Meister an. Ein großes Wissen auf den Gebieten der Geschichte, Philosophie und Literaturtheorie untermauerte seinen geistigen Führungsanspruch.

Schon das Interesse des Studenten hatte der deutschen Philosophie gegolten; er schrieb eine Studie „Die Erkenntnistheorie bei Leibniz" und beschäftigte sich mit Kant und der deutschen Philosophie des Idealismus bis hin zu Fichte und Schopenhauer. In seinem Aufsatz „Die Schlüssel der Geheimnisse" (Ključi tajn) läßt sich der Einfluß Schopenhauers nachweisen. Dieser Aufsatz aus dem Jahre 1904 wurde zum Manifest der „neuen Kunst" des Symbolismus. Brjusov behauptet darin den Primat der Intuition vor dem Verstand und die Verbindung der ästhetischen mit der mystischen Erfahrung.

Was ihm vorschwebte, war eine Synthese von Wissen, Religion und Kunst, ein gewaltiges Pantheon des Geistes, das er in seiner Dichtung zu verwirklichen suchte. Er war ein ausgesprochener Eklektiker.

---

kannte, sind jetzt zugänglich in der Dissertation von GERMAN RITZ: *150 Jahre russische Heine-Übersetzungen.* 1981. (= Slavica Helvetica, Bd. 18), S. 358–362.

Die „jüngeren" Symbolisten, vor allem Aleksandr Blok, Andrej Belyj und Vjačeslav Ivanov, wendeten sich, nachdem sie unendlich viel von ihm gelernt hatten, von den formalästhetischen Grundsätzen ihres Meisters ab. Unter ihnen zeigten sich weit ursprünglichere und stärkere dichterische Begabungen – vor allem bei Blok –, die Brjusovs poetische Leistungen später in den Schatten stellten.

Nach der Oktoberrevolution erkannte Brjusov die Sowjetmacht sofort an und trat 1919 der kommunistischen Partei bei. Zwei Jahre danach begründete er die Hochschule für Literatur und Kunst und hielt literaturgeschichtliche Vorlesungen. Obwohl immer wieder als „dekadent" beargwöhnt, erlebte er 1923, ein Jahr vor seinem Tod, zum Anlaß seines 50. Geburtstags eine feierliche Anerkennung als Klassiker des Symbolismus.

> День вечерел. Мы были двое.
> Ф. Тютчев

Помню вечер, помню лето,
Рейна полные струи,
Над померкшим старым Кёльном
Золотые нимбы света,
В этом храме богомольном —
Взоры нежные твои ...

Где-то пели, где-то пели
Песню милой старины.
Звуки, ветром тиховейным
Донесенные, слабели
И сливались, там, над Рейном,
С робким ропотом волны.

Мы любили! мы забыли,
Это вечность или час!
Мы тонули в сладкой тайне,
Нам казалось: мы не жили,
Но когда-то Heinrich Heine
В стройных строфах пел про нас!

6 марта 1904

> Der Tag neigte sich zum Abend.
> Wir waren zu zweit.
> F. Tjutčev

Ich gedenk' der Abendstunde
an des Rheines vollem Strom
mit den goldnen Heilgenscheinen
über Kölns verblaßtem Grunde,
seh' den sanften Blick, den Deinen,
dort in jenem frommen Dom …

Lieder alter Zeiten sangen
sie dort irgendwo am Rhein.
Klänge, leis' vom Wind getragen,
schwächer überm Fluß erklangen,
schmolzen in die scheuen Klagen
seiner Wogen sich hinein.

Wir, die liebten, unterschieden
Stunde nicht von Ewigkeit.
In der Süße, der geheimen,
schien's: Wir lebten nicht hinieden,
doch es sang von uns in Reimen
Heine einst, vor langer Zeit.

6. März 1904

(Übers. von Irmgard Wille)

Дух Земли

Schreckliches Gesicht
Goethe

В порыве скорби и отваги
Тебя, о мощный Дух Земли,
Мы, как неопытные маги,
Неосторожно закляли.

Ты встал, громаден и ужасен,
На гордый зов, на дерзкий клик,
Так ослепительно прекрасен
И так чудовищно велик!

Ступил – и рухнули громады
Хранимых робко городов;
Дохнул на толпы, без пощады, –
И смёл безумных гордецов.

Ты наше маленькое знамя
Вознес безжалостной рукой.
Чтоб с ним, под гром, скрутилось пламя
В полете тучи грозовой.

Ты озарил нам глубь столетий,
И там, за дымом и огнем,
Открылось нечто в рдяном свете,
Как странный сон в краю ином.

И вот, отпрянув, мы трепещем,
Заклятья повторяя вслух:
Да остановим словом вещим
Тебя, – неукротимый Дух!

5 июля 1907

Erdgeist

Schreckliches Gesicht
Goethe

Da Schmerz und Kühnheit in uns goren,
wardst, mächtger Erdgeist, ohne Scheu
von uns, gleich Magiern, du beschworen
in unerfahrner Zauberei.

Dem stolzen Rufe zugewendet,
erschienst du, schreckliches Gesicht.
In Schönheit, die die Augen blendet,
in Riesengröße sahn wir dich.

Du kamest, und zerbrochen waren
die Städte, die wir scheu gehegt.
Du bliesest wild auf Menschenscharen,
hast Stolz und Wahnsinn fortgefegt.

Und deine Hand, die mitleidlose,
hob unsre kleine Fahne auf.
Schon rollt mit ihr bei Sturmgetose
die Flamme in der Wolken Lauf.

Du rissest auf der Zeiten Dunkel,
und hinter Rauch und Feuer ward
uns etwas dort im Lichtgefunkel,
wie Traum der Fremde, offenbart.

Und Angst und Schrecken uns durchdringen,
und laut aufs neu' beschwörn wir dich,
auf daß wir dich zum Halten bringen,
Geist, unbezwingbar-fürchterlich!

5. Juli 1907

(Übers. von Irmgard Wille)

Фауст

Гретхен, Гретхен, в темной нише
Храма ты преклонена.
Гул органа слышен свыше, –
Голос: „Здесь ты не одна!“

Гретхен, Гретхен! светлый гений!
Тайну страшную храня,
В час томлений, в час молений
Позабудь, в слезах, меня …

Что я могу, – напрасно рвущий
Оковы грозных, прошлых лет,
Вторичной жизнию живущий
И давший Дьяволу обет?

Что я могу, – узнавший тайны
Души, и смерти, и всего,
Отвергший этот мир случайный,
Проклявший бога своего?

Одним своим прикосновеньем
Я опалил твой детский лик;
Я ядовитым дуновеньем
К цветку твоей души приник.

Я простираю руки с лаской, –
Но в ласке затаен позор;
Свое лицо скрываю маской, –
Горит под ней надменный взор.

Я к свету за тобой дерзаю, –
Рука, как камень, тяжела,
И мы с тобой летим не к раю,
Но в бездну, где тоска и мгла.

Хочу бежать, – но неизбежно
Влекусь к тебе, к магниту сталь;
Хочу молить с тревогой нежной,
Но смертный зов моя печаль.

Faust

Gretchen, die gebeugt von Sünden,
du im dunklen Dome kniest:
Orgelklänge brausen, künden,
daß du nicht allein dort bist.

Gretchen, du, umglänzt von Strahlen!
Dein Geheimnis lastet schwer.
In Gebeten und in Qualen
denk' nicht, weinend, meiner mehr ...

Was kann ich tun? Ich reiß' vergebens
an Fesseln frührer, schlimmer Zeit.
Mich treibt der Strom des zweiten Lebens;
dem Teufel hab' ich mich geweiht.

Was kann ich tun? Die Blicke bohren
in Seele, Tod, in alles sich.
Dem Zufall hab' ich abgeschworen
und meinen Gott verfluchte ich.

Ich hab', da ich es nur berührte,
dein kindliches Gesicht versengt;
mein gift'ger Anhauch dich verführte,
da ich mich an dein Herz gedrängt.

Liebkosend sich die Hände strecken –
doch in Liebkosung birgt sich Schmach.
Mein Antlitz such' ich zu verstecken –
doch bleibt der Blick des Hochmuts wach.

Dir nach zum Lichte will ich streben –
doch schwer wie Stein ist meine Hand,
und nicht ins Paradies wir schweben,
nein: in des Grams, des Dunkels Land.

Ich will's – und kann dir nicht entgehen.
Du ziehst mich an: Magnet den Stahl.
Ich will in Sorge zärtlich flehen,
doch Todesschrei wird meine Qual.

Я – ужас, я – позор, я – гибель,
Твоих святынь заветных тать!
Но, в миг паденья, снежной глыбе ль
Свое стремленье задержать!

Гретхен, Гретхен! в темной нише
Храма ты преклонена.
Слышишь божий голос свыше:
„Ты навек осуждена!“

Гретхен, Гретхен! светлый гений!
Встала ты в лучах из тьмы!
Но за мной клубились тени, –
И во мраке оба мы!

26 ноября 1911

Ich bin Verderben, Schrecken, Schande –
der Dieb, der in den Tempel dringt!
Doch ist der Schneeball denn imstande
noch anzuhalten, wenn er sinkt?

Gretchen, du, gebeugt von Sünden
in des Domes Dunkelheit:
Gottes Stimme hörst du künden:
„Sei verdammt in Ewigkeit!"

Gretchen, du, von Licht umgeben!
Hell aus Dunkel hobst du dich!
Aber Schatten mich umschweben,
und in Nacht sind du und ich!

26. November 1911

(Übers. von Irmgard Wille)

Германия
Отрывки

1

Германия! Германия!
Опять, как яростный поток,
Разрушивший плотины,
Ты рухнула на потрясенный мир,
Грозя залить окрестные долины,
Как древле,
В дни готов, франков, вандалов
И в дни Аттилы;
Как после,
Во дни твоих губительных походов
На беззащитную, усталую Италию;
И как недавно,
Во дни разгрома Франции несчастной.
Опять,
Сломав плотины,
Ты рухнула, как яростный поток,
Весь в брызгах пены.

Но вещая надежда в нас
Таится, что об эти наши стены,
На этот раз,
Ты разобьешь свои дерзания!
Что в третий раз
Ты не разрушишь Рима!
Германия! Германия!
Стремись волной неукротимой,
Влеки свой яростный поток.
Рок
Во имя Права, Красоты, Свободы
Вспять обратит бушующие воды!

Deutschland
Fragmente

1

Deutschland! Deutschland!
Wieder, wie ein wütender Strom,
der die Staudämme zerstört,
bist du dahingestürzt über die erschütterte Welt,
drohend, die benachbarten Täler zu überschwemmen,
wie einst
in den Tagen der Goten, Franken, Vandalen
und in den Tagen Attilas;
wie später
in den Tagen deiner vernichtenden Feldzüge
gegen das schutzlose, müde Italien;
und wie vor kurzem
in den Tagen der Zerstörung des unglücklichen Frankreichs.
Wieder
bis du, die Staudämme zerbrechend,
dahingestürzt wie ein wütender Strom,
ganz in Spritzern von Schaum.

Aber in uns birgt sich die prophetische Hoffnung,
daß du an diesen unseren Mauern
diesmal
deinen Wagemut zerschlagen wirst!
Daß du nicht zum dritten Male
Rom zerstören wirst!
Deutschland! Deutschland!
Strebe dahin als nicht zu besänftigende Welle,
ziehe dahin deinen wütenden Strom.
Das Schicksal wird
im Namen des Rechts, der Schönheit, der Freiheit
die brausenden Wasser zur Rückkehr zwingen!

2

Германия! Германия!
Почти поверил легковерный мир,
Что по твоим полям прошла мечта – Титания.
Что покорил тебя Орфей веков – Шекспир!

Что твой священный сын, богоподобный Гете,
В тебя сумел вдохнуть гармонию, что ты
В таинственном полете
Мечты
Достигла вдохновенной высоты …

1914

2

Deutschland! Deutschland!
Fast hätte die leichtgläubige Welt geglaubt,
daß über deine Felder ein Traum dahinging – Titania,
daß dich unterwarf der Orpheus der Jahrhunderte – Shakespeare!

Daß dein heiliger Sohn, der göttergleiche Goethe,
es verstand, dir Harmonie einzuhauchen, daß du
in geheimnisvollem Fluge
des Traumes
die Höhe der Begeisterung erreichtest …

1914

(Übers. von Irmgard Wille)

Viele von Brjusovs Gedichten zeugen von einem engen Verhältnis zu deutscher Literatur – lassen dabei allerdings keine deutlichen Vorstellungen über Deutschland erkennen. Zwei seiner Faust-Gedichte, *„Faust"* und *„Erdgeist"* *(Duch zemli)*[3] können hier Aufschluß geben, welches Eigenleben Figuren aus deutschen literarischen Werken im Kopf des russischen Dichters und Poetikers weiterführten.

Das Thema „Faust" fesselte Brjusov. Zum Teil erklärt sich die Faszination daraus, daß er sich selbst als einen Menschen von rastlosem Wissens- und Erkenntnisdrang, als „faustische" Natur empfand. Er fand in Goethes Dichtung sein Ideal von visionär gesteigertem Erleben auf großartige Weise gestaltet.

Die Aussage eines Kunstwerks sieht Brjusov als Symbolist relativ abgehoben von seiner Form und siedelt sie auf einem hohen Abstraktionsniveau an. Gerade am Beispiel von Goethes „Faust" erläutert er in einem Aufsatz von 1902 mit dem Titel „Unnötige Wahrheit" (Nenužnaja pravda) seine Kunstauffassung:

> „Der Gegenstand der Kunst ist die Seele des Künstlers, sein Fühlen, seine Auffassung. Sie ist auch der Inhalt des Kunstwerks. Dessen Fabel, Idee – das ist die Form; die Bilder, Farben, Töne das Material. Was ist der Inhalt von Goethes ‚Faust'? – Goethes Seele. Was ist die Faustlegende, die er wählte, was sind die verschiedenen philosophischen und moralischen Ideen, die das Drama zusammenhalten? das ist seine Form. Die Gestalten aber, Faust, Mephistopheles, Gretchen, Helena und alle Einzelfiguren, die verschiedene Verse bevölkern, – das ist das Material, aus dem Goethe formte.
> [...]
> Der Zusammenhang zwischen dem Wesen eines Kunstwerks und seiner Form, mehr noch seinem Material – ist nicht organisch, ist zufällig. Ein und denselben Inhalt kann man in verschiedene Formen kleiden und mit Hilfe verschiedener Materialien ausdrücken."[4]

Einem solchen Kunstverständnis entspricht es, hinter Faust und Gretchen geistige Vorgänge zu sehen, zwei polare Kraftfelder, die das Leben des Menschen bestimmen: das Beschränkte, in sich geschlossene Heile einerseits und das über die Grenzen des Menschlichen hinausgehende Streben, das unausweichlich von Zerstörung und Verderben gefolgt ist. Dabei betont Brjusov die dunkle Seite Fausts stärker als die entsprechenden Stellen bei Goethe – die Bestimmung seines Faust liegt geradezu darin, das zu zerstören, wonach er sehnend greift (vgl. S. 130/131, *„Faust"* Strophe 9 und 10). Gretchen ist bei ihm unrettbar verloren.

---

[3] VALERIJ J. BRJUSOV. *Sobranie sočinenij v semi tomach.* Hrsg. von P. G. Antokol'skij. Moskau 1973–1975, Bd. II, S. 76f. und Bd. I, S. 535.
[4] EBENDA, Bd. VI, S. 62f.

Diese Umdeutung, die jeden Trost versagt, wurzelt im Zeitgefühl zwischen Jahrhundertwende und Erstem Weltkrieg. Brjusovs Weltanschauung und -empfinden entspricht dem der europäischen Moderne: Er nimmt die Zerstörung geschlossener Wertesysteme im Zuge des zivilisatorischen und technisch-militärischen Fortschritts wahr. In seiner Zeit geraten auch die tradierten Vorstellungen über Deutschland ins Wanken. Vor das Bild vom Hort einer unversehrten geistigen Kultur schiebt sich nun das des staatlichen Machtapparates und der militärischen Zerstörungsmaschinerie.

In welcher Weise Brjusov auf zeitgeschichtliche Zusammenhänge Bezug nimmt, verdeutlicht das Gedicht *„Erdgeist"* mit dem deutschen Motto: „Schreckliches Gesicht". Auch wenn es sich thematisch nicht auf Deutschland bezieht, sondern nur „Material" aus der deutschen Literatur verwertet, handelt es sich um ein so interessantes Zeugnis des damaligen Zeitgefühls, daß es hier ebenfalls aufgenommen wurde. Es gehört zu einem Gedichtzyklus, der den Titel „Gegenwart" (Sovremennost') trägt. Zunächst lautete der Titel „Revolution", bevor es „Erdgeist" genannt wurde. Gemeint ist die erste russische Revolution von 1905/06, die in Brjusov tiefen Pessimismus weckte.

Aufs Ganze gesehen, kann man weniger von einem Deutschlandbild Brjusovs sprechen als von einer Beziehung zu deutscher Literatur und Kunst. Die Akzente sind dabei verschieden gelagert – je nach der Interessenrichtung Brjusovs.

Am deutlichsten lassen sich seine Vorstellungen über Deutschland in den beiden Gedichten *„Ich gedenk' der Abendstunde…"* (Pomnju večer, pomnju leto…)[5] und *„Deutschland. Fragmente"* (Germanija. Otryvki)[6] erfassen. Das erste entstand in Erinnerung an einen Aufenthalt in Köln, wo er im Mai 1903 auf einer Reise nach Paris mit seiner Frau Halt machte. Wie schon das Motto aus einem Gedicht von Fëdor Tjutčev zeigt: „Der Tag neigte sich zum Abend. Wir waren zu zweit", ist es in erster Linie ein Liebesgedicht.[7] Doch ist das Liebeserlebnis in das Erlebnis der spezifischen Verbindung von Natur und Kultur integriert, wie sie in Köln und seiner Umgebung zu finden ist. Das Deutschlandbild komprimiert sich dort gewissermaßen als ein Idealbild deutscher Kultur in ihren verschiedenen Formen, die jeweils in einer Strophe angesprochen werden: als bildende Kunst (der Dom und die Malerei, für die die Heiligenscheine stehen), als Musik und schließlich als Dichtung in der Berufung auf Heine, dies alles wieder-

---

⁵ Ebenda, Bd. I, S. 372f.
⁶ Ebenda, Bd. III, S. 338f.
⁷ Fëdor Ivanovič Tjutčev. *Polnoe sobranie sočinenij* (Sämtliche Werke). Petersburg 1913, S. 54.

um gesehen vor dem Hintergrund der Rheinlandschaft, von der Brjusov sich besonders angezogen fühlte; das spricht außer aus diesem Gedicht auch aus einem der Heine „nachempfundenen" Gedichte, das deutlich das Loreleymotiv verarbeitet.[8]

Daß gerade Heine als Repräsentant deutscher Dichtung in das Deutschlandbild unseres Gedichts einbezogen wird, hängt zum einen sicher damit zusammen, daß er aus dem Rheinland stammte und dieses in seiner Dichtung eine Rolle spielte. Außerdem hatte Brjusov innerhalb der deutschen Dichtung zu Heine eine besondere Beziehung, wobei zweifellos eine gewisse Verwandtschaft des Symbolismus zur Romantik eine Rolle spielte. Wie wir gesehen haben, ist es – neben Goethe – vor allem Heine, durch den sich Brjusov nicht nur zu Übersetzungen, sondern auch zu eigenen Gedichten angeregt fühlte. Unser Gedicht spielt in diesem Zusammenhang insofern eine besondere Rolle, als Brjusov in ihm stärker noch als in seinen direkt an Heine orientierten Gedichten eine Verfremdung, ja sogar leichte Ironisierung – in diesem Fall der Liebesthematik – gelingt, wie sie für Heine oft charakteristisch ist. So erreicht dieses Gedicht gerade am Schluß eine große Geschlossenheit, indem die zentrale Liebesthematik dort mit dem Bild von Deutschland, das zunächst mehr den Hintergrund bildet, in eins zusammenfließt. Insofern geht es um mehr als ein Deutschlandbild.

In ganz anderer Weise erscheint Deutschland bei Brjusov als Gegenstand des späteren Gedichts, das in freien Versen gestaltet ist: *„Deutschland. Fragmente"* (Germanija. Otryvki). Es hat mit dem zuvor betrachteten im Grunde nur gemeinsam, daß es ebenfalls aus eigenem Erleben entstanden ist. Thema ist der Ausbruch des Ersten Weltkrieges. Brjusov hatte ihn mit patriotischer Begeisterung begrüßt und ging als Korrespondent der „Moskovskie Vedomosti" (Moskauer Nachrichten) an die Front. Sein Patriotismus spricht am deutlichsten aus der zweiten Strophe des ersten Teils, die ausgesprochenen Tendenzcharakter trägt. Vielleicht war das der Grund dafür, daß Brjusov dieses Gedicht im Manuskript mit dem Vermerk „schlecht" versehen und in keinen seiner Sammelbände aufgenommen hat.[9] Vielleicht hat er aber auch gespürt, daß das von übersteigertem Patriotismus diktierte negative Deutschlandbild dieser Verse – Deutschland ist eine ausschließlich böse und aggressive Macht – im Grunde nicht aus einer ehrlichen Überzeugung kam, nicht seiner inneren Bindung an Deutschland und die deutsche Kultur entsprach, wie sie etwa in dem ersten Gedicht „Ich gedenk der Abendstunde" zum Ausdruck kam. Das gilt vor allem für den ersten Teil des späte-

---

[8] VALERIJ J. BRJUSOV, a.a.O., Bd. II. S. 368.
[9] EBENDA, Bd. III, S. 610.

ren Gedichts. Der zweite könnte den Eindruck erwecken, als sollte hier auf indirekte Weise („Fast hätte die leichtgläubige Welt geglaubt ...") doch eine positive Wertung deutscher Kultur gegeben werden; doch ist eine Interpretation schwierig, da das Gedicht dann abbricht. Immerhin erweist sich Brjusov auch hier als Bewunderer Goethes.

Charakteristisch für das ganze Gedicht ist ein überhöhtes Pathos, das psychologisch zu erklären wäre als ein Versuch, eine innere Unaufrichtigkeit (oder doch zumindest einen inneren Zwiespalt) zu überdecken.

Daß ein ehrliches Bekenntnis zu Deutschland und deutscher Kultur auch angesichts des Ersten Weltkriegs noch möglich war, bezeugt das ebenfalls 1914 entstandene Gedicht „Deutschland" von Marina Cvetaeva, die in einer tief emotional begründeten Verbundenheit dem sogar als „Vaterland" apostrophierten Land die Treue hält (vgl. S. 190/191).[10] Es spricht für Brjusov, daß er sein Gedicht – offenbar wegen dessen Grundhaltung, mit der er innerlich nicht übereinstimmte – abwertend beurteilte und unvollendet ließ.

---

[10] Daß Marina Cvetaeva Brjusov weder als Dichter noch als Menschen schätzte – nicht zuletzt wegen seiner prosowjetischen Haltung –, beweisen ihre Prosaskizzen, die unter dem Titel „Geroj truda" (Ein Held der Arbeit) zusammengefaßt sind.

Eva Rönnau

Den Spießern zum Spott –
Saša Čërnyj

Saša Čërnyj (eigentlich: Aleksandr Michajlovič Glikberg) war ein in Rußland bekannter satirischer Dichter. Er wurde 1880 in Odessa geboren und starb 1932 in Paris. Glikberg verlebte die Schulzeit und die darauffolgenden Jahre, während derer er als Steuerbeamter arbeitete, in Žitomir. In diese Zeit fällt seine erste journalistische Tätigkeit bei der Provinzzeitung „Volynskij Vestnik" (Wolhynischer Bote). Um 1905 siedelte Glikberg nach Sankt Petersburg über. Hier erschien in der politisch-satirischen Zeitschrift „Zritel'" (Zuschauer) sein erstes satirisches Gedicht mit dem Titel „Unsinn" (Čepucha).[1] Es war mit dem Pseudonym Saša Čërnyj unterschrieben, das er von nun an verwendete.

Nach dem Zensurverbot seines ersten Sammelbandes „Verschiedene Motive" (Raznye motivy), Sankt Petersburg 1906, sollte Čërnyj ein Prozeß gemacht werden, dem er durch eine zweijährige Reise nach Deutschland entkam (1906–1908). Die meisten Gedichte eines Gedichtzyklus mit dem Titel „Bei den Deutschen" (U nemcev) entstammen dieser Zeit. Außerdem entstanden noch einige einzelne Gedichte über Deutschland, die nicht in den Zyklus eingegliedert wurden.

1920 emigrierte Čërnyj nach Westeuropa: zunächst nach Litauen, dann nach Berlin und von 1924 an nach Paris. Die Gedichte aus dieser Zeit, die Deutschland zum Thema haben, sind jedoch zahlenmäßig gering.

---

[1] Zritel' (Zuschauer) Nr. 23 vom 27. November 1905.

Saša Čërnyj, der auch einige Prosawerke schrieb (Scherze, Aphorismen, Erzählungen), war in Rußland als Kinderbuchautor sehr bekannt (Kindergedichte, Erzählungen, Märchen, Stücke). Er gab Sammelbände russischer Klassiker für Kinder heraus und arbeitete als Übersetzer. Aus dem Deutschen hat er z. B. Gedichte von Heinrich Heine, Richard Dehmel und Moritz Gottlieb Saphir übersetzt.

Zur Zeit der Revolution von 1905 schossen die satirischen Zeitschriften in Rußland nur so aus dem Boden. Auf eine in diesem Maße im Westen unbekannte Weise nahm die literarische Intelligenz an den politischen Ereignissen Anteil. In Auseinandersetzung mit der unerbittlichen Zensur verfielen die Herausgeber auf immer neue Ideen, um den kritischen Inhalt ihrer Zeitschrift so zu formulieren, daß er einerseits nicht von der Zensur verboten, andererseits aber vom Leser in seiner ganzen Schärfe verstanden wurde. Viele Zeitschriften erlebten nur zwei, drei Ausgaben, bevor sie verboten wurden, und viele Verleger zahlten für ihren Mut mit Gefängnisstrafen.[2] In einigen der bedeutendsten dieser Zeitschriften veröffentlichte auch Čërnyj zuerst seine Gedichte oder war Mitherausgeber (so im „Zritel'", „Satirikon", „Šipovnik", „Sovremennik", „Al'manach" und anderen). Erst später wurden die Gedichte in Sammelbänden zusammengestellt.

Wohl die meisten Satiren aus jenen Zeitschriften zielten mit ihrer Kritik auf politische Ereignisse oder Personen. Auch Čërnyj hat eine ganze Reihe solcher politischen Gedichte verfaßt. Oft bildeten gerade sie den Anlaß zum Zensurverbot.

Es gab aber noch eine andere Ebene, die satirisch aufs Korn genommen wurde: das bürgerliche oder spießbürgerliche Milieu, der Alltag des kleinen Mannes. Der größte Teil von Čërnyjs Satiren befaßt sich mit diesem Thema.

Durch Aneinanderreihung einzelner Gegenstände und Beobachtungen erzielt Čërnyj minutiöse Darstellungen spießbürgerlicher Atmosphäre. Das entstehende Gesamtbild trägt den bitter-satirischen Kommentar des Autors in sich. Seine Bilder sind einprägsam, zum einen durch die genaue Beschreibung an sich unbedeutender Details, die im Zusammenhang Bedeutung erlangen, zum anderen durch unerwartete Vergleiche und vor allem durch die Art der Reihung, die oft Gegenstände aus verschiedenen Bedeutungsebenen nebeneinander stellt und so den Einzelgliedern eine – meist erniedrigende – Bewertung durch die anderen Glieder gibt. Beispiele hierzu finden sich in den folgenden Analysen. Mit solchen Stilmitteln stellt

---

² Vgl. hierzu: V. Bocjanovskij, E. Gollerbach: *Russkaja satira pervoj revoljucii 1905–1906* (Russische Satire der ersten Revolution von 1905–1906). Leningrad 1925.

Čërnyj seine eigene russische Umgebung dar und ebenso seine Beobachtungen in Deutschland.

Wie fast alle russischen Dichter vom Anfang des Jahrhunderts stellte auch Čërnyj seine Gedichte in Zyklen zusammen, die durch ein übergeordnetes Thema motiviert sind. Doch seine Zyklen bilden keine streng geschlossenen Ganzheiten (wie etwa bei Aleksandr Blok). Für die verschiedenen Ausgaben seiner Sammelbände ordnete Čërnyj selbst einzelne Gedichte mehrfach um. Daher können alle Deutschland betreffenden Gedichte gemeinsam behandelt werden, ohne Rücksicht auf ihre Zugehörigkeit zu einem Zyklus.

Die Kerngruppe der Deutschlandgedichte bildet der Zyklus „Bei den Deutschen"[3]. Er besteht aus 24 Gedichten, von denen die meisten 1907 entstanden, vier 1910–1913 und zwei während der Emigration 1922.

Etwa ab 1913 läßt sich ein Stilwandel in Čërnyjs Werk beobachten. Die Darstellung durch Aufzählung von Details bleibt erhalten, aber das satirische Moment tritt zunehmend in den Hintergrund. Nach der Emigration wird dieser Zug durch Heimweh, das einen wehmütig nach Rußland rückgewandten Blick bedingt, verstärkt. Wesenszüge des eigenen Volkes, die früher kritisch karikiert wurden, werden nun liebevoll erinnert. Mehr und mehr verlieren Čërnyjs Gedichte das, was an ihnen das Stärkste war: die Detailschilderung in kritischer Funktion. Gerade die Gedichte vom Anfang des Exils beschreiben mehr den Seelenzustand des Autors als die neue Umgebung. Deswegen sind die späten Berliner Gedichte für Čërnyjs Deutschlandbild irrelevant. Erst im Pariser Exil findet er wieder zu stärkeren, neuen Ausdrucksmöglichkeiten.

---

[3] SAŠA ČËRNYJ: *Stichotvorenija* (Gedichte). Leningrad 1960, S. 283–307. Mit dem Thema Deutschland befassen sich ferner die folgenden Gedichte: „Karnaval v Gejdel'berge" (Karneval in Heidelberg), „Ulica v južno-germanskom gorode" (Eine Straße in einer süddeutschen Stadt), „Fakt" (Das Faktum), vier weitere Gedichte von 1907 aus Heidelberg sowie eines vom gleichen Jahr aus dem Odenwald und aus der Emigrationszeit drei Berliner Gedichte (1920–1923).

Ins Grüne

Набив закусками вощеную бумагу,
Повесивши на палки пиджаки,
Гигиеническим, упорно мерным шагом
Идут гулять немецкие быки.

Идут за полной порцией природы:
До горной башни „с видом" и назад,
А рядом их почтенные комоды
Подоткнутыми юбками шумят.

Увидят виллу с вычурной верандой,
Скалу, фонтан иль шпица в кружевах –
Откроют рты и, словно по команде,
Остановясь, протянут сладко: „Ах!"

Влюбленные, напыживши ланиты,
Волочат раскрахмаленных лангуст
И выражают чувство деловито
Давлением локтей под потный бюст.

Мальчишки в галстучках, сверкая глянцем ваксы,
Ведут сестер с платочками в руках.
Все тут: сознательно гуляющие таксы
И сосуны с рожками на шнурках.

Идет ферейн „Любителей прогулок",
Под жидкий марш откалывая шаг.
Десятков семь орущих, красных булок,
Значки, мешки и посредине флаг.

Деревья ропщут. Мягко и лениво
Смеется в небе белый хоровод,
А на горе ждет двадцать бочек пива
И с колбасой и хлебом – пять подвод.

[1910]

Ins Grüne

In Brotpapier gewickelt fein die Schnitten,
Die Jacken an den Wanderstock gehängt,
Gehn mit hygienisch wohlbemessnen Schritten
Die deutschen Stiere sonntags über Land.

Man geht um eine volle Portion Landschaft
Zum Bergturm mit der Aussicht und zurück.
Daneben halten raschelnd mit dem Rocktaft
Die zugehörigen Kommoden mit.

Sie sehen eine Villa mit Veranda,
Den Fels, den Spitz in Rüschen und den Bach.
Die Münder öffnen sich wie auf Kommando,
Sie bleiben stehn und hauchen süß ein „Ach!"

Es ziehn Verliebte schwitzend die Langusten
Mit aufgeblasnen Backen durchs Gewühl.
Durch Druck der Ellenbogen vor die Büsten
Verkünden sie geschäftig ihr Gefühl.

Bürschlein mit Schlipsen in gewichsten Stiefeln,
Die Schwestern mit dem Tüchlein in der Hand –
Hier sind sie. Selbstbewußte Dackel schniefeln
Und Babys haben Fläschchen um am Band.

Es rückt heran der Club der „Wanderbrüder",
Ein flotter Marsch beflügelt ihren Schritt.
Sechs Dutzend roter Brötchen gröhlen Lieder,
Sie führen Wimpel, Rucksack, Fahne mit.

Die Bäume murren. Doch am Himmel droben
Lacht träg und weich ein weißes Reigenspiel.
Fünf Wagen Brot und Wurst am Berge oben
Sind – so wie zwanzig Fässer Bier – das Ziel.

[1910]

(Übers. von Eva Rönnau)

Обстановочка

Ревет сынок. Побит за двойку с плюсом,
Жена на локоны взяла последний рубль,
Супруг, убитый лавочкой и флюсом,
Подсчитывает месячную убыль.
Кряхтят на счетах жалкие копейки:
Покупка зонтика и дров пробила брешь,
А розовый капот из бумазейки
Бросает в пот склонившуюся плешь.
Над самой головой насвистывает чижик
(Хоть птичка божия не кушала с утра),
На блюдце киснет одинокий рыжик,
Но водка выпита до капельки вчера.
Дочурка под кроватью ставит кошке клизму,
В наплыве счастия полуоткрывши рот,
И кошка, мрачному предавшись пессимизму,
Трагичным голосом взволнованно орет.
Безбровая сестра в облезлой кацавейке
Насилует простуженный рояль,
А за стеной жиличка-белошвейка
Поет романс: „Пойми мою печаль“.
Как не понять? В столовой тараканы,
Оставя черствый хлеб, задумались слегка,
В буфете дребезжат сочувственно стаканы,
И сырость капает слезами с потолка.

[1909]

Interieur

Es heult der Sohn, für die Zensur geschlagen,
Die Frau nahm zum Friseur den letzten Rubel mit,
Der Mann, zermürbt vom Zahnweh und vom Laden,
Beugt sich verbissen übers Monatsdefizit.
Es klirren auf der Rechnung nur Kopeken:
Der Kauf vom Brennholz und vom Schirm ergab ein Loch,
Der rosa Morgenrock mit den Manschetten
Treibt kalten Schweiß die rote Glatze hoch.
Im Käfig überm Kopfe pfeift vergnügt der Vogel
(Obwohl das süße Tier vom Morgen an nichts fraß),
Ein Reizker säuert einsam in der Soße,
Doch ist vom Vodka seit dem Abend nichts mehr nach.
Die Tochter will der Katze ein Klistierchen geben,
Im Vorgefühl des Glücks den Mund geöffnet schon,
Das Tier, sich finsterm Pessimismus brav ergebend,
Heult auf in tragisch vorwurfsvollem Ton.
Den kranken Flügel vergewaltigt die Kusine,
Die keine Brauen hat und ein verschlissnes Kleid,
Im Nebenzimmer singt zur Nähmaschine
Die Mieterin: „Verstehe, ach, mein Leid."
Wie denn auch nicht? Im Eßzimmer die Schaben
Bedachten sich und ließen trocknes Brot zurück,
Mitfühlend klirrn im Küchenschrank die Gabeln,
In Tränen tropft die Feuchtigkeit vom Stuck.

[1909]

(Übers. v. Eva Rönnau)

Факт

У фрау Шмидт отравилась дочь,
Восемнадцатилетняя Минна.
Конечно, мертвым уже не помочь,
Но весьма интересна причина.

В местечке редко кончали с собой, –
Отчего же она отравилась?
И сплетня гремит иерихонской трубой:
„Оттого, что чести лишилась!“

„Сын аптекаря Курца, боннский студент,
Жрец Амура, вина и бесчинства,
Уехал, оставивши Минне в презент
Позорный залог материнства“.

„Кто их не видал в окрестных горах,
Гуляющих нежно под ручку?
Да, с фрейлейн Шмидт студент-вертопрах
Сыграл нехорошую штучку! …“

В полчаса облетел этот скверный слух
Всё местечко от банка до рынка,
И через каких-то почтенных старух
К фрау Шмидт долетела новинка.

Но труп еще не был предан земле, –
Фрау Шмидт, надевши все кольца,
С густым благородством на вдовьем челе,
Пошла к герр-доктору Штольцу.

Герр-доктор Штольц приехал к ней в дом,
Осмотрел холодную Минну
И дал фрау Шмидт свидетельство в том,
Что Минна была невинна.

[1911]

Das Faktum

Bei Frau Schmidt vergiftete sich
Tochter Minna. Sie war achtzehn Jahre.
Nun nützt einem Toten Hilfe ja nicht,
Doch dem Grund gilt die wichtige Frage.

So etwas gab es im Ort nicht bislang.
Warum hat sie sich nur vergiftet?
Es tönt das Gerücht mit Posaunenklang:
„Weil ihr Ruf und Ehre vernichtet!"

„Herrn Kurzens, des Dorfapothekers, Sohn
Hats böse mit Minna getrieben.
Ein Schürzenjäger, Studiosus aus Bonn,
Freund des Weins und schamloser Lieben."

„Wer hat sie nicht in den Hügeln gesehn,
Wie zärtlich sie eingehakt gingen?
Der Student hinterließ im Vorübergehn
Als Pfand eine Mutterschaft Minnen."

Es flog wie der Wind dieses böse Gerücht
Durch den Ort von der Bank bis zur Schenke.
Von ehrbaren Nachbarn erfuhr den Bericht
Auch Frau Schmidt, die er bitterlich kränkte.

Im Hause befand sich der Leichnam noch.
Frau Schmidt setzte auf ihre Ringe,
Auf daß sie, die Stirne erhoben und hoch,
Zu Herrn Doktor Stolz geschwind ginge.

Herr Doktor Stolz fuhr zur Witwe ins Haus,
Untersuchte den kalten Leichnam,
Und schrieb Frau Schmidt dann ein Zeugnis aus,
Daß fälschlich ihr Kind in Verruf kam.

[1911]

(Übers. von Eva Rönnau)

Kinderbalsam

Высоко над Гейдельбергом
В тихом горном пансионе
Я живу, как институтка,
Благородно и легко.

С „Голубым крестом" в союзе
Здесь воюют с алкоголем, –
Я же, ради дешевизны,
Им сочувствую вполне.

Ранним утром три служанки
И хозяин и хозяйка
Мучат господа псалмами
С фисгармонией не в тон.

После пения хозяин
Кормит кроликов умильно,
А по пятницам их режет
Под навесом у стены.

Перед кофе не гнусавят,
Но зато перед обедом
Снова бога обижают
Сквернопением в стихах.

На листах вдоль стен столовой
Пламенеют почки пьяниц,
И сердца их и печенки …
Даже портят аппетит!

Но, привыкнув постепенно,
Я смотрю на них с любовью,
С глубочайшим уваженьем
И с сочувственной тоской …

Суп с крыжовником ужасен,
Вермишель с сиропом – тоже,
Но чернила с рыбьим жиром
Всех напитков их вкусней!

Kinderbalsam

Über Heidelberg hoch oben
In der Bergpension „Zur Stille",
Wie ein wohlgeborner Zögling,
Leb ich vornehm und bequem.

Mit dem „Blauen Kreuz" gemeinsam
Kämpft man mit dem Alkohole —
Und aus finanziellen Gründen
Stimme gern ich ihnen zu.

Früh am Morgen quält der Hausherr
Mit der Frau und drei Haustöchtern
Gott im Himmel, Psalmen singend,
Zum Harmonium, das nicht stimmt.

Nach dem Singen füttert er dann
Schmeichlerisch die Hauskaninchen,
Die er freitags immer schlachtet,
Unterm Vordach an der Wand.

Vorm Kaffee wird nicht genäselt,
Doch dafür wird vor dem Essen
Nochmals Gott der Herr beleidigt
Durch den falschen Liedgesang.

An den Speisezimmerwänden
Flammen rote Trinkernieren,
Ihre Herzen, ihre Lebern …
Mir vergeht der Appetit.

Doch nachdem ich mich gewöhnte,
Sehe ich sie an mit Liebe,
Voller Achtung und Verehrung
Und voll mitleidigem Gram …

Denn die Stachelbeerensuppe
Ist so gräßlich wie die Nudeln.
Selbst noch Lebertran mit Tinte
Schmeckte mehr als ihr Gesöff.

Здесь поят сырой водою,
Молочком, цикорным кофе
И кощунственным отваром
Из овса и ячменя.

О, когда на райских клумбах
Подают такую гадость, –
Лучше жидкое железо
Пить с блудницами в аду!

Иногда спускаюсь в город,
Надуваюсь бодрым пивом
И ехидно подымаюсь
Слушать пресные псалмы.

Горячо и запинаясь,
Восхищаюсь их Вильгельмом, –
А печенки грешных пьяниц
Мне моргают со стены …

Так над тихим Гейдельбергом,
В тихом горном пансионе
Я живу, как римский папа,
Свято, праздно и легко.

Вот сейчас я влез в перину
И смотрю в карниз, как ангел:
В чреве томно стонет солод
И бульбулькает вода.

Чу! Внизу опять гнусавят.
Всем друзьям и незнакомым,
Мошкам, птичкам и собачкам
Отпускаю все грехи …

1907

Tränken tun sie hier mit Wasser
Oder Milch, Zichorienkaffee
Und mit sündhaftem Gebräue,
Einem Hafer-Malzgemisch.

Oh, wenn sie im Paradiese
Solche Niedertracht uns geben,
Trinkt man lieber flüssig Eisen
Mit den Huren in der Höll.

Manchmal steige ich hinunter,
Lab mich in der Stadt am Biere,
Und dann kehr ich hinterlistig
Zu den faden Psalmen heim.

Feurig und mit leichtem Stocken
Schwärme ich von ihrem Wilhelm,
Und die Lebern an den Wänden
Zwinkern mir ganz heimlich zu.

Überm stillen Heidelberge
In der Bergpension „Zur Stille"
Leb ich wie der Papst persönlich,
Heilig, feierlich, bequem.

Ich kroch unter meine Decke,
Schau zum Sims auf wie ein Engel,
Schmachtend stöhnt das Malz im Leibe,
Und das kalte Wasser gluckst.

Horch! Da näseln sie schon wieder.
Freunde wie auch Unbekannte,
Mücken, Vögel, Hunde, Katzen –
Alle sprech ich schuldenfrei.

1907

(Übers. von Eva Rönnau)

Немецкий лес

Улитки гуляют с улитками
По прилизанной ровной дорожке,
Автомат с шоколадными плитками
Прислонился к швейцарской сторожке.

Солидно стоит под осиною
Корзинка для рваной бумаги,
Но, смеясь над немецкой рутиною,
В беспорядке сбегают овраги.

Воробьи сидят на орешнике,
Соловьи на толстых каштанах,
Только вороны, старые грешники,
На березах, дубах и платанах.

Сладок запах от лип расцветающих!
Но под липами желтые столики —
Запах шницеля тянет гуляющих
В ресторацию „Синего кролика“.

Возле башни палатка с открытками:
Бюст со спицами спит над салфеткой.
И опять с шоколадными плитками
Автомат под дубовою веткой.

Через метр скамейки со спинками,
С краткой надписью: „Только для взрослых“.
Хорошо б „Для блондинов с блондинками“,
„Для высоких“ — „худых“ — „низкорослых“ …

Миловидного стиля уборная
„Для мужчин“ и „Для дам“. А для галок?
На орешнике надпись узорная:
„Не ломать утесов и палок“.

Der deutsche Wald

Zu zweit kriechen Schnecken von gleicher Art
Auf geebneten, glitschigen Wegen.
Schokolade reicht freundlich ein Automat
Dem Bahnwärterhäuschen entgegen.

Ein Abfalleimer für Obst und Papier
Steht rechtschaffen unter dem Flieder.
Die Schluchten nur höhnen der deutschen Manier:
In Unordnung laufen sie nieder.

Das Spatzenvolk sitzt nur im Haselstrauch,
Auf Kastanien die Nachtigallen,
Nur Raben kümmern sich nicht um den Brauch
Und sitzen ganz frei nach Gefallen.

Die Linden erblühten. Ihr Duft ist so schön!
Doch darunter stehn Tische mit Blümchen.
Und der Schnitzelduft lockt, die vorübergehn,
Ins Gasthaus „Zum blauen Kaninchen".

Am Aussichtsturm wartet ein Postkartenstand,
Brust und Strickzeug ruhn über Servietten.
Und hier schau'n gleich zwei Automaten ins Land:
Es gibt Schoko und auch Zigaretten.

Bänke mit Tafeln am laufenden Band.
„Für Erwachsene" steht da geschrieben.
Gut wär auch: „Für Große", „Für Kleine", am Rand:
„Für Blonde, die Blondinen lieben".

Ein Toilettenhaus, das durch den Baustil lockt,
„Für Damen", „Für Herrn". Und für Krähen?
„Zerbrecht nicht den Fels und den Wanderstock" –
Das Schild ist am Nußbaum zu sehen.

Не заблудишься! Стрелки торчащие
Тянут кверху, и книзу, и в стороны.
О, свободно над лесом парящие
Бездорожные старые вороны! …

Озираясь, блудливой походкою,
Влез я в чащу с азартом мальчишки,
Потихоньку пошаркал подметкою
И сорвал две еловые шишки.

1907

Du verirrst dich nicht. Holzpfeile helfen dir,
Zeigen aufwärts und abwärts und seitwärts.
Oh, ihr glücklichen, weglosen Raben ihr,
Die ihr hoch überm Wald euren Kreis zieht!

Ich schaue mich um, und frech wie die Jungen
Kletter ich heimlich hinab in die Schlucht.
Ich schlurfte dabei und habe gesungen
Und Kiefernzapfen vom Baume gesucht.

1907

(Übers. von Eva Rönnau)

Корпоранты

Бульдоговидные дворяне,
Склонив изрубленные лбы,
Мычат над пивом в ресторане,
Набив свининою зобы.

Кто сцапал кельнершу под жабры
И жмет под общий смех стола,
Другой бросает в канделябры
Окурки с важностью посла.

Подпивший дылда, залихватски
На темя сдвинув свой колпак,
Фиксирует глазами штатских
И багровеет, как бурак.

В углу игрушечное знамя,
Эмблема пьянства, ссор и драк,
Над ним кронпринц с семейством в раме,
Кабанья морда и чепрак.

Мордатый бурш, в видах рекламы,
Двум желторотым, червякам,
Сопя, показывает шрамы, –
Те робко жмутся, по бокам.

Качаясь, председатель с кружкой
Встает и бьет себя в жилет:
„Собравшись … грозно … за пирушкой,
Мы шлем … отечеству … привет …“

Блестит на рожах черный пластырь.
Клубится дым, ревут ослы,
И ресторатор, добрый пастырь,
Обходит, кланяясь, столы.

Гейдельберг, 1907

Korpsstudenten

Bulldoggenähnliche Barone,
Die ganz vernarbte Stirn geneigt,
Schütten sich einen in die Krone
Und grunzen überm Schweinefleisch.

Die Kellnerin packt wer am Kiemen
Und drückt sie, den Kumpanen zum Jux,
Ein andrer zielt mit wichtger Mienen
Die Kippen an den Leuchterfuß.

Ein langer Lulatsch, dessen Mütze
Verwegen auf dem Kopfe sitzt,
Fängt vor Erregung an zu schwitzen,
Als er den Zivilisten mißt.

Ein winzig Banner in der Ecke,
Emblem von Trunksucht, Zank und Streit.
Und über Eber, Satteldecke
Thront Majestät mit Frau zu zweit.

Ein Bursch, Bedeutung sich zu geben,
Zeigt seine Schmisse stolzgeschwellt
Zwei gelben Würmchen, die daneben
Sanft schmiegend sich ihm zugesellt.

Das Bier zur Hand, wirft der Präside
Sich etwas schwankend in die Brust:
„Wir sind beim Mahl. Mit stolzem Liede
Dem Vaterland gilt unser Gruß."

Auf ihren Fratzen schimmern Pflaster.
Geballter Rauch, ihr dumpfes Brülln.
Der Schankwirt, wie ein guter Pastor,
Schiebt sich verneigend durchs Gestühl.

Heidelberg, 1907

(Übers. von Eva Rönnau)

Еще факт

В зале „Зеленой свиньи" гимнастический клуб „На
                                                   здоровье"
Под оглушительный марш праздновал свой юбилей.
Немцы в матрацном трико, выгибая женские бюсты,
То наклонялись вперед, то отклонялись назад.

После классических поз была лотерея и танцы —
Максы кружили Матильд, как шестерни жернова.
С красных досок у стены сверкали великим соблазном
Лампы, щипцы для волос, кружки и желтый Вильгельм.

Вдруг разразился вокруг сочувственный радостный рев,
Смолкнул медлительный вальс, пары друг друга теснят:
Ах, это плотный блондин, интимную выиграв вазу,
Пива в нее нацедив, пьет среди залы, как Вакх! ...

[1913]

Noch ein Faktum

Feiern tut heute der Turnclub „Gesundheit" im Saale „Zum
                                                    Schweinchen",
Ohrenbetäubender Marsch ist Jubiläumsmusik.
Biegend die weiblichen Busen in schlafanzugähnlichem Sportzeug,
Neigen die Deutschen sich vor, neigen sich wieder zurück.

Nach diesen klassischen Posen gabs Tänze und Glückslotterien.
Mäxe, die Zahnrädern gleich, Minnas wie Mühlsteine drehn.
Von einem Wandbord in Rot erglänzen als große Verlockung
Haarzangen, Lampen, ein Maß und Kaiser Wilhelm, recht gelb.

Plötzlich entlud sich ringsum ein mitfühl'ndes Freudengebrülle,
Langsamer Walzer verstummt, Tanzpaare drängen zu sehn:
Ach, jener üppige Bursch, der die Vase mit Inschrift gewonnen,
Bier hat er in sie geseiht, Bacchus gleich tanzt er im Saal! ...

[1913]

(Übers. von Eva Rönnau)

В Берлине

Над крышами мчатся вагоны, скрежещут машины,
Под крышами мчатся вагоны, автобусы гнусно пыхтят.
О, скоро будут людей наливать по горло бензином,
И люди, шипя, по серым камням заскользят!

Летал по подземной дороге, летал по надземной,
Ругал берлинцев и пиво тянул без конца,
Смотрел на толстый шаблон, убого системный,
И втайне гордился своим выраженьем лица …

Потоки парикмахеров с телячьими улыбками
Щеголяли жилетами орангутангских тонов,
Ватные военные, украшенные штрипками,
Вдев в ноздри усы, охраняли дух основ.

Нелепые монументы из чванного железа –
Квадратные Вильгельмы на наглых лошадях, –
Умиляя берлинских торгующих Крезов,
Давили землю на серых площадях.

Гармония уборных, приветствий, извинений,
Живые манекены для шляп и плащей.
Фабричная вежливость всех телодвижений,
Огромный амбар готовых вещей …

Продажа, продажа! Галстуки и подтяжки
Завалили окна до пятых этажей.
Портреты кайзера, пепельницы и чашки,
Нижнее белье и гирлянды бандажей …

Буквы вдоль стен, колыхаясь, плели небылицы:
„Братья Гешвиндер“ … Наверно, ужасно толсты,
Старший, должно быть, в пенсне, блондин и тупица,
Младший играет на цитре и любит цветы.

In Berlin

Waggons rasen über den Dächern, es knirschen die Autos,
Waggons rasen unter den Dächern, die Busse, die schnaufen gemein.
Bald gießt man zum Trinken den Menschen Benzin in die Kehlen,
Damit sie dann fauchend die grauen Straßen durchziehn.

Ich flog durch die Straßen, die über und unter der Erde,
Ich schalt die Berliner und schlürfte endlos mein Bier,
Ich sah die Schablone der Stadt, gottlos symmetrisch,
Und freute mich heimlich des Ausdrucks in meinem Gesicht.

Ein Kälberlächeln im Gesicht, prahlten Ströme von Friseuren
Mit Anzügen, Jacketts und Westen im Orang-Utan-Ton,
Wattierte Offiziere, den Bart im Nasenloche,
Mit Hosen, die sehr schmeicheln, wahrten das Prinzip.

Absurde Monumente aus hochmütigem Eisen,
Quadratische Wilhelme hoch zu nacktem Roß, –
Sie lasten auf den Plätzen, die graue Erde drückend,
Die Krösusse Berlins, die rühren sie zutiefst.

Die Harmonie aus Grüßen, Verzeihungen, Toiletten,
Lebende Mannequins für Mäntel und den Hut,
Fabrikgemachte Süße in jeglicher Gebärde –
Ein riesengroßes Fertigwarenhaus.

Verkaufen, verkaufen! Schlipse und Hosenträger
Überfüll'n die Fenster bis in den fünften Stock.
Tassen und Aschenbecher und das Porträt des Kaisers,
Girlanden von Bandagen und Herrenunterzeug.

Entlang den Wänden flatternd faseln die Wörter Märchen:
„Brüder Geschwinder" ... Sie sind wohl schrecklich dick:
Der ältere ein Blonder mit Pincenez und Schwachkopf,
Der jüngere spielt Zither und liebt die Blumen sehr.

Военный оркестр! Я метнулся испуганно к стенке,
Толкнул какую-то тушу и зло засвистал.
От гула и грохота нудно дрожали коленки,
А едкий сплин и бензин сердце мое провонял ...

1907 [1911]

Ein Militärorchester! Ich fuhr verschreckt zur Seite
Und knuffte einen Dicken und pfiff mir böse eins.
Vom Lärm und vom Getöse zitterten mir matt die Knie,
Benzin und bittre Schwermut durchdrangen mir das Herz.

1907 [1911]

(Übers. von Eva Rönnau)

На Рейне

Размокшие от восклицаний самки,
Облизываясь, пялятся на Рейн:
„Ах, волны! Ах, туман! Ах, берега! Ах, замки!“
И тянут, как сапожники, рейнвейн.

Мужья в патриотическом азарте
На иностранцев пыжатся окрест
И карандашиками чиркают по карте
Названия особо пышных мест.

Гремит посуда. Носятся лакеи.
Сюсюкают глухие старички.
Перегрузившись лососиной, Лорелеи
Расстегивают медленно крючки …

Плавучая конюшня раздражает!
Отворотясь, смотрю на берега.
Зелено-желтая вода поет и тает,
И в пене волн танцуют жемчуга.

Ползет туман задумчиво-невинный,
И вдруг в разрыве – кручи буйных скал,
Темнеющих лесов безумные лавины,
Далеких облаков янтарно-светлый вал …

Волна поет … За новым поворотом
Сбежались виноградники к реке,
На голову скалы взлетевший мощным взлетом
Сереет замок-коршун вдалеке.

Кто там живет? Пунцовые перины
Отчетливо видны в морской бинокль.
Проветривают … В кресле – немец длинный
На Рейн, должно быть, смотрит сквозь монокль …

Волна поет … А за спиной крикливо
Шумит упитанный восторженный шаблон.
Ваш Рейн? Немецкий Рейн? Но разве он из пива,
Но разве из колбас прибрежный смелый склон?

Auf dem Rhein

Ganz aufgeweicht von ihren Staunensrufen,
Sich leckend, starrn die Weibchen auf den Rhein:
„Ach, diese Wellen, Nebel, Burgen, diese Ufer!"
Und schlürfen wie die Schuster ihren Wein.

Die Männer, patriotischen Gebarens,
Tun vor den Ausländern ringsum sich groß
Und tragen in die Karten säuberlich mit Farben
Die Orte ein, wo man es sehr genoß.

Es klirrt Geschirr. Es bringen Wein Lakaien.
Zwei taube Alte lispeln vor sich hin.
Und ihre Häkchen öffnen langsam Loreleien,
Die schon mit Lachsfleisch überfrachtet sind.

Es ist, als ob im Pferdestall man schwimme.
Ich dreh mich um und seh die Ufer an.
Das Wasser singt und schmilzt in gelblich-grünem Schimmer,
Im Gischt tanzt tausendfacher Diamant.

Verträumt kriecht Nebel über feuchte Wiesen,
Und plötzlich starrt am Ufer steiler Fels,
Wie toll will sich der Wald ins Dämmerlicht ergießen.
Ein ferner Wall aus Wolken, bernsteingelb.

Die Welle singt. Und hinter einer Biegung
Ziehn Weinstöcke vom Flußufer bergan.
Mit mächtgen Schwingen zu des Felsens Haupte fliegend,
Graut in der Ferne stolz der Burgmilan.

Wer dort wohl wohnt? Knallrote Federbetten
Kann man im Fernglas sehn, wie sie sich blähn.
Im Liegestuhl ein Deutscher, möcht ich wetten,
Wird auf den Rhein durch sein Monokel spähn.

Die Welle singt. Doch hinter meinem Rücken
Lärmt der verfressnen Schar Entzückensritual.
Der deutsche Rhein? Ist denn der Fels aus Bratwurststücken?
Strömt denn im schroffen Flußbett etwa Bier zu Tal?

Ваш Рейн? Но отчего он так светло прекрасен,
Изменчив и певуч, свободен и тосклив,
Неясен и кипуч, мечтательно-опасен,
И весь – туманный крик, и весь – глухой порыв!

Нет, Рейн не ваш! И вы лишь тли на розе, –
Сосут и говорят: „Ах, это наш цветок!"
От ваших плоских слов, от вашей гадкой прозы
Исчез мой дикий лес, поблек цветной поток …

Стаканы. Смех. Кружась, бегут опушки,
Растут и уплывают города.
Артиллерийский луг. Дымок и грохот пушки …
Рокочет за кормой вспененная вода.

Гримасы и мечты, сплетаясь, бились в Рейне.
Таинственный туман свил влажную дугу.
Я думал о весне, о женщине, о Гейне
И замок выбирал на берегу.

1907 (?)

Der Rhein soll euer sein? Woher ist er dann singend
Und schwermütig und schön und frei und wechselhaft?
Nachdenklich schäumend, stürmisch ringend,
Und ganz – ein Nebelschrei, und ganz – die dumpfe Kraft!

Der Rhein ist euer nicht. An dieser Rose
Seid ihr die Laus, die sich für den Besitzer hält.
Von euren leeren Worten, eurer eklen Prosa
Verblaßt der bunte Strom, verschwand mein wilder Wald.

Gelächter, Gläser. Dickicht zieht vorüber.
Die Städte werden größer, schwimmen fort.
Ein Übungsplatz. Kanonenlärm und Rauch darüber …
Das Wasser rollt und schäumt an Heck und Steuerbord.

Träume und Grimassen verschlingen sich im Rheine.
Geheimnisvollen Bogen schwingt feuchter Nebel auf.
Ich denk an eine Frau, an Frühling und an Heine.
Am Ufer such ich eine Burg mir aus.

1907 (?)

(Übers. von Eva Rönnau)

TINI

Das Deutschlandbild, das durch Černyjs Gedichte vermittelt wird, ist zunächst als negativ zu bezeichnen. Doch es wäre falsch zu vermuten, Deutschland habe eine negative Sonderstellung in Černyjs Sicht. Der Blick des Satirikers ist immer kritisch, und das Bild, das Černyjs frühe Gedichte von Rußland zeichnen, ist keineswegs positiver. Anders zeichnet Černyj seine Umgebung im Pariser Exil. Er beschreibt sie detailliert, wie früher Rußland und Deutschland, aber mit einem stilleren, toleranteren Humor, der zwar von der Wehmut des Emigranten durchzogen ist, diese aber nicht zum Hauptinhalt hat. Vielleicht hat er sich in Frankreich wohler gefühlt als in Deutschland. Aber die Boshaftigkeit des jungen Satirikers richtete sich weniger gegen Deutschland als Land als gegen spießbürgerliche Enge, in welcher nationalen Färbung auch immer er sie antraf.

Es sollen nun einige Eigenschaften aufgezählt werden, die in Černyjs Deutschlandgedichten hervorgehoben, vom Dichter also offenbar für typisch gehalten werden. An einigen ausgewählten Beispielen soll auch gezeigt werden, wie der satirisch-kritische Effekt der Aussage erreicht wird.

Bigotterie. Diese Eigenschaft wird im Gedicht *„Kinderbalsam"* (Titel im Original deutsch)[4] an der puritanischen und schulmeisterlichen Lebensweise der Wirtsfamilie exemplifiziert.

Ordnungssucht und Vorschriftstreue. Im Gedicht *„Der deutsche Wald"* (Nemeckij les)[5] wird der deutsche Schilderwald durch zahlreiche Aufzählungen teilweise ganz absurden Inhalts („Zerbrecht nicht den Fels und den Wanderstock") mit zusätzlichen Ergänzungen vom lyrischen Ich lächerlich gemacht. Teile der Natur (Vögel) werden der Ordnungssucht unterworfen, andere „leisten Widerstand" (Schluchten, Raben).

Kaisertreue. In mehreren Gedichten werden Kaiserbilder oder Standbilder erwähnt, die Černyj durch den Zusammenhang oder hinzugefügte Adjektive lächerlich macht. An drei Beispielen soll dies verdeutlicht werden.

„Korpsstudenten" (Korporanty)[6]	Ein winzig Banner in der Ecke, Emblem von Trunksucht, Zank und Streit. Und über Eber, Satteldecke Thront Majestät mit Frau zu zweit.
„Noch ein Faktum" (Eščë fakt)[7]	Von einem Wandbord in Rot erglänzen als große Verlockung Haarzangen, Lampen, ein Maß und Kaiser Wilhelm, recht gelb.

---

[4] Saša Černyj: *Stichotvorenija* (Gedichte), a.a.O., S. 283ff.
[5] Ebenda, S. 285f.
[6] Ebenda, S. 292f.
[7] Ebenda, S. 295.

„In Berlin" *(V Berline)*[8]	Absurde Monumente aus hochmütigem Eisen, Quadratische Wilhelme hoch zu nacktem Roß, – Sie lasten auf den Plätzen, die graue Erde drückend, Die Krösusse Berlins, die rühren sie zutiefst.

In den beiden ersten Beispielen werden Kaiserporträts von anderen Gegenständen umrahmt, deren Auswahl typisch für die jeweilige
Korpsstudenten Kneipenatmosphäre ist. In *„Korpsstudenten"* sind es Schlägerei,
Trunksucht und Jagdsport, die die Szene bestimmen. Da das Kaiser-
bild über den anderen Emblemen hängt, wird der Kaiser gleichsam
zum Schutzpatron dieser Arten des Zeitvertreibs, und die Kaisertreue
wird ebenso negativ bewertet wie sie.

Noch ein In *„Noch ein Faktum"* wird der gelbe Wilhelm in eine Reihe be-
Faktum langloser Gegenstände gestellt. Die Ironie wird noch verschärft,
indem alle diese Gegenstände als „große Verlockung" angekündigt
werden. In diesem Gedicht trägt übrigens das Versmaß zur Ironisierung des Inhalts bei: Die Strophen bestehen aus je zwei Distichen.
Die daktylischen Zeilen mit der Zäsur in der Mitte passen nicht zum
sportlichen Tanz, von dem das Gedicht handelt, sondern lassen
diesen als schwerfällig vermuten, was auch direkt durch den Vergleich gesagt wird: „Mäxe, die Zahnrädern gleich, Minnas wie
Mühlsteine drehn".

Im dritten Beispiel lassen sich fast alle Adjektive sowie die Verben
„lasten" und „drücken" direkt auf die Wilhelme beziehen. Diese –
durch den Plural zudem der Individualität entkleidet – sind also
absurd, hochnäsig, plump, grau, erdrückend. Das Moment des
Absurden wird durch das Epitheton „nackt" zu „Roß" verstärkt: Es
kann zwar auf das Eisen bezogen werden, ist aber für das Pferd
sinnlos, weil Pferde nie bekleidet sind, und verstärkt den Eindruck der
Proportionslosigkeit der Statue. In der vierten Zeile wird eine direkte,
wohlwollende Beziehung zwischen Kaiser und Kaufleuten angedeu-
tet.

Geschäftstüchtigkeit ist eine weitere deutsche Eigenschaft, die,
zusammen mit Begleiterscheinungen wie Geiz oder Hast, in mehreren Gedichten karikiert wird.

In Berlin *„In Berlin"* schildert die großstädtische Hektik. Die sechste und
siebte Strophe sind besonders dem Geschäft gewidmet. In der
sechsten Strophe herrschen in der Reihung die banalsten Gegenstände vor und bestimmen damit das Bild. Das Bild „Girlanden von
Bandagen" ist wiederum in sich unstimmig und dadurch ironisch.
Interessant ist vor allem die siebte Strophe. Der Familienname „Ge-

---

[8] EBENDA, S. 302f.

schwinder" muß vom russischen Leser samt seiner Bedeutung verstanden werden, denn darauf beruht der Witz: Čërnyj setzt den Namen in Kontrast zum – nur vermuteten – Aussehen der Personen. Von dieser Vermutung ausgehend wird dann die Reklameaufschrift als Märchen bewertet. Der Ältere vertritt den Typ des wohlsituierten, einflußreichen Deutschen, dessen gesellschaftlicher Schein jedoch durch seine Dummheit aufgehoben wird. Der Scheintyp des Jüngeren – verträumter Romantiker – wird durch den offenbar gut ausgeprägten Geschäftssinn zunichte gemacht.

Ehrsucht. Nur selten finden sich in Čërnyjs Werk Gedichte, in denen ein geschlossener Handlungsablauf die Satire bildet. Eines dieser Gedichte ist *„Das Faktum"* (Fakt)[9], das die deutsche Ehrsucht *Das Faktum* auf besonders drastische Weise kritisiert. Hingewiesen sei hier auf ein satirisches Mittel: Die deutschen Anreden „Frau Schmidt" und „Herr Doktor" sind nicht ins Russische übersetzt, sondern nur in die kyrillische Schrift transkribiert. „Gerr-doktor" wird dabei mit Bindestrich geschrieben und im zweiten Wort russisch dekliniert. Diese Behandlung der deutschen Anrede wirkt im russischen Text ausgesprochen komisch. Die Namen „Kurz" und „Stolz" sind ebenso bewußt ihrer deutschen Bedeutung gemäß gewählt wie im vorigen Beispiel der Name „Geschwinder".

In mehreren Gedichten wird ein Kontrast zwischen der Weite und Ruhe der Landschaft und der Enge menschlicher Verhaltensweisen aufgebaut.

Besonders pointiert geschieht dies in *„Auf dem Rhein"* (Na *Auf dem Rhein* Rejne)[10]. Die Schönheit der Natur läßt die geschäftige Selbstzufriedenheit der Ausflügler noch häßlicher erscheinen. An ihnen werden als negative Eigenschaften gezeigt: Großmäuligkeit und Hochmut gegenüber Ausländern, Freßlust und vor allem der deutsche Besitzerwahn, der den Rhein als „unseren Fluß" vereinnahmt.

Im Folgenden möchte ich ein „deutsches" und ein „russisches" Gedicht Čërnyjs miteinander vergleichen. Es handelt sich um die Gedichte *„Ins Grüne"* (Titel im Original deutsch)[11] und *„Interieur"* *Ins Grüne* (Obstanovočka)[12]. Der russische Originaltitel des letzteren Gedichts *Interieur* ist ins Deutsche kaum übertragbar: Obstanovočka = Verkleinerungsform zu obstanovka = Verhältnisse, Lage, aber auch: Einrichtung, Mobiliar. In Form und Inhalt ähneln sich die beiden Gedichte nicht: Das eine, in sieben vierzeilige Strophen unterteilt, beschreibt

---

[9] EBENDA, S. 372f.
[10] EBENDA, S. 306f.
[11] EBENDA, S. 286.
[12] EBENDA, S. 103.

die Deutschen beim Spaziergang, das andere, nicht in Strophen gegliedert, wirft einen Blick in eine russische Wohnung. Ich habe diese beiden Gedichte gewählt, weil sie besonders deutlich die jeweilige spießbürgerliche Welt schildern.

Ins Grüne

Černyj beschreibt in „Ins Grüne" die Spaziergänger als Gruppen, den Spaziergang als Massenvergnügen. Fast alle Altersstufen sind in die Darstellung einbezogen, und zwar in der Reihenfolge von alt nach jung: gesetzte Bürgerpaare, Verliebte, Jugendliche, Säuglinge und auf dieser Ebene mit angesiedelte Hunde. Der zuletzt erwähnte „Club" läßt sich als Zusammenfassung aller Gruppen verstehen. Entsprechend stehen alle Verben, die auf diese Gruppen bezogen sind (außer auf den Club, der eine Ganzheit bildet) im Plural. So entsteht der Eindruck, als täten alle in der Gruppe gleichzeitig dasselbe. Verstärkt wird dieses Bild einer Masse ohne Individuen durch die Erwähnung des gemessenen Schrittes der Paare und der Marschmusik, vor allem aber durch den gleichzeitigen Ausruf der Frauen „wie auf Kommando", obwohl dieser Ausruf eine emotionale Äußerung ist, die eigentlich nur individuell erfolgen kann.

Dieser Entzückensruf wird völlig sinnentleert, indem er gleichermaßen ganz unterschiedlichen Gegenständen zugeordnet wird. Obwohl Villa, Fels und Bach wirklich auf einem Spaziergang ins Auge fallen können, werden sie durch den angereihten „Spitz in Rüschen" alle gleichermaßen lächerlich gemacht. Ebenso lächerlich erscheint in der nächsten Strophe der Gefühlsausdruck der Verliebten, da ihm ein völlig inadäquates Ausdrucksmittel zugeordnet wird (Ellenbogendruck).

Die Vereinheitlichung der Gruppenhandlung führt nicht nur zur Schilderung der Deutschen als Herdenvieh, sondern unterstützt auch die Zeichnung des stets nach Plan handelnden Deutschen: Man geht bis zum Aussichtsturm und zurück nach genau festgelegter Route. Keine Handlung bleibt dem Zufall überlassen.[13]

Eine Betonung wird im Gedicht auf das Essen gelegt. Wie in den meisten Gedichten Černyjs ist der Deutsche dick: die „Kommoden" so gut wie die „gröhlenden Brötchen". Mit Ausnahme der männlichen Verliebten, der Jugendlichen und Kinder werden alle Personen mit Metaphern bezeichnet („Stiere", „Kommoden" usw.). Zwei

---

[13] In Černyjs Zyklus „Provincija" (Die Provinz) gibt es zwei Gedichte, die russische Spaziergänger beschreiben, „Bul'vary" (Boulevards) und „Rannim utrom" (Am frühen Morgen). Sie sind zu lang, um sie hier ausführlich zu besprechen. Auch hier werden teilweise Gruppen beschrieben (z. B. Studenten), im wesentlichen aber dienen Einzelpersonen der Satire zur Vorlage. Die Gruppendarstellung wird vor allem im Zusammenhang mit den Deutschen benutzt.

dieser Metaphern kommen aus dem Essensbereich: die „Langusten"
und die „Brötchen". Schon die Babys haben ihre Flasche dabei und
eben nicht den Schnuller. Das Gedicht beginnt mit der Erwähnung
der Frühstückspakete und endet mit den Bier- und Essensmassen, die
auf dem Berg (am hochliegenden, angestrebten Ziel) die Spaziergänger erwarten. Selbst die Natur wird wie Nahrung aufgenommen:
„Man geht um eine volle Portion Landschaft".

Überhaupt verstärkt die Rolle, die der Natur im Gedicht zukommt,
die Satire. Die Natur, die auf einem Spaziergang die Hauptrolle
spielen müßte, wird fast nur in der Überschrift erwähnt. In der zweiten
Strophe wird sie in den Nahrungsmittelbereich eingeordnet. Von den
bewunderten Gegenständen in der dritten Strophe entstammt ge-
naugenommen nur der Fels der Natur (statt „Bach" steht im russischen Original „Fontäne"). Die erwähnten Hunde sind nicht um ihrer
selbst willen, sondern als Vertreter für Frau (Spitz in Rüschen) oder
Herrn (selbstbewußter Dackel) eingesetzte Metonymien. Erst in der
letzten Strophe erscheint die Natur selbst und hier nun als personifi-
zierter Kontrast zu den Menschen, den „Wanderbrüdern". Die
Bäume tun gleichsam den Unwillen des Autors über das geschilderte
Treiben kund, indem sie murren; der „weiße Reigen am Himmel"
(eine Metapher für „Wolken", die die Personifikation in dieser ganzen Szene unterstreicht) teilt des Autors Spott, da er lacht.

Im Gegensatz zu „Ins Grüne" wird in dem Gedicht *„Interieur"* *Interieur*
eine Familie in ihrem Heim gezeigt, der Blick ist also aufs Detail
gerichtet, nicht auf Gruppen. Die Art der Darstellung ist anders: Jeder
Teil der Einrichtung, vom „säuernden Reizker" und dem „kranken
Flügel" bis zur tränengleich tropfenden Feuchtigkeit dient mit zur
Charakterisierung der Familie, während im „deutschen" Gedicht die
Umgebung im wesentlichen fortgelassen wurde.

Die russische Familie zerfällt in beziehungslose Einzelteile. Die
wenigen Verbindungen zwischen den Personen sind ausschließlich
negativ: Der Sohn wurde geschlagen, die Tochter quält mit einem
miesen Spiel die Katze, die Mutter gibt zuviel Geld aus, und der Vater
rechnet kleinlich mit Kopeken in einer sowieso hoffnungslosen finanziellen Situation, in der statt Monatseinkünften nur Monatsverluste
gezählt werden. Zwischen der Kusine und dem Instrument, das sie
bearbeitet, besteht ebenfalls ein Mißverhältnis, und die aus dem
Nebenzimmer klingende Romanze harmoniert wohl kaum mit den
Klaviertönen. Dennoch wird der Romanzentext reibungslos in den
Strom der Schilderung eingefügt, da er die traurige Grundstimmung
zusammenfaßt, wenn auch in wiederum ganz unpassendem romanti-
schem Pathos.

Alles in diesem Gedicht ist unstimmig: Von einer Vorspeise ist ein
Rest vorhanden, nicht aber das zugehörige Getränk, der Vodka.
Wenn die Tochter sich freut, brüllt die Katze. Dem Vogel wird sein

Gesang verübelt, weil er doch offenbar krank ist und eigentlich nicht singen dürfte. Die von der Mutter angestrebte Aufmachung paßt nicht zu den Finanzen. An allem herrscht Mangel: an Geld, Essen, Harmonie im weitesten Sinne, selbst an den Augenbrauen der Kusine.

Stellen wir nun den gezeigten russischen dem deutschen Spießbürger gegenüber.

Die russische Familie ist ärmlich. Sie strebt nach nichts (mit Ausnahme der Mutter), hat keinen irgendwie profilierten Lebensstil und keinen Bezug untereinander. Der Zustand, in dem sie sich befindet, ist der vollkommener Unordnung.

Die deutschen Spaziergänger sind übersättigt. Ihr Leben ist planmäßig geregelt durch verschiedene Ordnungsprinzipien, denen sie sich willig unterwerfen. Dadurch schmelzen sie zu verschiedenen Gruppierungen zusammen. Ihr Denken und Fühlen ist sinnentleert. Der Zustand, in dem sie sich befinden, ist einer der Ordnung und der Inhaltslosigkeit.

Čërnyjs satirische Kritik an seinem eigenen Land ist mit feineren Strichen gezeichnet als die am Ausland. In Rußland kritisiert er nicht nur Spießbürger, sondern ebenso die Intelligenz oder die Politik, oder er gibt eine russische Art des Denkens und Empfindens wieder, ohne damit auf eine bestimmte Gesellschaftsschicht abzuzielen. Auch die Gegenstände vermag er in der Zeichnung seiner Heimat gezielter einzusetzen. So deuten beispielsweise die zwei Zeilen über den säuernden Reizker und den fehlenden Vodka noch einen weiteren Hintergrund mit an, etwa von einem Abendessen im guten Stil, das stattfinden sollte, aber aus Mangel nicht stattfand, oder es hat stattgefunden, ging aber über die Verhältnisse, oder: Das übliche Essen mit mehreren Gängen ist auf Reste der Vorspeise reduziert. Ein so weites Deutungsfeld erreicht Čërnyj, weil er die Sitten seines Landes und die aus ihnen resultierende Spezialbedeutung der Dinge genau kennt. Eine so genaue Kenntnis hat er von Deutschland nicht und könnte sie als Ausländer auch allenfalls nach sehr langem Aufenthalt im Lande haben. Er zeigt ein treffsicheres Gespür für die jeweilige Situation und die Gesamtatmosphäre, so daß er die Stimmung der jeweils beobachteten Gruppe einfängt. Die unzähligen feinen Verästelungen im menschlichen und kulturellen Bereich des Landes und ihre Bedeutungen kennt er nicht.

Sind die von Čërnyj herausgestellten deutschen Wesenszüge typisch, oder ist seine Darstellung von Vorurteilen bestimmt?

Viele Details aus seinen Zeichnungen lassen sich auch heute in Deutschland nachweisen, so z. B. die Vorliebe für einen genau geplanten Tagesablauf, die teils protzigen, teils primitiv anbiedernden Töne mancher Kneipenrunden oder die weltanschaulich eingefärbten Bekehrungsbemühungen mancher Bekennergemeinden, die vor Stillosigkeiten nicht zurückschrecken (mögen ihre Wandbilder nun gegen den Alkohol- oder etwa gegen den Zigarettenkonsum gerichtet sein).

Andererseits ist Čërnyjs Deutschlandbild zweifellos nicht dazu geeignet, etwa bestehende Vorurteile abzubauen. Der von ihm gezeichnete engstirnige, verfressene, ordnungssüchtige deutsche Spießbürger paßt reibungslos in vielerlei Klischeevorstellungen.

Es muß hier noch einmal daran erinnert werden, daß Čërnyjs Gedichte Satiren sind. Die Satire lebt von der Überzeichnung einzelner Züge zum Zwecke der Kritik. Der Anspruch größtmöglicher Sachlichkeit, wie vielleicht an eine Reisebeschreibung, kann an sie nicht gestellt werden. Čërnyjs satirisches Bild von den Deutschen kann Vorurteile bestärken, weist aber oft stimmige Details auf. Da seine Kritik jeglichem Spießbürgertum gilt, nehmen die Deutschen keine negative Sonderstellung für ihn ein.

Johanne Peters / Maria Razumovsky

„Deutschland, meine Liebe" – Marina Cvetaeva

Marina Ivanovna Cvetaeva wurde am 8. Oktober 1892 in Moskau geboren. Ihr Vater, Professor für Kunstgeschichte, wurde der Gründer des heutigen Puškin-Museums für internationale Kunst. Ihre Mutter, adlig-polnischer und deutscher Herkunft, sprach fünf Sprachen und war eine ausgezeichnete Pianistin. Mehrere Jahre lebte Marina mit ihrer Mutter und der jüngeren Schwester Anastasija[1] schon als Schülerin in Italien, in der Schweiz und in Deutschland (1903–1905). Von früher Kindheit an lernte sie Fremdsprachen, besonders Deutsch von ihrer deutschbaltischen Erzieherin. Die Mutter las ihnen deutsche Märchen vor und machte sie mit deutschen Dichtern bekannt. Cvetaevas besondere Liebe zur deutschen Sprache und zu Deutschland, die sie auch in vielen Gedichten und Briefen geäußert hat, wurde durch einen langen Aufenthalt im Schwarzwald und in Freiburg noch weiter ausgeprägt.

Marina Cvetaeva schrieb Gedichte von ihrem 6. Lebensjahr an. 1910 wurde – als Privatdruck – ihr erster Lyrikband mit dem Titel „Abendalbum" (Večernij albom') veröffentlicht, der sofort von einigen der bedeutendsten Schriftsteller wie dem Symbolisten Brjusov, dem Akmeisten Gumilëv und besonders von Maksimilian Vološin beachtet wurde. Vološin freundete sich mit Marina an und führte sie in die literarische Welt Moskaus ein.

---

[1] ANASTASSJA ZWETAEWA: *Kindheit mit Marina.* Wiesbaden 1977.

1912 heiratete Marina einen schwärmerischen jungen Mann, Sergej Ėfron, der sich im Leben noch nicht zurechtgefunden hatte. Marina war damals 19, Sergej 18 Jahre alt. 1912 wurde ihre erste Tochter Ariadna Ėfron geboren.

Cvetaevas dritter Gedichtband „Werstpfähle I" (Versty I) aus dem Jahre 1916, der erst 1921 in Berlin gedruckt wurde, machte sie sehr bekannt. In ihm sind bereits die wichtigsten Themen ihres Werkes – Liebe, Rußland, Poesie – formuliert. 1917 wurde Marina Cvetaevas Tochter Irina in Moskau mitten in den Wirren der Februarrevolution geboren. Ihr Mann wurde Weißgardist, er gehörte zu der Armee, die vom Süden aus gegen die Sowjets kämpfte, Marina lebte in Moskau. Über vier Jahre blieben sie getrennt. Ihre Tochter Irina, die sie in ein Kinderheim gegeben hatten, weil sie sie nicht mehr versorgen konnten, starb an Unterernährung. Während dieser furchtbaren Ereignisse schrieb Marina Cvetaeva ihr großes Poem „Schwanengehege" (Lebedinyj stan), das 1957 im Westen erstmalig veröffentlicht wurde.[2] Es ist wie „Werstpfähle I" in Form eines lyrischen Tagebuches geschrieben und verbindet durch einheitliche Rhythmik und Formgebung sehr disparate Themen und Gedanken. Cvetaeva ergreift darin vor allem Partei für die Weißgardisten.[3]

1922 folgte sie ihrem Mann ins Ausland. Sie hielten sich einige Zeit in Berlin auf und gingen dann nach Prag, wo 1925 der Sohn Georgij geboren wurde. 1925 übersiedelte die Familie nach Paris. Cvetaeva veröffentlichte in den ersten Jahren im Ausland ziemlich viel in Emigrantenzeitschriften, z. B. die „Verse an Blok" (Stichi k Bloku, 1922) und den Gedichtband „Trennung" (Razluka, 1922).

In Paris verschlechterten sich ihre Beziehungen zu den Emigrantenkreisen nach und nach. Durch ihr Eintreten für den Revolutionsdichter Vladimir Majakovskij während dessen Frankreichaufenthalts von 1928 schuf sich Marina zahlreiche Feinde. Ihre ökonomische Lage verschlechterte sich.[4] Cvetaeva wurde außerdem auch wegen ihres Mannes, der – wieder ein Gesinnungswandel – für den sowjetischen Geheimdienst arbeitete, von den übrigen Emigranten verfemt. Sie vereinsamte in Paris immer mehr, fand keine Möglichkeiten zur

---

[2] MARINA CVETAEVA: *Lebedinyj stan* (Schwanengehege). Hrsg. von G. Struve. München 1957. Engl. Ausgabe: MARINA CVETAEVA: *The Demesne of the Swans.* A bilingual edition by Robin Kemball. Ann Arbor 1980.

[3] Sie vergleicht die Weißgardisten mit „Schwänen", womit sie ein Motiv des altrussischen „Igorlieds" wieder aufnimmt:
> Nicht ein Schwarm von Schwänen am Himmel ist das:
> Das Heilige Heer der Weißgardisten
> Wie eine Vision zergeht, zergeht ...

[4] Vgl. MARINA CVETAEVA. *Prosa.* Hrsg. von Ilma Rakusa. Zürich und Köln 1973, S. 12.

Veröffentlichung und bei den meisten Emigranten auch keinerlei Verständnis für die selbständige Weiterentwicklung ihrer modernistischen Poesie. Als ihr Mann, der in einen politischen Mord verwickelt war, sich in die Sowjetunion absetzte, folgte Cvetaeva ihm 1939 nach. Sergej Èfron wurde in der Sowjetunion sehr bald verhaftet und ermordet. Ariadna wurde 1939 verhaftet und in ein Lager gebracht. Marina Cvetaeva fand mit ihrem Sohn keine Möglichkeit, zu arbeiten und überhaupt nur zu existieren. Sie wandte sich an Freunde und an den einflußreichen Vorsitzenden des Schriftstellerverbandes Fadeev, doch sie bemerkte sehr schnell, daß sie auch in Rußland unwillkommen war. Als im Sommer 1941 die deutsche Offensive begann, wurde sie nach Elabuga in der Tatarischen Sowjetrepublik evakuiert. In einer verzweifelten persönlichen Situation, ohne rechtzeitige Hilfe von außen und gewiß auch unter dem für ihre Deutschlandliebe furchtbaren Eindruck der sich nähernden deutschen Front, erhängte sich Marina Cvetaeva am 31. August 1941.

Cvetaeva wird von verschiedenen Zeitgenossen als eine sehr eigenwillige, unabhängige, nur ihren idealistischen Vorstellungen folgende, dabei außerordentlich hochgestimmte und „romantische" Persönlichkeit beschrieben. Sie konnte anmaßend und verletzend sein, was wahrscheinlich dazu beitrug, daß sie nicht immer beliebt war. Nadežda Mandel'štam, die Frau des Lyrikers, den eine kurze, aber heftige Beziehung mit Marina verbunden hatte, schreibt in ihren Memoiren über sie:

> „Marina Cvetaeva machte auf mich den Eindruck einer absolut natürlichen und sehr verblüffenden Launenhaftigkeit. Ich entsinne mich genau an ihren kurzgeschorenen Kopf, den leichten, fast jungenhaften Gang und die entsprechende Stimme – verblüffend ähnlich Ihren Gedichten. Sie war eigensinnig wie ein junges Fohlen, und das war nicht nur ein Zug ihres Charakters, sondern zugleich auch eine Lebenseinstellung. Sich selbst bezähmen, wie beispielsweise die Achmatova, konnte sie nicht. Heute, wenn ich Gedichte und Briefe der Cvetaeva lese, begreife ich, daß sie überall und in allem nach Begeisterung und einer Fülle von Gefühl suchte. Sie brauchte diese Begeisterung, diesen Rausch nicht bloß für die Liebe, zugleich für eine totale Aufgabe, um alles wieder wegwerfen zu können, und letztlich für den Mißerfolg."[5]

In ähnlicher Weise wird Marina Cvetaeva in dem kürzlich erschienenen Auswahlband ihrer Lyrik von Fritz Mierau[6] charakterisiert, der besonders auf die Exzentrizität ihrer erotischen Beziehungen eingeht:

---

[5] NADESCHDA MANDELSTAM: *Generation ohne Tränen.* Frankfurt/M. 1975, S. 322.

[6] MARINA ZWETAJEWA: *Vogelbeerbaum. Ausgewählte Gedichte.* Hrsg. von Fritz Mierau. Berlin 1986, S. 8.

„Marina Zwetajewa erfand das ‚ewige Paar der Sich-nie-Begegnenden'. So bezeichnete sie 1929 (in Deutsch) ihr Leben, das sie mit den Männern und Frauen ihrer Liebe lebte. Die Irritationen waren ungeheuer, beginnend bei ihrem Mann Segej Ėfron, der nicht ahnte, wem er zugefallen war, und endend bei Tanja Kwanina, ihrer letzten Liebe in Moskau. [...] Heftig und innig, Usurpation und Verzicht, beides in einem – darauf war keiner gefaßt. [...] Doch nur auf diese Weise ist es Marina Zwetajewa gelungen, etwas Unglaubliches zu vollbringen: In ihrer Heftigkeit reinigte sie das große Gefühl [...]."

Сказочный Шварцвальд

Ты, кто муку видишь в каждом миге,
Приходи сюда, усталый брат!
Все, что снилось, сбудется, как в книге –
Темный Шварцвальд сказками богат!

Все людские помыслы так мелки
В этом царстве доброй полумглы.
Здесь лишь лани бродят, скачут белки ...
Пенье птиц ... Жужжание пчелы ...

Погляди, как скалы эти хмуры,
Сколько ярких лютиков в траве!
Белые меж них гуляют куры
С золотым хохлом на голове.

На поляне хижина-игрушка
Мирно спит под шепчущий ручей.
Постучишься – ветхая старушка
Выйдет, щурясь от дневных лучей.

Нос как клюв, одежда земляная,
Золотую держит нить рука, –
Это Waldfrau, бабушка лесная,
С колдовством знакомая слегка.

Если добр и ласков ты, как дети,
Если мил тебе и луч, и куст,
Все, что встарь случалося на свете,
Ты узнаешь из столетних уст.

Будешь радость видеть в каждом миге,
Всё поймешь: и звезды, и закат!
Что приснится, сбудется, как в книге, –
Темный Шварцвальд сказками богат!

1909

Märchenhafter Schwarzwald

Du, der Qualen fühlst zu jeder Stunde,
komm doch, müder Bruder, her sogleich!
Was du träumst, wird wie im Buch erfüllt dir,
denn der Schwarzwald ist an Märchen reich.

Alles menschliche Bemühn scheint kleinlich
hier in diesem Zauber-Dämmerland:
Damwild weidet hier, Eichhörnchen springen,
Bienen hört man und der Vögel Sang.

Sieh, wie finster diese Felsen blicken,
wie der Hahnenfuß blitzt gelb im Gras
und dazwischen scharren weiße Hühner,
gackern, suchen Futter sich zum Fraß.

Dort am Feld steht eine Spielzeughütte,
döst beim Bach, fast fällt sie ganz hinein.
Wenn du klopfst, erscheint ein altes Weiblein,
kneift die Augen zu bei Sonnenschein,

Kleid wie Erde, Nase wie ein Schnabel,
einen goldnen Faden in der Hand. –
's ist die *Waldfrau*, Mütterchen der Wälder,
Zauberei ist ihr nicht unbekannt.

Wenn du gut und zärtlich bist wie Kinder,
wenn dir Wald und Busch zu Herzen geht,
wird ihr greiser Mund dir leis verkünden,
was seit altersher die Welt bewegt.

Dann wirst immer Freude du empfinden,
wirst verstehen Erde, Himmelreich.
Was du träumst, wird wie im Buch erfüllt dir,
denn der Schwarzwald ist an Märchen reich.

1909

(Übers. von Maria Razumovsky)

Наши царства

Владенья наши царственно-богаты,
Их красоты не рассказать стиху:
В них ручейки, деревья, поле, скаты
И вишни прошлогодние во мху.

Мы обе – феи, добрые соседки,
Владенья наши делит темный лес.
Лежим в траве и смотрим, как сквозь ветки
Белеет облачко в выси небес.

Мы обе – феи, но большие (странно!)
Двух диких девочек лишь видят в нас.
Что ясно нам – для них совсем туманно:
Как и на все – на фею нужен глаз!

Нам хорошо. Пока еще в постели
Все старшие, и воздух летний свеж,
Бежим к себе. Деревья нам качели,
Беги, танцуй, сражайся, палки режь! …

Но день прошел, и снова феи – дети,
Которых ждут и шаг которых тих …
Ах, этот мир и счастье быть на свете
Еще невзрослый передаст ли стих?

1909

Unsere Königreiche

Die Reiche, über die wir beide herrschen,
sind unermeßlich und an Schönheit groß.
Da gibt es Bäche, Bäume, Felder, Lerchen
und Pflaumen vom vergangnen Jahr im Moos.

Wir zwei sind Feen, gute Nachbarinnen.
Die Reiche von einander trennt der Wald.
Im Gras wir liegen, schaun empor und sinnen,
betrachten Wolken weiß und wohlgestalt.

Erstaunlich, daß die Großen nicht bemerken,
daß wir zwei Feen, nicht kleine Mädchen sind.
Was sie nicht ahnen, wissen wir: Für Feen
bedarf es eines ganz besondren Blicks.

Solang die Großen noch am Morgen schlafen,
die Sommerluft noch frisch ist, fliehen wir.
Wir laufen, tanzen, kämpfen, schneiden Stöcke,
beherrschen glücklich unser Waldrevier.

Der Tag vergeht, aus Feen werden Kinder,
die man erwartet und die müde sind. –
Oh diese Welt, das Glück, in ihr zu leben –
ob dies zu deuten meinem Vers gelingt?

1909

(Übers. von Maria Razumovsky)

Как мы читали „Lichtenstein"

Тишь и зной, везде синеют сливы,
Усыпительно жужжанье мух,
Мы в траве уселись, молчаливы,
Мама Lichtenstein читает вслух.

В пятнах губы, фартучек и платье,
Сливу руки нехотя берут.
Ярким золотом горит распятье
Там, внизу, где склон дороги крут.

Ульрих — мой герой, а Георг — Асин,
Каждый доблестью пленить сумел:
Герцог Ульрих так светло-несчастен,
Рыцарь Георг так влюбленно-смел!

Словно песня — милый голос мамы,
Волшебство творят ее уста.
Ввысь уходят ели, стройно-прямы,
Там, на солнце, нежен лик Христа …

Мы лежим, от счастья молчаливы,
Замирает сладко детский дух.
Мы в траве, вокруг синеют сливы,
Мама Lichtenstein читает вслух.

1909

Wie wir „Lichtenstein" lasen

Stille, Hitze, ringsum reifen Pflaumen,
das Gesumm der Fliegen schläfert ein.
Schweigend sitzen wir im Gras und lauschen:
Mutter liest uns vor den „Lichtenstein".

Lippen, Kleider, Schürzen tragen Flecken.
Nach der Pflaume streckt sich aus die Hand.
Golden strahlt das Kruzifix herüber,
dort, wo sanft sich senkt der Weg ins Land.

Ulrich ist mein Held und Georg Asjas,
beide fesseln uns durch hohen Sinn.
Herzog Ulrich ist so prachtvoll-leidend,
Ritter Georg so verliebt und kühn.

Wie ein Lied klingt Mutters liebe Stimme,
Zauberdinge sie zu künden weiß. –
Erlen streben grad hinauf zum Himmel,
sanft blickt Christus nieder von dem Kreuz.

Glücklich liegen wir im Gras und lauschen.
In den Kindergeist kehrt Friede ein.
Wir im Gras, um uns die blauen Pflaumen,
Mutter liest uns vor den „Lichtenstein".

(1909)

(Übers. von Maria Razumovsky)

Германии

Ты миру отдана на травлю,
И счета нет твоим врагам.
Ну, как же я тебя оставлю?
Ну, как же я тебя предам?

И где возьму благоразумье:
„За око – око, кровь – за кровь", –
Германия – мое безумье!
Германия – моя любовь!

Ну, как же я тебя отвергну,
Мой столь гонимый Vaterland,
Где все еще по Кёнигсбергу
Проходит узколицый Кант,

Где Фауста нового лелея
В другом забытом городке –
Geheimrath Goethe по аллее
Проходит с тросточкой в руке.

Ну, как же я тебя покину,
Моя германская звезда,
Когда любить наполовину
Я не научена, – когда, –

– От песенок твоих в восторге –
Не слышу лейтенантских шпор,
Когда мне свят святой Георгий
Во Фрейбурге, на Schwabenthor.

Когда меня не душит злоба
На Кайзера взлетевший ус,
Когда в влюбленности до гроба
Тебе, Германия, клянусь.

Deutschland

Die ganze Welt schließt sich zusammen,
verfolgt mit ihrem Hasse dich.
Wie, sollte ich dich auch verdammen,
wie, ließe ich dich auch im Stich?

Wie es mich denn zur Einsicht triebe:
„Auge um Auge – Zahn um Zahn",
wo du doch, Deutschland, meine Liebe,
wo du doch, Deutschland, bist mein Wahn!

Wie sollte ich denn bloß dich lassen,
mein so gehetztes *Vaterland*,
wo schmalgesichtig durch die Gassen
von Königsberg geht jetzt noch Kant,

wo einen neuen Faust im Gehen
umhegt, sein Stöckchen schwingen läßt
Geheimrat Goethe in Alleen
von einem andern kleinen Nest.

Wie sollte je für mich verblassen
dein lichter Glanz, mein deutscher Stern?
Nein, eine Hälfte auszulassen
von meiner Liebe liegt mir fern.

Mich schreckt kein Sporenklirren, weil ich
an deine Liedchen mich verlor,
weil mir ein Heiliger Georg heilig
zu Freiburg ist am *Schwabentor*,

weil mich in seinem Aufwärtsdrange
auch nicht des Kaisers Schnurrbart stört,
ich bis zum Grab nach dir verlange,
mein Herz auf dich, mein Deutschland, schwört.

Нет ни волшебней, ни премудрей
Тебя, благоуханный край,
Где чешет золотые кудри
Над вечным Рейном – Лорелей.

Москва, 1 декабря 1914

Kein Land so klug, so wunderbar ist,
wohlduftend wie von Spezerein,
es kämmt ihr goldenes Lockenhaar sich
die Lorelei am ewigen Rhein.

Moskau, 1. Dezember 1914

(Übers. von Josef Müller)

Берлину

Дождь убаюкивает боль.
Под ливни опускающихся ставень
Сплю. Вздрагивающих асфальтов вдоль
Копыта – как рукоплесканья.

Поздравствовалось – и слилось.
В оставленности златозарной
Над сказочнейшим из сиротств
Вы смилостивились, казармы!

10 июля 1922, Берлин

An Berlin

Der Regen lullt den bittren Schmerz mir ein.
Unter dem Dach, auf das die Ströme platschen,
schlaf ich. Vom Straßenpflaster tönt herein
der Hufe Klang, als wär' es Händeklatschen.

Du hast begrüßt uns, dann begann der Guß.
In der Verlassenheit in diesen Fernen
des allerschrecklichsten Verwaistseins habt
ihr gnädig meiner euch erbarmt, Kasernen.

Berlin, 10. Juli 1922

(Übers. von Maria Razumovsky)

Крысолов

Город Гаммельн
(Глава первая)

Стар и давен город Гаммельн,
Словом скромен, делом строг,
Верен в малом, верен в главном:
Гаммельн – славный городок.

В ночь, как быть должно комете,
Спал без просыпу и сплошь.
Прочно строен, чисто метен,
До умильности похож,

– Не подойду и на выстрел! –
На своего бургомистра.

В городе Гаммельне дешево шить:
Только один покрой в нем.
В городе Гаммельне дешево жить
И помирать спокойно.

Гривенник – туша, пятак – кувшин
Сливок, полушка – творог.
В городе Гаммельне, знай, один
Только товар и дорог:

Грех.

(Спросим дедов:
Дорог: редок.)

Ни распоясавшихся невест,
Ни должников, – и кроме
Пива – ни жажды в сердцах. На вес
Золота или крови –

Der Rattenfänger

Die Stadt Hameln
(Erstes Kapitel)

Hameln ist ein altes Städtchen,
karg das Wort, gerecht die Tat,
treu im Kleinen, treu im Wicht'gen:
Hameln – eine liebe Stadt.

Nachts, wenn Ruhe ist vonnöten,
schläft man brav die volle Zeit.
Fest gebaut, mit reinen Straßen,
rührend ihre Ähnlichkeit

– glaubt es mir, ich beweis es! –
mit ihrem Bürgermeister.

Billig näht man in Hameln fürwahr:
alle sind gleich gekleidet.
Billig lebt man in Hameln fürwahr,
friedlich vom Leben man scheidet.

Rindfleisch: paar Groschen, paar Heller – ein Krug
Sahne, paar Pfennig – zwei Eier.
Merke es dir, in Hameln ist
eine Ware nur teuer:

Sünde.

(Frage die Ältern:
teuer deshalb, weil selten.)

Weder Bräute mit Vorleben, noch
Schuldenmacher. Es schwellt kein
Durst hier die Seele – außer nach Bier –
Sünde ist kostbar und selten,

Грех. Полстолетия (пятьдесят
Лет) на одной постели
Благополучно проспавши, спят
Дальше. „Вдвоем потели,

Вместе истлели". Тюфяк, трава, –
Разница какова?

(Бог упаси меня даже пять
Лет на одной перине
Спать! Лучше моську наймусь купать!
Души Господь их принял.

И озаренье: а вдруг у них
Не было таковых?

Руки – чтоб гривну взымать с гроша
Ноги – должок не додан.
Но, вразумите, к чему – душа?
Не глубоко ль негодный

Как жардиньерка – гамак – кларнет –
В нашем быту – предмет?

В городе Гаммельне – отпиши –
Ни одного кларнета.
В городе Гаммельне – ни души,
Но уж тела за это!

Плотные, прочные. Столб, коль дюж,
Дюжины стоит душ.

А приосанятся – георгин,
Ниц! преклонись, Георгий!
Города Гаммельна гражданин, –
Это выходит гордо.

Не забывай, школяры: „Узреть
Гаммельн – и умереть!"

aufzuwiegen mit Gold oder Blut.
Wenn man so fünfzig Jahre
schwitzt und verwelkt im gemeinsamen Bett,
schläft und weiter wird schlafen –

Ob man im Gras, ob auf Kissen stirbt,
wo ist am Ende der Unterschied? –

(Gott bewahr mich, mehr als fünf Jahr
zu schlafen an einer Stelle!)
So oder so, wenn das Ende naht,
Gott empfängt ihre Seelen.

(Hier mein bestürztes Fragen:
was, wenn sie gar keine haben?)

Hände hat man, um Geld zu zählen,
Füße, um Geld nachzulaufen.
Aber – wofür dient die Seele?
Wozu ist sie zu gebrauchen?

Wie Klarinette, wie Flittertand –
überflüssiger Gegenstand?

In ganz Hameln findet man nicht
Tand oder Klarinetten.
Seelen gibt es in Hameln nicht,
aber – welch prächtige Körper!

Stramm sind sie, mächtig. Ihr Hauf
wiegt gut ein Dutzend Seelen auf.

Wenn sie in würdiger Haltung stehn,
prächtig wie bunte Dahlien,
muß man sich neigen zu Boden tief.
Stolz sind die Bürger von Hameln.

Vermach es, Scholar, den Erben:
„Hameln sehen und sterben!"

Juri и Rührei и Rühr uns nicht
An (в словаре: не тронь нас!) –
Смесь. А глаза почему у них
В землю? Во-первых – скромность

И … бережливость: воззрился – ан
Пуговица к штанам!

Здесь остановка, читатель. Лжешь,
Автор! Очки втираешь!
В сем Эльдорадо когда ж и кто ж
Пуговицы теряет?

– Нищие. Те, что, от грязи сгнив,
В спальни заносят тиф, –

Пришлые. Скоропечатня бед,
Счастья бесплатный номер.
В Гаммельне собственных нищих нет.
Был, было, раз – да помер.

Тощее ж тело вдали от тел
Сытых зарыть велел

Пастор, – и правильно: не простак
Пастор, – не всем „осанна!"
Сытые тощему не простят
Ни лоскута, ни штанной

Пуговицы, чтобы знал-де всяк:
Пуговка – не пустяк!

[…]

Juri und *Rührei* und *Rühr uns nicht an!*
Mischung aus russisch und deutsch.
Sag mir nur eins: warum haben sie die
Köpfe zu Boden gebeugt?

Erstens: Bescheidenheit,
zweitens: Sparsamkeit!
Vielleicht, wenn man prüft jeden Ritz', jedes Loch,
liegt dort am Ende ein Hosenknopf?

Unterbrechung, Leser. – Du lügst,
Autor, ganz unverfroren!
Wer hat in diesem Paradies
jemals Knöpfe verloren?

Bettler! Menschen, die dreckig sind, stinken,
Typhus womöglich ins Schlafzimmer bringen –

Fremde! Verdächtig vom Glück verlassen,
Wankende zwischen heute und morgen. –
Hameln hat keine eigenen Bettler;
einen gabs, doch der ist gestorben.

Vorsorglich hat diesen der Pastor
weit von den Satten begraben lassen.

Ein Schlauer, der Pastor, denn Ehr', wie er weiß,
kann gleich nicht jedem erwiesen sein.
Satte können schmutzige Lumpen
Hungrigen einfach nicht verzeihn.

Jedem sei klar zur rechten Zeit:
Ein Hosenknopf ist keine Kleinigkeit!

[…]

Детский рай
(Глава шестая и последняя)

[...]

— Зарастай,
След от ног наших. Спросят – в Китай.
Враний грай,
Голоса и шаги заглушай.

Вы, кусты,
Не храните одежд лоскуты.
Ветер, ты
Голоса и шаги относи.

Без следа!
Говорят, что сегодня среда:
День труда.
В том краю воскресенье всегда.

Жить – стареть,
Неуклонно стареть и сереть.
Жить – врагу!
Все, что вечно, – на том берегу!

В царстве моем – ни тюрем, ни боен, –
Одно ледяное! одно голубое!
Под зыбкою рябью, под зыбкою кровлей
Для девочек – перлы, для мальчиков – ловля.

Их. – С грецкий орех!
И – ванна – для всех.

Спи-усни, спи-исчезнь,
Жемчуг – чудная болезнь.

Хворост – сер. Хочешь – ал?
Вместо хворосту – коралл.

Das Paradies der Kinder
(Sechstes und letztes Kapitel)

[...]

Deck' – sie – zu!
Fragt man, nach China, sag, führt unsre Spur.
Krä – hen – schrei,
tarn' unsern Schritt, wenn wir schleichen vorbei!

Busch und Strauch
fangt in den Ästen nicht Stoffreste auf!
Win – des – braus,
Lösch unsre Stimmen und Schritte ganz aus.

Spur, ver-weh!
Mittwoch ist heute, soviel ich seh'.
Ar-beits-tag.
Drüben ist ewiger Feiertag.

Leben heißt: das Alter vor Augen,
unaufhaltsam altern, ergrauen.
Leben – nur dem Feind zu vergönnen!
Nur was am anderen Ufer, ist ewig.

Mein Imperium ist wie ein Gleichnis:
Alles ist Klarheit und Bläue des Eises,
Kriege fehlen und Kerkerstangen.
Perlen für Mädchen. Für Knaben: sie fangen.

Je-dem, was er mag.
Und – für alle: ein Bad.

Schlaf ein, verschwinde, schlaf!
Perlen – süße Leidenschaft.

Krank ist grau. Wär statt Fieber-
rot Koralle dir nicht lieber?

В царстве моем — ни свинки, ни кори,
Ни высших материй, ни средних историй,
Ни расовой розни, ни Гусовой казни,
Ни детских болезней, ни детских боязней:

Синь. Лето красно.
И — время — на все.

Тише, тише, дети! Отданы
В школу тихую, подводную.

Лейтесь, лейтесь, розы щечные
В воду вечную, проточную.

Кто-то: мел! кто-то: ил!
Кто-то: ноги промочил!

Кто-то: вал! кто-то: гул!
Кто-то: озера хлебнул!

А вода уже по пальчики
Водолазам и купальщицам ...

Жемчуга навстречу сыплются.
А вода уже по щиколку ...

Под коленочки норовит.
— Хри-зо-лит!

Красные мхи, лазурные ниши ...
(А ноги всё ниже, а небо все выше ...)
Зеркальные ложи, хрустальные зальца ...
А что-то все ближе, а что-то все дальше ...

— Берегись! По колено ввяз!
— Хри-зо-праз!

А вода уже по плечико
Мышкам в будничном и в клетчатом.

In meinem Reich gibts nicht Pocken noch Scharlach,
keine Probleme und keine Gefahren,
keinen, der Fremde und Ketzer schindet,
es gibt weder Krankheit noch Angst von Kindern.

Blau! Himmel so weit!
Und – jeder hat Zeit!

Leise, Kinder, eure Klasse
sei von nun an unter Wasser.

Rosenwangen, fließt davon,
fließt im klaren Wasserstrom.

Einer: „Wie?" Einer: „Was?"
Einer: „Füs-se naß!"

Einer: „Flut!" Einer: „Guckt!"
Einer: „See ge-schluckt!"

Und das Wasser geht schon zu den Zeh'n
all' den Planschenden und Badenden.

Perlen kollern her im Überfluß.
Und das Wasser deckt bereits den Fuß ...

fast bedeckts das Knie schon mit.
„Schau, ein Chry-so-lith!"

Rote Moose, azurblaue Seen –
(Fuß sinkt tiefer und Himmel steht höher).
Spiegelnde Säle, glänzende Sterne –
(Etwas kommt näher und etwas rückt ferner).

„Vorsicht, Boden glatt und naß!"
„Sieh, ein Chry-so-pras."

Und das Wasser steigt zur Schulter hoch
all den Mäuslein aus dem Kellerloch.

Выше, выше, носик вздернутый!
А вода уже по горлышко, —

Усладительней простыни ...
— Хру-ста-ли ...

В царстве моем (нежнейшее *dolce*) ...
А веку все меньше, а око все больше ...
Болотная чайка? Младенческий чепчик?
А ноги всё тяжче, а сердце все легче ...

Поминай, друзья и родичи!
Подступает к подбородочку.

Хороши чертоги выстроил
Нищий — дочке бургомистровой?

— Вечные сны, бесследные чащи ...
А сердце все тише, а флейта все слаще ...
— Не думай, а следуй, не думай, а слушай
А флейта все слаще, а сердце все глуше ...

— Муттер, ужинать не зови!

Пу-зы-ри.

Париж, ноябрь 1925

Heb die Nase höher, kleiner Mann,
denn das Wasser steigt zum Hals schon an,

Wie ein Tuch umschmeichelt's überall.
„Da, ein Berg-Kristall!"

In meinem Reich ... Melodie immer süßer,
Lid immer kleiner und Aug' immer größer,
Möwe im Sumpf, wo er scheint immer seichter ...
Fuß immer schwerer und Herz immer leichter ...

Eltern, Freunde, denkt an sie und ihn!
Wasser ist gestiegen bis zum Kinn.

Schön das Brautgemach, das hier errichtet ein
Bettler für sein unerreichbar Mägdelein?

Ewige Träume und weglose Dschungel ...
Herz immer stiller, die Flöte klingt dunkel.
Denk nicht und komm! Überleg nicht und glaub mir!
Flöte so süß und das Herz immer tauber ...

Mütter, nicht zum Essen ruft!

Bla-sen aus Luft.

Paris, November 1925

(Übers. von Maria Razumovsky)

Германии

О, дева всех румянее
Среди зеленых гор –
Германия!
Германия!
Германия!
Позор!

Полкарты прикарманила,
Астральная душа!
Встарь – сказками туманила,
Днесь – танками пошла.

Пред чешскою крестьянкою –
Не опускаешь вежд,
Прокатываясь танками
По ржи ее надежд?

Пред горестью безмерною
Сей *маленькой* страны,
Что чувствуете, Германы:
Германии сыны??

О мания! О мумия
Величия!
Сгоришь,
Германия!
Безумие,
Безумие
Творишь!

С объятьями удавьими
Расправится силач!
За здравие, Моравия!
Словакия, *словачь!*

An Deutschland

Rosenwangige Jungfrau
mitten im grünen Lande:
Deutschland!
Deutschland!
Deutschland!
Schande!

Du hast, astralart'ge Seele,
die Hälfte Europas verschluckt,
hast früher verdummt uns durch Märchen
und jetzt deine Panzer geschickt!

Du senkst nicht voll Scham deine Lider
vor tschechischer Bäuerin,
wenn quer durch die Saat ihrer Hoffnung
jetzt Tanks ihre Furchen ziehn?

Beim Anblick des maßlosen Leids, das
dies kleine Land übermannt,
was fühlt ihr wohl, ihr Germanen,
ihr Söhne des deutschen Lands?

Oh Größenwahn, oh du Mumie
von Größe, die schwellt dir die Brust!
du wirst verderben, Deutschland!
Ein Wahnsinn ist, was du tust!

Von würgend-enger Umarmung
der Starke sich selbst befreit.
Hoch lebe, du tapferes Mähren,
hoch lebe, Slowakei!

В хрустальное подземие
Уйдя — готовь удар:
Богемия!
Богемия!
Богемия!
Наздар!

9—10 апреля 1939

Bereit auf den großen Schlag dich
im Untergrund-Revier!
Böhmen!
Böhmen!
Böhmen!
Heil dir!

9.–10. April 1939

(Übers. von Maria Razumovsky)

Über Marina Cvetaeva und ihr intensives, komplexes Verhältnis zu Deutschland wäre viel zu sagen. In kompetenter Weise hat dies auch schon Ilma Rakusa, die Mitherausgeberin der Briefe Cvetaevas an Rilke, getan.[7] Auf ihren unveröffentlichten Aufsatz „Deutsche Reminiszenzen im Prosawerk von Marina Cvetaeva" können wir uns hier stützen.

Die Dichterin trug von frühester Jugend ein imaginäres, vergeistigtes Deutschland in sich. Die Fundamente dieses Bildes hatte die Mutter gelegt, die ihre Kinder mit deutschen Märchen und mit der Musik Schumanns, Beethovens, Bachs großzog. Die von ihr angeregte frühe Begegnung Marinas mit deutscher Literatur festigte die Konturen dieses Bildes, dem auch die Konfrontation mit deutscher Realität – sogar wo sie unerfreulich war – nichts von seiner Idealität nehmen konnte. Die Tagebuchaufzeichnungen Marina Cvetaevas von 1919 mit dem Titel „Über Deutschland" (O Germanii) sind ein glühendes Bekenntnis zu diesem Land, seinen Menschen und seiner Kultur. Sie enthalten Erinnerungen an Begegnungen und Aufenthalte sowie Reflexionen über deutsche Dichtung und deutschen Geist.

> „Meine Leidenschaft, meine Heimat, Wiege meiner Seele! Festung des Geistes, die man gewöhnlich als Gefängnis des Körpers ansieht … Es ist das Land der Freiheit. Das behaupte ich. [...] Ein Land, in dem das Gesetz (des Gemeinschaftslebens) nicht nur mit der Ausnahme rechnet; es verehrt sie. Denn in jedem Büroangestellten schlummert ein Dichter. Denn in jedem Schneider schläft ein Geiger. Denn in jedem Bierlöwen erwacht beim Ruf der Heimat ein echter Löwe."[8]

In diese Passage ist die Erinnerung an einen todkranken jungen Kontoristen, Reinhardt Röver, eingegangen, den Marina Cvetaeva kurz vor seinem Tode kennenlernte und von dem sie in „Über Deutschland" sagt: „Ein vorbildlicher Kontorist und ein ebenso vorbildlicher Sterbender." Ilma Rakusa erläutert in ihrem bereits genannten Aufsatz, wie Marina Cvetaeva diese Begegnung in ihr Deutschlandbild einbettet:

---

[7] ILMA RAKUSA UND FELIX PHILIPP INGOLD: *M. I. Cvetaeva im Briefwechsel mit R. M. Rilke. Unveröffentlichte Materialien aus dem Berner Rilke-Archiv.* In: Zeitschrift für Slavische Philologie 41(1980), H.1, S. 127–173. ILMA RAKUSA: *Deutsche Reminiszenzen im Prosawerk von Marina Cvetaeva.* Unveröff. Manuskript (erscheint 1987/88 in Bern in einem Sammelband mit Beiträgen des Lausanner Cvetaeva-Symposium 1982). Wir zitieren mit freundlicher Genehmigung der Autorin. Siehe auch MARIA RAZUMOVSKY: „Oh, Deutschland, du mein Wahn!". In: Bibliothekswelt und Kulturgeschichte. München 1977.

[8] MARINA IVANOVNA CVETAEVA: *O Germanii* (Über Deutschland). In: M.I.C.: Nesobrannye proizvedenija (Ungesammelte Werke). Hrsg. von Günther Wytrzens. München 1971, S. 469 (= Slavische Propyläen, Bd. 90).

„‚Die Seele fliegt' – dieser Ausspruch des tuberkulösen, todkranken ‚kontorščik' Reinhardt Röver – wird für Cvetaeva zum Inbegriff der deutschen Geistigkeit oder des geistigen Deutschlands, das Novalis, Hölderlin und August v. Platen umfaßt und als ‚Fortsetzung Griechenlands' erscheint. Geistige Freiheit und kleinbürgerlicher Ordnungssinn – ein scheinbares Paradox, das Cvetaeva in die Worte faßt: ‚Deutschland – ein Schraubstock für die Körper und elysische Gefilde für die Seelen' – schließen sich indes nicht aus. Das deutsche Kleinbürgertum, meint Cvetaeva, Goethe zitierend, braucht die Beschränkung im alltäglich-praktischen Bereich, um die geistige Freiheit zu erlangen: ‚Sie benötigen hier nichts. [...] Sie haben keine Barrikaden, aber sie haben philosophische Systeme, die die Welt zum Einsturz bringen, und Gedichte, die sie neu erschaffen. Der wahnsinnig gewordene Dichter Hölderlin übt 30 Jahre lang auf einem stummen Klavizimbel. Der Geisterseher Novalis sitzt bis ans Ende seiner Tage hinter einem Bankgitter. Weder Hölderlin noch Novalis empfinden ihr Gefängnis als Qual. Sie bemerken es nicht. Sie sind frei.'"

Bei der Bewunderung bleibt Marina Cvetaeva nicht stehen. Die Unbedingtheit, mit der sie „ihr" Deutschland liebt, läßt sie nach Identifikation, nach Verschmelzung streben: „... Deutschland – mein Leib: seine Ströme – meine Hände, seine Haine – meine Haare, es ist ganz mein, ich bin ganz sein!" Dazu sei noch einmal Ilma Rakusa zitiert:

„Cvetaeva sucht – zwischen Klischee und Poesie, zwischen Erfahrung und Vorstellung pendelnd – nach einer Wesensbestimmung des Deutschen, nach einem gemeinsamen Nenner. So reduziert sie auch die Topographie Deutschlands auf den Rhein, der zugleich eine literarische (‚Lorelei') wie eine innere Topographie markiert. Cvetaeva, die Deutschland zu ihrem anthropomorphen Abbild macht [...], nennt den ‚Vater Rhein' ihren ‚Hauptstrom'. [...] Die komplette magische Deutschland-Zauberformel lautet indes ‚Goethe und der Rhein'."

Die zeitgeschichtliche Entwicklung, die auch in ihr Leben tiefe Spuren grub, bedrohte das zerbrechliche deutsche Idealbild der Dichterin. Die Rolle des deutschen Staates im Ersten und im Zweiten Weltkrieg drängte Marina Cveataeva in die Rechtfertigungspflicht. In „Über Deutschland" notiert sie ein Gespräch, wie sie es in dieser Zeit vielleicht manchmal hat führen müssen: Sie wird darin gefragt, ob sie auch das moderne Deutschland liebe:

– leidenschaftlich
– Wie – ungeachtet ...
– Nicht nur ungeachtet – unbesehen!
– Sind Sie blind?
– Nein, ich sehe.
– Sind Sie taub?
– Ich habe das absolute Gehör.
– Was sehen Sie denn?
– Die Goethesche Stirn über den Jahrtausenden.
– Und was hören Sie?
– Das Rauschen des Rheins durch die Jahrtausende.

– Sie sprechen ja doch über die Vergangenheit!
– Nein, über die Zukunft!

Welche Kraft muß es Marina Cvetaeva gekostet haben, ungeachtet der starken gegenläufigen Strömungen mit solcher Absolutheit an ihrer Vision festzuhalten! Das Leben und die Geschichte zwangen ihr unbarmherzig Stück für Stück die Erkenntnis auf, daß es nicht nur das Deutschland der Märchen, Dichtung und Musik gab.

In den ersten, um 1909 entstandenen Gedichten über Deutschland „Märchenhafter Schwarzwald" (Skazočnyj Švarcval'd)[9], „Unsere Königreiche" (Naši carstva)[10], und „Wie wir Lichtenstein lasen" (Kak my čitali „Lichtenstein")[11] wird ganz konkret kindliches Ferienglück im Schwarzwald beschrieben. Dann, zu Beginn des Weltkriegs, in dem Gedicht *„Deutschland"* (Germanii), sieht Marina Cvetaeva *Deutschland* als das umstellte, von einer Meute gehetzte Opfer, das sie – welch charakteristischer Zug – verteidigen muß, auch wenn sie sich dadurch ihre ganze Umgebung zu Feinden macht.

Das Berlin des Jahres 1922 („An Berlin"; Berlinu)[12], das die erste *An Berlin* Station ihres Emigrantendaseins darstellte, war recht verschieden von dem Traumland ihrer Sehnsucht des Jahres 1919; der Dauerregen bei ihrer Ankunft verstärkt das Gefühl des Verlassenseins. Und doch empfindet sie Dankbarkeit für das Dach über dem Kopf, das die fremde Stadt ihr bietet.

Ein Jahr später, im Herbst 1923, läßt sie sich von dem behäbigbürgerlichen Leben des tschechischen Städtchens Moravská Třebová (Mährisch-Trübau) zu Plänen für eine Versdichtung *„Der Rattenfän-* *Der Ratten-* *ger"* (Krysolov)[13] anregen. 1925 kommt es zur Bearbeitung des *fänger* Stoffes. Die Versdichtung Marina Cvetaevas folgt der Fabel der bekannten Sage, wie sie Karl Simrock in seiner Ballade gleichen Namens gestaltet hat: Nachdem dem Rattenfänger der versprochene Lohn für die Befreiung der Stadt Hameln von den Ratten, die Hand der Bürgermeisterstochter Greta, verweigert wird, lockt er die Kinder der Bewohner in den Fluß, wo sie ertrinken.

Bei den hier angeführten Ausschnitten handelt es sich um Anfang und Schluß des Poems. Marina Cvetaeva verwandelt den Sagenstoff in eine Satire auf spießbürgerliche Befangenheit im Alltag, umspinnt

---

[9] MARINA CVETAEVA. *Stichotvorenija i poémy v pjati tomach* (Gedichte und Poeme in 5 Bänden). Bd. I, New York 1980, S. 17f.

[10] EBENDA, S. 19.

[11] EBENDA, S. 18f.

[12] MARINA CVETAEVA: *Posle Rossii* (Nach Rußland). Paris 1976, S. 20.

[13] MARINA CVETAEVA: *Krysolov* (Der Rattenfänger). Hrsg. von Marie-Luise Bott. Wien 1982. (= Wiener Slawistischer Almanach, Sonderband 7.)

die Figur des Rattenfängers mit vielschichtigen Reflexionen über die
Rolle des Künstlers und der Kunst.

Der erste Gesamtentwurf zum „Rattenfänger" aus dem Jahre 1925
trägt noch die später für den Druck zurückgenommene Widmung
„Meinem Deutschland", womit sie wie immer das Deutschland
Goethes, Beethovens, Schumanns und Heines meinte. Ihre Tochter
belegt in ihren Memoiren[14], daß die Mutter im Gespräch die Stadt
Hammeln (so im Poem ihre Schreibweise, mit der bewußt auf die
Geistlosigkeit der Bewohner angespielt wird) in Beziehung zu Wei-
mar setzte: Hameln, so Marina Cvetaeva, ist ein Weimar ohne
Goethe.

Der „Rattenfänger" stellt vielfältige Bezüge motivischer Art und
wörtlicher Anklänge zu deutschen literarischen Werken her, vor allem
sind hier Goethes „Faust" und Heinrich Heines Gedicht „Die Wan-
derratten" zu nennen.

Zumindest erwähnt werden muß hier die innige Brieffreundschaft
des Jahres 1926 mit dem bereits schwerkranken Rilke.[15] Obwohl
Rilke für Marina Cvetaeva „ihr Deutschland, ihr bestes Deutschland,
das Deutschland von Goethe, Hölderlin und Novalis" verkörperte,
betrachtete sie ihn auf der anderen Seite als jenseits jeglicher Nationalität, wie jeden wahren Dichter:

> „Dichten ist schon Übertragen aus der Muttersprache – in eine andere, ob
> französisch oder deutsch, wird wohl gleich sein. Keine Sprache ist Mutter-
> sprache. Dichten ist Nachdichten. Darum verstehe ich nicht, wenn man
> von französischen oder russischen etc. Dichtern redet. Ein Dichter kann
> französisch schreiben, er kann nicht ein französischer Dichter sein. [...]
> Orpheus sprengt die Nationalität."[16]

So unbedingt das Bekenntnis zu Deutschland ist – es führt keineswegs in nationalistische Beschränkung. „Leidenschaftliche Liebe zu
jedem Land, als wenn es das einzige wäre – das ist meine Internationale", verkündet Marina Cvetaeva in „Über Deutschland". Diese
Haltung wirkt tief in ihren Sprachgebrauch, in ihren Stil hinein. In
ihrem „Rattenfänger" spielt sie mit deutschen Wörtern und Sätzen,
die als Einsprengsel im russischen Text erscheinen. Oft baut sie sie so
ein, daß ein russisches und ein deutsches Wort ein Reimpaar bilden.

---

[14] ARIADNA ÈFRON: *Stranicy vospominanij* (Seiten der Erinnerung). Paris 1979,
S. 148; zitiert nach Marina Cvetaeva: Krysolov (Der Rattenfänger), a.a.O.,
S. 198.

[15] *Rainer Maria Rilke, Marina Zwetajewa, Boris Pasternak. Briefwechsel.*
Hrsg. von Jewgenij Pasternak, Jelena Pasternak und Konstantin M. Asadowskij. Übertr. von Heddy Pross-Weerth. Frankfurt/M. 1983.

[16] ILMA RAKUSA UND FELIX PHILIPP INGOLD: *M. I. Cvetaeva im Briefwechsel mit
R. M. Rilke*, a.a.O., S. 164. (Im Original deutsch.)

Die integrative Mehrsprachigkeit der Marina Cvetaeva muß als Bemühen verstanden werden, sich einer verlorengegangenen ursprachlichen Einheit wieder zu nähern.

> „Da es seit Babel keine Ursprache mehr gibt, die Totalität in verschiedene Einzelsprachen zerfiel, die – wie Cvetaeva meint – der ‚Muttersprache' allerdings unterschiedlich nahe sind (‚deutsch ist doch der Muttersprache am nächsten. Näher als Russisch, glaub ich, noch näher'), muß sie in der Synthese neu gewonnen werden, unter Verwendung gerade der besonderen Eigenarten der jeweiligen Sprachen."[17]

Die Dichterin hatte politische Überzeugungen, doch das politische Tagesgeschäft interessierte sie wenig. Wichtiger als „diverse Hitler, Herriot, Balbo, Rossi und wie sie alle heißen"[18] war ihr, für das, was ihre Psyche ihr zuflüsterte, die richtigen Worte und die entsprechende Form zu finden. Aber die politischen Ereignisse nahmen auf das Innenleben von Dichtern keine Rücksicht. Marina Cvetaeva lebte seit vierzehn Jahren in Frankreich, als Deutschland 1938 und 1939 ihr geliebtes erstes Asylland, die Tschechoslowakei, besetzte. So leidenschaftlich sie in ihrem Gedicht von 1914 Deutschland verteidigte[19], so *An Deutschland* erbittert verurteilt sie es *1939* in einem zweiten Gedicht *„An Deutschland" (Germanii)*[20] aus dem Zyklus „Gedichte an die Tschechoslowakei" (Stichi k Čechii): „Hast früher verdummt uns durch Märchen." Durch die Erbitterung hindurch ist Verzweiflung spürbar. Verzweiflung an Deutschland ließ deutsche Schriftsteller ihrer Zeit den Tod suchen: Kurt Tucholsky, Walter Hasenclever, Stefan Zweig.

Als Marina Cvetaeva sich 1941 das Leben nahm, war sie persönlich in einer hoffnungslosen Situation. Und doch bleibt die bedrükkende Vermutung, daß auch die Umstände der Evakuierung aus Moskau vor den heranrückenden deutschen Armeen zur Schwächung ihres Lebenswillens beigetragen haben.

---

[17] Ilma Rakusa: *Deutsche Reminiszenzen im Prosawerk von Marina Cvetaeva.* Unveröff. Manuskript.

[18] Marina Cvetaeva: *Brief an V. N. Bunina vom 24. 8. 1933.* In: M.C. Neizdannye pis'ma (Unveröffentlichte Briefe). Paris 1972, S. 424.

[19] Marina Cvetaeva. *Stichotvorenija i poėmy v pjati tomach,* a.a.O., Bd. III, S. 32.

[20] Marina Ivanovna Cvetaeva. *Izbrannoe* (Ausgewähltes). Moskau 1961. S. 145.

Eva Rönnau

Ein korrekter Gegner –
Nikolaj Gumilëv

Nikolaj Stepanovič Gumilëv wurde am 15. April 1886 in Kronštad geboren. Er beendete 1906 das Gymnasium in Carskoe Selo, dessen Direktor damals der Dichter Innokentij Annenskij war und wo er auch seine spätere Frau, Anna Achmatova, kennenlernte. Gumilëv studierte in Petersburg und an der Sorbonne in Paris (1907/1908) Romanistik und vor allem französische Literatur, ohne jedoch einen akademischen Abschluß zu machen. 1907 machte er seine erste Afrikareise nach Ägypten und in den Sudan, 1909 die zweite nach Abessinien. 1910 heiratete er Anna Achmatova, reiste mir ihr nach Paris und anschließend allein wieder nach Abessinien. Bis 1913 folgen weitere Reisen nach Italien und nochmals nach Abessinien und Somaliland. 1914–1918 diente er freiwillig in der Armee und kam während dieser Zeit nach Ostpreußen, Galizien, Finnland, Schweden, Norwegen, Paris und zuletzt London. Nach der Scheidung von Anna Achmatova (1918) heiratete er 1919 zum zweiten Mal (Anna Nikolaevna Engel'-gardt). Aus der ersten Ehe ging ein Sohn, aus der zweiten eine Tochter hervor. Am 3. August 1921 wurde Nikolaj Gumilëv wegen angeblicher Teilnahme an einer konterrevolutionären Verschwörung verhaftet und erschossen.

Zu Lebzeiten des Dichters wurden von ihm u. a. ein Poem und acht Gedichtbände veröffentlicht, darunter 1910 „Perlen" (Žemčuga), 1918 „Lagerfeuer" (Kostër) und 1921 „Das Zelt" (Šatër). All diese Werke sowie alle weiteren auffindbaren Schriften Gumilëvs wurden von Gleb P. Struve und Boris A. Filippov zu einer ausführlich bearbeiteten Gesamtausgabe zusammengestellt[1], auf die der vorliegende Aufsatz sich stützt.

Gumilëvs literaturgeschichtliche Bedeutung liegt vor allem in seiner Suche nach neuen Ausdrucksformen, die sich von denen der russischen Symbolisten absetzen. Seine ersten beiden Gedichtbände stehen noch deutlich unter ihrem Einfluß; in der Schulzeit beeindruckte ihn Innokentij Annenskij, jahrelang waren Valerij Brjusov und Vjačeslav Ivanov ihm Ratgeber und Kritiker. 1909 wurde er Mitherausgeber der Zeitschrift „Apollon", die später zu einem wichtigen Organ der Akmeisten wurde. 1911 gründete Gumilëv die „Zunft der Poeten" (Cech poètov), die die Keimzelle der 1912 offiziell verkündeten Schule der Akmeisten war. Sie stellten der magisch-mystischen Ausrichtung der Symbolisten Klarheit in Form und Ausdruck, eher sachbezogene Beschreibung, „Handwerklichkeit" gegenüber.[2]

Wie der kurze Abriß seines Lebens zeigt, ist Nikolaj Gumilëv oft und auch für längere Zeit ins Ausland gereist, aber nicht nach Deutschland. Hier, genauer: in Ostpreußen, war er zu Beginn des Ersten Weltkriegs als Ulan im Garderegiment der Zarin, das später nach Galizien verlegt wurde.

Gumilëvs zahlreiche Reisen fanden in seinem lyrischen Schaffen Widerhall. So ist das ganze Buch „Das Zelt" aus den Afrikaerlebnissen erwachsen. Auch außerhalb dieses Buches finden sich viele Gedichte, deren Titel bereits die Beschäftigung mit fremden Ländern oder Städten verrät, z. B.: „Die Reise nach China" (Putešestvie v Kitaj), „Konstantinopel", „Venedig", „Die norwegischen Berge" (Norvežskie gory), „Stockholm".

Frankreich und England, wo Gumilëv gegen Ende des Weltkriegs längere Zeit lebte, werden hingegen in seiner Lyrik kaum behandelt, und ebensowenig Deutschland.

Selbstverständlich waren Gumilëv wichtige Werke der deutschen Kultur bekannt. Ebenso wie Aleksandr Blok war er von Nietzsche beeindruckt. In einigen Gedichten seines Frühwerks schlägt sich dessen Einfluß nieder, wie z. B. in „Zarathustras Lied" (Pesn' Zaratustry). Dem Gedicht „Gretchen" (Margarita) dienen Goethes Personen und die Handlung einer Gretchenszene als Vorlage.

Diese Gedichte belegen zwar Gumilëvs Kenntnis deutscher Kultur, nicht aber seine Meinung über Deutschland oder die Deutschen. Er hatte zwar mindestens einen deutschen Freund, nämlich den bekannten Übersetzer Johannes von Günther, aber mit „den Deutschen" hat er sich offenbar nur als Soldat im Krieg befassen können.

---

[1] NIKOLAJ GUMILËV. *Sobranie sočinenij* (Gesammelte Werke). Bd. I–IV. Hrsg. von G. P. Struve und B. A. Filippov. Washington 1962.
[2] Vgl. JOHANNES HOLTHUSEN: *Russische Literatur im 20. Jahrhundert.* München 1978, S. 82ff.

Vom 3. Februar 1915 bis zum 11. Januar 1916 schrieb Gumilёv Frontberichte für die Zeitung „Börsennachrichten" (Birževye Vedomosti). Aus diesen „Aufzeichnungen eines Kavalleristen" (Zapiski Kavalerista) geht hervor, wie er die feindliche Seite sieht. Erkundungsmärsche oder Kampfhandlungen werden minutiös beschrieben, teilweise auch Aussehen und Verhalten einzelner, sei es Freund oder Feind. Beide Seiten werden dabei ohne jegliche Emotionen oder Vorurteile dargestellt. Sie erscheinen als die notwendigen zwei Lager eines großen Schicksalsspiels. Für den Leser ergibt sich dabei eine Diskrepanz zwischen der Schilderung von Menschen als Individualitäten und andererseits als bloßen Trägern einer Funktion (Opfer–Sieger) in einem Prozeß, in dem von Gut oder Böse so wenig die Rede ist wie von Mitgefühl oder Schmerzen.

Nur an einzelnen Stellen werden allgemeinere Urteile über die Deutschen gefällt. So gelten sie als die gefährlicheren Kämpfer im Vergleich mit den Österreichern. Ihre Tapferkeit in unterlegener Position oder die Schießgeschicklichkeit eines einzelnen werden genauso lobend erwähnt, als wenn es sich um die eigenen Soldaten handelte. Gleichermaßen wird auch die eigene Seite, das eigene Ich in schwierigen Situationen nicht wehleidig geschildert, sondern aus einer emotionsfreien, beobachtenden Distanz.

Selten werden negative Aussagen über die Deutschen in allgemeinerer Form ausgedrückt, so daß sie einen abwertenden Charakter annehmen. Einmal wird die Behauptung eines anderen wiedergegeben, die Deutschen könnten nicht selbst auf ihre Pferde steigen, seien also schlechte Reiter.[3]

Eine andere negativ-allgemeine Beobachtung wird so geschildert: „Ich habe oft bemerkt, daß die Deutschen, die dem Gewehrfeuer so tapfer standhalten, bei Geschützfeuer schnell verschwinden."[4]

Ein Kosak, der aus Interesse in einem Dorf mit Deutschen Karten gespielt hat, antwortet auf die Frage, wie ihm die Deutschen gefallen hätten: „Ganz gut: Nur spielen sie schlecht, sie schreien und schimpfen und wollen sich alles aneignen."[5]

---

[3] Nikolaj Gumilёv, a.a.O., Bd. IV, S. 452.
[4] Ebenda, S. 483.
[5] Ebenda, S. 484.

Рабочий

Он стоит пред раскаленным горном,
Невысокий старый человек.
Взгляд спокойный кажется покорным
От миганья красноватых век.

Все товарищи его заснули,
Только он один еще не спит:
Всё он занят отливаньем пули,
Что меня с землею разлучит.

Кончил, и глаза повеселели.
Возвращается. Блестит луна.
Дома ждет его в большой постели
Сонная и теплая жена.

Пуля им отлитая, просвищет
Над седою, вспененной Двиной,
Пуля, им отлитая, отыщет
Грудь мою, она пришла за мной.

Упаду, смертельно затоскую,
Прошлое увижу наяву,
Кровь ключом захлещет на сухую,
Пыльную и мятую траву.

И Господь воздаст мне полной мерой
За недолгий мой и горький век.
Это сделал в блузе светло-серой
Невысокий старый человек.

1916/1917

Der Arbeiter

Vor dem glühend heißen Ofen steht er,
Ist ein alter Mann und eher klein.
Von dem leichten Blinzeln seines Lides
Scheint der Blick gehorsam, still zu sein.

All die andern sind schon lange schlafen,
Er allein steht immer noch am Herd:
Jene Kugel muß er fertig gießen,
Die mich von der Erde trennen wird.

Er ist fertig. Seine Augen leuchten.
Er geht heim. Der Mond erhellt die Nacht.
Ihn erwartend ist im großen Bette
Seine warme Frau nur grad noch wach.

Pfeifen wird die Kugel, die er machte,
Durch der Düna schäumend weiße Gischt,
Finden wird die Kugel, die er machte,
Meine Brust, denn sie kam nur für mich.

Und ich werde fallen, tödlich sehnend.
Das Vergangene erkenn ich gut.
In den Staub des platten, trocknen Grases
Strömt, gleich einem schnellen Bach, mein Blut.

Und der Herr wird vielfach mir vergelten
Dieses kurze, bittre Leben mein.
Der das tat, in einer grauen Bluse,
War ein alter Mann und eher klein.

1916/1917

(Übers. von Eva Rönnau)

В Северном Море

О, да, мы из расы
Завоевателей древних,
Взносивших над Северным морем
Широкий крашеный парус
И прыгавших с длинных стругов
На плоский берег нормандский —
В пределы старинных княжеств
Пожары вносить и смерть.

Уже не одно столетье
Вот так мы бродим по миру,
Мы бродим и трубим в трубы,
Мы бродим и бьем в барабаны:
— Не нужны ли сильные руки,
Не нужно ли твердое сердце,
Горячая кровь не нужна ли
Республике иль королю? —

Чтоб англичане, не немцы,
Возили всюду товары,
Чтобы эльзасские дети
Зубрили Гюго, не Гете,
Чтоб Джиолитти понял,
Как сильно он ошибался,
Чтоб устоял Венизелос
В борьбе с господином своим.

Эй, мальчик, неси нам
Вина скорее,
Малаги, портвейну,
А главное — виски!
Ну, что там такое:
Подводная лодка,
Плавучая мина?
На это есть моряки!

In der Nordsee

Von altem Geschlechte,
Welteneroberer sind wir,
Die über der Nordsee einst hißten
Ihr leuchtend gefärbtes Segel,
Die sprangen von langen Barken
An das normannische Ufer,
Ins Land alter Fürstentümer
Zu tragen Feuer und Tod.

Es ist nicht erst ein Jahrhundert,
Daß wir die Welt so durchstreifen,
Durchstreifen, in Hörner blasend,
Durchstreifen mit unseren Trommeln:
„Sind nicht Republik oder König
Die kräftigen Arme vonnöten,
Die standhaften Herzen vonnöten
Und kampflustig feuriges Blut?"

Daß ihre Waren verbreiten
Die Engländer, nicht die Deutschen;
Damit die Kinder im Elsaß
Hugo und nicht Goethe lernen;
Daß Giolitti verstehe,
Wie gründlich er sich geirrt hat;
Daß Venizelos im Kampfe
Dem Herrn über ihm halte stand.

He, Junge, bring reichlich
Und schnell von dem Weine
Und Malaga, Portwein,
Vor allem auch Whisky!
Was schwimmt denn da drüben?
Ist das eine Mine,
Ein U-Boot vielleicht gar?
Na, dafür sind wir ja da!

О, да, мы из расы
Завоевателей древних,
Которым вечно скитаться,
Срываться с высоких башен,
Тонуть в седых океанах
И буйной кровью своею
Поить ненасытных пьяниц —
Железо, сталь и свинец.

Но всё-таки песни слагают
Поэты на разных наречьях,
И западных, и восточных;
Но всё-таки молят монахи
В Мадриде и на Афоне,
Как свечи горя перед Богом,
Но всё-таки женщины грезят —
О нас, и только о нас.

1917 (?)

Von altem Geschlechte,
Welteneroberer sind wir,
Zu wandern ist unser Schicksal,
Zu stürzen von hohen Türmen,
Im Ozean zu ertrinken,
Mit unserm Blute zu speisen
Die Trinker, die nimmer satten –
Den Stahl, das Eisen, das Blei.

Und doch komponieren die Dichter
In vielerlei Mundarten Lieder,
Im Westen wie auch im Osten;
Und doch flehen immer die Mönche
Vom Athos bis nach Madrid hin,
Wie Kerzen vor Gott hell entflammend;
Und doch träumen überall Frauen
Von uns, und einzig von uns.

1917 (?)

(Übers. von Eva Rönnau)

Vor dem Hintergrund der oben angeführten Frontberichte Nikolaj Gumilëvs können diese beiden Gedichte als durchaus exemplarisch für seine Einstellung zu Deutschland gelten.

Im Gedicht *„Der Arbeiter"* *(Rabočij)*[6] wird der Arbeiter, der die feindliche Kugel schmiedet, als Mensch beschrieben, der lebt wie alle und seine Pflicht tut, eine Pflicht allerdings, die weniger menschlich befohlen als vielmehr Werkzeug des Schicksals ist, in einem Weltspiel, das dem Schmied selbst nicht bewußt ist. Die zwei letzten Zeilen sind keine Anklage gegen den Schmied. Nicht der Schütze, sondern der Hersteller der Kugel wird als Urheber des Todes bezeichnet – aber bereits nachdem die göttliche Belohnung erwähnt worden ist. Die Tat des kleinen Alten, die Erfüllung seiner Schicksalsaufgabe, ist somit positiv gewertet.[7]

Das andere Gedicht mit dem Titel *„In der Nordsee"* *(V severnom more)*[8] läßt sich zuerst in einem von Gumilëv hinterlassenen handschriftlichen Album nachweisen, das sich im Besitz des Herausgebers der Gesamtausgabe, Gleb P. Struve, befindet. Abgesehen von einigen geringfügigen Abweichungen weist die handschriftliche Fassung einen entscheidenden Unterschied gegenüber dem Erstdruck im Buch „Lagerfeuer" auf: Das Gedicht besaß ursprünglich eine Strophe mehr, nämlich die dritte in der hier angeführten Fassung. Gerade in dieser Strophe werden die Deutschen erwähnt. Daher wird dieses Gedicht ausnahmsweise nicht nach der Gesamtausgabe zitiert (deren Fassung der Erstausgabe entspricht), sondern so, wie es im Manuskript stand.

Das Gedicht stellt einen eigenartigen poetischen Kommentar zum Kriegsgeschehen dar, verfaßt von einem konservativen russischen Patrioten, der begeisterter Soldat war und im Fronteinsatz deutschen Soldaten gegenüberstand. Dennoch enthält es keine Spur von feindlichen Gefühlen, keinen Versuch, die Gegner gehässig oder verächtlich darzustellen. Das Gedicht ist charakteristisch für Gumilëvs poeti-

---

[6] EBENDA, Bd. II, S. 14.
[7] Vor dem Hintergrund von Gumilëvs Lebenslauf erhält „Der Arbeiter" fast den Wert einer Vorahnung: Gumilëv starb durch eine Kugel.
[8] „Na severnom more" (Auf der Nordsee; in der handschr. Fassung „V severnom more" [In der Nordsee]), a.a.O., Bd. II, S. 17; Anmerkungen: Bd. II, S. 287. Im Erstdruck wurde die dritte Strophe sicher deswegen weggelassen, weil sie auf eine spezielle politische Situation anspielt und damit die Aussage des Gedichts stört, die ein übergeordnetes, mythologisch verstandenes Weltschicksal betrifft.
Giolitti: 1903–1913 italienischer Ministerpräsident, der aus liberal-neutralistischer Überzeugung vom Kriegsbeitritt Italiens abriet.
Venizelos: 1910–1915 griechischer Ministerpräsident, der sich der Neutralitätspolitik König Konstantins widersetzte.

sche Weltauffassung, die konkrete Dinge und Tatsachen mit mythischen und mystischen Vorstellungen vermischt. Er empfand und poetisierte den Krieg als ein schicksalhaftes, heroisches, tragisches Erlebnis, das Männern aller Zeiten und Völker beschieden ist. Sein Verhältnis zu Männlichkeit und Krieg war von Nietzsche beeinflußt und vergleichbar mit den Gefühlen und Gedanken, die auch Ernst Jüngers „In Stahlgewittern" und manche Gedichte von Rudyard Kipling zum Ausdruck bringen. Gumilëvs Verse enthalten eine Aussage phantastischer kriegs- und abenteuerlustiger Männer, die zugleich als mythische nordische Seeräuber (Wikinger?) und als gegenwärtige Matrosen sich zu Söldnerdiensten anbieten.

Wie aus mehreren seiner Gedichte zu schließen ist, verstand Gumilëv den Krieg als eine Art gottgesandter Läuterungsmöglichkeit. Eines dieser Gedichte trägt den Titel „Sonne des Geistes" (Solnce ducha). Diese Metapher ist sehr bezeichnend für Gumilëvs Kriegseinstellung. Der Krieg kräftigt den Geist und die Kreativität des Menschen, weckt verlorene Instinkte und führt damit zu größerer Ursprünglichkeit. Als „Träger einer großen Idee" wird der Mensch unsterblich. Wer im Kampf fällt, erleidet den einzig wahren, einzig würdigen Tod.

Man könnte noch vieles über die Besonderheiten der Weltanschauung und -empfindung, der poetischen Ausdrucksmittel Gumilëvs schreiben; doch zur Frage seiner Deutschland- und Deutschenbilder läßt sich wohl nur wenig, dieses dafür mit ziemlicher Sicherheit sagen: Wie in den Frontberichten, so stellen auch hier die Deutschen den Gegenspieler dar, dessen Machtausbreitung abgewehrt werden muß, aber nicht einen persönlich empfundenen, abzuqualifizierenden Feind. In beiden Gedichten, in denen Deutschenbilder vermutet werden dürfen, sind sie mit äußerster Objektivität, distanziert, im ersten Fall auch unterkühlt, aber ohne jegliche Feindseligkeit, ohne Verzerrung gezeichnet.

Das erscheint um so bedeutsamer, als Gumilëv eine der führenden und geistig einflußreichen Persönlichkeiten im russischen Literaturleben seiner Zeit war.

Die Linksfuturisten

Efim Etkind

*„Dich, Deutschland, bringt man nicht um" –
Vladimir Majakovskij*

Vladimir Majakovskij (1893–1930) ist im Kaukasus, im Bergdorf Bagdadi, als Sohn eines Forstmeisters geboren. Seine Mutter war Halbukrainerin mit Vorfahren aus dem Kosakentum. Seit 1902 besuchte er das russische Gymnasium in Kutaisi, der Nachbarstadt seines Geburtsorts. Nach dem Tode seines Vaters 1906 siedelte die Familie nach Moskau um, wo die Majakovskijs ein sehr ärmliches Leben führten.

Der fünfzehnjährige Gymnasiast wird zum aktiven Mitkämpfer der bolschewistischen Partei. Dreimal verhaftet man ihn, das letzte Mal verbringt er sechs Monate in einer Einzelzelle des Butyrki-Gefängnisses. „Überaus wichtige Zeit für mich." schreibt er später in seiner Autobiographie, „Nach drei Jahren Theorie und Praxis warf ich mich auf die Belletristik. [...] Füllte mit derlei Zeug ein ganzes Heft. Meinen Dank den Gefängniswärtern; sie haben es bei meiner Entlassung beschlagnahmt."[1] Schließlich, nach einem halben Jahr, stellt die Polizei fest „Schuldig befunden, aber minderjährig. Ist unter Polizeiaufsicht zu stellen, bei Haftbarmachung der Eltern."[2]

---

[1] WLADIMIR MAJAKOWSKI. *Werke.* Hrsg. von Leonhard Kossuth. Bd. IV.I: Prosa. Autobiographie, Reiseskizzen, Briefe. Frankfurt/M. 1980, S. 18.
[2] EBENDA, S. 18.

Ab 1910, wieder auf freiem Fuß, läßt er die Parteiarbeit sein, ohne jedoch von seinen revolutionären Ideen Abstand zu nehmen. „Unterbrach die Parteiarbeit. Setzte mich hin zum Lernen." Ein Jahr später, im Herbst 1911, wird er zum Studenten der Moskauer Hochschule für Malerei, Bildhauerei und Architektur. Dort lernt er den Dichter und Maler David Burljuk kennen, der bald zu seinem innigsten Freund wird. Burljuk, der Majakovskij mit den Künstlern der Avantgarde bekannt macht, ist auch der erste, der das dichterische Talent seines Freundes erkennt.

Nun kam Majakovskij mit dem Dichter Chlebnikov und dem „Hyleja-Zirkel", einem futuristischen Literatenkreis, zusammen, unterschrieb Manifeste der Futuristen wie die „Ohrfeige dem öffentlichen Geschmack" (Poščečina obščestvennomu vkusu, 1912), wo es unter anderem heißt: „Puškin, Dostoevskij, Tolstoj sind vom Schiffsbord der Gegenwart abzuwerfen", reiste mit seinen Kollegen in Rußland herum und trug seine Gedichte öffentlich vor.

1915 schuf Majakovskij seine wichtigsten Dichtungen: „Wolke in Hosen" (Oblako v štanach) und „Wirbelsäulenflöte" (Flejta-pozvonočnik). Dann kamen „Krieg und Welt" (Vojna i mir, 1915/1916), „Ein Mensch" (Čelovek, 1916/1917), „Darüber" (Pro èto, 1923) und viele lyrische und satirische Gedichte. Majakovskij wurde zu einem der radikalsten Erneuerer der russischen Dichtung: Er schuf eine neue Prosodie, die auf dem Prinzip der Isolierung des einzelnen Wortes aufgebaut ist und den „singenden" Vers durch den „geschrieenen" ersetzt.

Was im 19. Jahrhundert oder am Anfang des 20. eine lyrische Miniatur gewesen wäre, weitet sich bei Majakovskij zu großen Poemen aus. Dies ist eine Hypertrophie des Individualismus: Das *Ich* ist plötzlich weltgroß geworden. *„Ich!"* – so hatte Majakovskij seinen ersten Gedichtband betitelt. Das *Ich* steht auch im Zentrum des tragischen Poems „Krieg und Welt"; hier ist die ganze Welt mit dem Weltkrieg und allen Katastrophen zur Persönlichkeit des Lyrikers zusammengeschrumpft oder das lyrische Ich so riesig groß geworden, daß es das ganze Universum in sich aufnehmen kann.

Majakovskij schloß sich der Oktoberrevolution an und wurde zu ihrem Sänger und Verherrlicher. Er versuchte sich umzustellen und sein lyrisches Ich loszuwerden; 1920 publizierte er ein Poem „150 Millionen" ohne Autorennamen, so als sei es das kollektive Werk des ganzen Volkes („Will, daß jeder was hinzufügt und verbessert"). Zugleich schrieb er Texte für etwa 1300 politische Plakate (1919–1921), die er zum großen Teil auch selbst gezeichnet hat. Er druckte seine Gedichte in Zeitungen und als Propaganda-Flugblätter.

Auf seinem Wege erwarteten den Revolutionsdichter schwere Enttäuschungen. Trockij, der ihn am Anfang bewunderte, urteilt später skeptisch:

„Majakovskij steht mit einem Bein auf dem Montblanc, mit dem anderen auf dem Elbrus. Seine Stimme übertönt den Donner – ist es da ein Wunder, wenn er mit der Geschichte auf familiärem Fuße und mit der Revolution auf ‚du' steht. Dies eben ist das allergefährlichste, weil bei derart gigantischen Maßstäben in allem und jedem bei donnerähnlichem Gebrüll (Lieblingsausdruck des Dichters), bei einem Ausblick vom Elbrus und Montblanc die Proportionen der irdischen Dinge verschwinden und man den Unterschied zwischen groß und klein nicht mehr feststellen kann."[3]

Dieses Urteil gilt sowohl für die Poeme „Vladimir Il'ič Lenin" (1924) und „Schön und gut" (Chorošo!, 1927) als auch für die unzähligen politischen Gedichte der zwanziger Jahre.

Majakovskij reiste viel, und seine Reiseeindrücke sind ebenfalls zu plakatartigen Gedichten geworden, die allerdings zu den besten der nachrevolutionären Zeit gezählt werden können. Er besuchte Berlin (1922–1929 fast jährlich), Paris (1922, 1924, 1927–1929), New York, Mexiko und Kuba (1925).

Ende der zwanziger Jahre verlegte Majakovskij seinen Schwerpunkt auf die entlarvende Gesellschaftssatire. Dabei griff er auch zur dramatischen Form. Berühmt wurden „Die Wanze" (Klop, 1928) und „Das Schwitzbad" (Banja, 1929), beide von Meyerhold uraufgeführt. Mit der Losung „Linker als LEF" (Levej LEFa) verließ Majakovskij 1928 die Futuristengruppe LEF[4] und trat 1930 der RAPP (Assoziation der proletarischen Schriftsteller Rußlands) bei. Die RAPP verstand sich als Vortrupp der Partei und beanspruchte eine Monopolstellung in der Literatur. Bei seinen alten Freunden fand Majakovskij kein Verständnis für diesen Schritt, sie brachen mit ihm. Neue fand er indes nicht: In der RAPP stufte man ihn nur als Mitläufer der Revolution ein, und seine neuen scharfen Gesellschaftssatiren wurden als „mißlungen" angesehen. Die Presse verschwieg ihn, weil er im Kontext des bürokratischen Imperiums von Stalin ein Überbleibsel der revolutionären Romantik zu sein schien. Sogar sein glänzendes letztes Gedicht „Mit aller Stimmkraft" (Vo ves' golos, 1930) blieb so gut wie unbemerkt. Totgeschwiegen, vereinsamt, verzweifelt, auch aus persönlichen Gründen, gab sich Majakovskij am 14. April 1930, im Alter von 37 Jahren, den Freitod durch einen Revolverschuß.

Das öffentliche Stillschweigen währte bis nach dem 1. Schriftstellerkongreß von 1934. Maksim Gor'kij schwieg ebenso wie Bucharin.

---

[3] LEO TROTZKIJ: *Literatur und Revolution.* Nach der russischen Erstausgabe von 1924 übersetzt von Eugen Schaefer und Hans von Riesen. Berlin 1968, S. 127.

[4] LEF = Linke Literaturfront, Vereinigung von Schriftstellern, in der Mehrzahl Futuristen, zu der auch Majakovskij und Tret'jakov gehörten. LEF verkündete das Programm der „nützlichen Kunst" (Industrie- und Propagandagedichte) in der gleichnamigen Zeitschrift.

(Mit Gor'kij hatte sich Majakovskij nie verstanden. 1927 schrieb er
sogar ein polemisches Gedicht mit dem Titel „Offener Brief an Mak-
sim Gor'kij".) Lili Brik, eine persönliche Freundin des verstorbenen
Dichters, beklagte 1935 in einem Brief an Stalin das ungerechtfertigte
Totschweigen Majakovskijs. Stalin seinerseits suchte Munition gegen
Bucharin und verkündete: „Majakovskij war und ist der beste, be-
gabteste Dichter unserer sowjetischen Epoche. Indifferenz gegenüber
seinem Andenken und seinen Werken ist ein Verbrechen." In der
Folge begann das, was Boris Pasternak den „zweiten Tod" des
Vladimir Majakovskij nannte. Er wurde nun auf den Sockel gehoben,
kanonisiert und in die Schulbücher aufgenommen. – Was übrigens
nichts daran änderte, daß „Die Wanze" und „Das Schwitzbad" bis
zum Tauwetter von der Bühne verbannt blieben. Die ungerechtfertigte posthume Vereinnahmung durch das Stalin-Regime hat Majakovskijs Ansehen sehr geschadet: Viele konnten seine Gedichte
lange nicht unbefangen lesen.

Война объявлена

„Вечернюю! Вечернюю! Вечернюю!
Италия! Германия! Австрия!“
И на площадь, мрачно очерченную чернью,
багровой крови пролила́сь струя!

Морду в кровь разбила кофейня,
зверьим криком багрима:
„Отравим кровью игры Рейна!
Грома́ми ядер на мрамор Рима!“

С неба, изо́дранного о штыков жала,
слёзы звезд просеивались, как мука́ в сите,
и подошвами сжатая жалость визжала:
„Ах, пустите, пустите, пустите!“

Бронзовые генералы на гранёном цоколе
молили: „Раскуйте, и мы поедем!“
Прощающейся конницы поцелуи цокали,
и пехоте хотелось к убийце – победе.

Громоздящемуся городу уро́дился во сне
хохочущий голос пушечного баса,
а с запада падает красный снег
сочными клочьями человечьего мяса.

Вздувается у площади за ротой рота,
у злящейся на лбу вздуваются вены.
„Постойте, шашки о шелк кокоток
вытрем, вытрем в бульварах Вены!“

Газетчики надрывались: „Купите вечернюю!
Италия! Германия! Австрия!“
А из ночи, мрачно очерченной чернью,
багровой крови лила́сь и лила́сь струя.

20 июля 1914

Der Krieg ist erklärt

„Das Abendblatt! Das Abendblatt! Das Abendblatt!
Italien! Deutschland! Österreich!"
Auf den finsteren, schwarz umsäumten Platz
ergoß sich purpurrot ein blutiger Strom!

Blutig geschlagen die Fratze des Kaffeehauses,
rot von tierischem Schrei:
„Blut soll vergiften die Wellen des Rheins!
Granaten auf den Marmor Roms!"

Vom Himmel, der von Bajonetten zerfetzt,
fielen die Tränen der Sterne, wie Mehl durch ein Sieb,
und das Mitleid, von Stiefeln zertreten, winselte:
„Ach, laßt mich los, laßt mich los!"

Eherne Generäle vom granitenen Sockel
flehten: „Befreit uns, wir ziehen auch!"
Die Reiterei nahm Abschied, Hufegeklapper wie Küsse,
und das Fußvolk strebte zum Mörder – dem Sieg.

Die sich türmende Stadt hört in gräßlichem Traum
dröhnendes Lachen, Kanonenbaß.
Vom Westen her fällt roter Schnee
wie saftige Fetzen von menschlichem Fleisch.

Auf dem Platz schwellen Kolonnen,
wie vor Zorn auf der Stirn die Venen schwellen.
„Bald wischen wir blutige Säbelklingen
an den Röcken der Wiener Kokotten."

Die Zeitungsjungen schrien: „Hier das Abendblatt!
Italien! Deutschland! Österreich!"
Aus der finsteren, schwarz umsäumten Nacht
floß und floß der blutige Strom.

20. Juli 1914

Германия

Германия –
это тебе!
Это не от Рапалло.
Не наркомвнешторжьим я расчетам внял.
Никогда,
Никогда язык мой не трепала
Комплиментщины официальной болтовня.
Я не спрашивал,
Вильгельму,
Николаю прок ли, –
разбираться в дрязгах царственных не мне.
Я
от первых дней
войнищу эту проклял,
плюнул рифмами в лицо войне.
Распустив демократические слюни,
шел Керенский в орудийном гуле.
С теми был я,
кто в июне
отстранял
от вас
нацеленные пули.
И когда, стянув полков ободья,
сжали горла вам французы и британцы,
голос наш
взвивался песней о свободе,
руки фронта вытянул брататься.
Сегодня
хожу
по твоей земле, Германия,
и моя любовь к тебе
расцветает романнее и романнее.
Я видел –
цепенеют верфи на Одере,

Deutschland

Dir, Deutschland,
            dies Wort.
                        Nicht Rapallo wird verhandelt.
Keine Staatshandelsbelange
                        stehn auf dem Tapet.
Niemals,
            niemals hab die Zung ich verschandelt
zu förmlich-höflich-leerem Gered.
Nie fragt ich,
            was Wilhelm,
                        was Nikolaus kriege;
bin für hadernde Kaiser kein Schiedsgericht.
Gleich zu Anfang
            erklärt ich
                        den Krieg dem Kriege,
spie dem Völkermord
                        meine Reime ins Gesicht.
Ganz in demokratischen Speichel zerfließend
marschierte Kerenski mit donnerndem Geschütz.
Ich stimmte im Juni
                        gegen das Schießen,
hab euch
            vor drohenden Geschossen
                        geschützt.
Und als,
            mit geballten Regimentern andrängend,
Franzosen und Briten euch würgten am Ende,
erhoben wir die Stimme
                        in Freiheitsgesängen
und reichten euch frontheiß Verbrüderungshände.
Heute
            beschreite ich,
                        Deutschland, deinen Boden,
meine Liebe zu dir
                        blüht und lodert in Oden.
Ich sah —
            die erstarrten Werften an der Oder,

я видел –
фабрики сковывает тишь.
Пусть, –
не верю,
что на смертном одре
лежишь.
Я давно
с себя
лохмотья наций скинул.
Нищая Германия,
позволь
мне,
как немцу,
как собственному сыну,
за тебя твою распѐснить боль.

Рабочая песня

Мы сеем,
мы жнем,
мы куем,
мы прядем,
рабы всемогущих Стиннесов.
Но мы не мертвы.
Мы еще придем.
Мы еще наметим и кинемся.
Обернулась шибером,
улыбка на морде, –
история стала.
Старая врет.
Мы еще придем.
Мы пройдем из Норденов
сквозь Вильгельмов пролет Бранденбургских
                                                        ворот.
У них доллáры.
Победа дала.
Из унтерденлиндских отелей
ползут,
вгрызают в горло доллáр,
пируют на нашем теле.

ich sah –
   die erstorbenen Fabriken stumm.
Und doch, –
   ich glaub nicht
      an Bahrtuch und Moder.
Dich, Deutschland,
   bringt man nicht um.
Längst
  abgestreift hab ich
     die Lumpen der Nation.
Bettelarmes Deutschland,
    vernimm –
ich leih
  wie ein Deutscher,
     wie dein eigenster Sohn,
deinem Schmerz meine Stimm.

Arbeiterlied

Wir säen,
  wir mähen,
    wir schmieden,
      wir weben,
Sklaven des allmächtigen Stinnes.
Wir sind noch nicht tot,
    paßt auf, wir leben,
wir kommen – gesammelten Sinnes.
Die Geschichte grinst,
    ist zum Schieber geworden.
Die Alte steht still. Sie lügt, seht euch vor.
Wir kommen noch.
   Kommen vom Berliner Norden
durch den Wilhelmsbogen im Brandenburger Tor.

Sie haben die Dollars.
   Der Sieg hat gelohnt.
Aus Hotelportalen Unter den Linden
wälzt sich ihr Bauch
   wie der volle Mond,
sie mästen sich, sie, die unsre Leiber schinden.

Терпите, товарищи, расплаты во имя ...
За все –
за войну,
за после,
за раньше,
со всеми,
с ихними
и со своими
мы рассчитаемся в Красном реванше ...

На глотке колено.
Мы – зверьи рычим.
Наш голос судорогой нéмится ...
Мы знаем, под кем,
мы знаем, под чьим
еще подымутся немцы.
Мы
еще
извеселим берлинские улицы.
Красный флаг, –
мы заждáлись –
вздымайся и рей!
Красной песне
из окон каждого Шульца
откликайся,
свободный
с Запада
Рейн.

Это тебе дарю, Германия!
Это
не долларов тыщи,
этой песней счёта с голодом не свесть.
Что ж,
и ты
и я –
мы оба нищи, –
у меня
это лучшее из всего, что есть.

1922–1923

Nur Ruhe, Genossen, der Abrechnung zuliebe –
für alles;
       Krieg,
          Nachkrieg
             und blutige Mache –
mit all den Herrschaften
            hüben und drüben –
die Abrechnung kommt: unsre rote Rache …

Das Knie auf der Kehle.
            Unser Brüllen verhallt,
erstickt in Krampf und Atembeschwerden …
Wir wissen, unter wessen Last und Gewalt
die Deutschen noch aufstehn werden.
Wir
    ziehn noch
          durch Berlin in fröhlicher Feier.
Rote Fahne,
      langersehnte,
         laß dem Winde dich weihn!
Rotes Lied
      aus den Fenstern bei Schulz, Müller, Meyer –
sei Antwort
      vom Westen,
        vom freien
           Rhein!
Dies schenk ich dir,
        Deutschland,
          keine Dollars herzählend,
ein Lied – trotz Hungers und Defizits.
Nun ja,
    du und ich,
        wir zwei sind heut elend, –
doch mir ist dieses
        der höchste Besitz!

1922–1923

(Übers. von Hugo Huppert)

Уже!

Уже голодище
				берет в костяные путы.
Уже
	и на сытых
				наступают посты.
Уже
	под вывесками
						„Milch und Butter"
выващиваются хвосты.
Уже
	на Kurfürstendamm'е
							ночью
перешептываются выжиги:
„Слыхали?!"
				Засада у Рабиновича …
Отобрали
	„шведки" и „рыжики".
Уже
	воскресли
				бывшие бурши.
Показывают
				буржуйный норов.
Уже
	разговаривают
						языком пушек
Носке и Людендорф.
Уже
	заборы
			стали ломаться.
Рвет
	бумажки
				ветра дых.
Сжимая кулак,
				у коммунистических прокламаций
толпы
	голодных и худых.

Schon!

Schon klappert der Hunger,
                    schon fehlts an Futter.
Schon
        lernen sogar die Satten
                        das Fasten.
Schon
        stehn unterm Aushangschild
                        „Milch und Butter"
die langen,
            die Schlangen der Not,
                        der verhaßten.
Schon
        flüstert der *Kurfürstendamm*
                        im Dunkeln
von Razzien, von Polizeiaktionen:
„Schon gehört?!"
                Und man hört von Haussuchung munkeln:
„Beschlagnahmten
                Gold und Schwedenkronen."
Schon
        wiederauferstanden
                        ist die Burschenschaft
und kratzt von Bürgersitten
                den Schorf.
Schon
        spricht im Jargon
                        der gepanzerten Kraft
ein Noske genau wie ein Ludendorff.
Schon
        zerreißen Windstöße
                        Zirkulare und Listen,
und Zäune krachen,
                wo die Massen sie belagern.
Die Fäuste geballt,
                vor den Aufrufen der Kommunisten,
stehn Versammlungen
                von Hungrigen und Hagern.

Уже
      валюта
              стала Луна-парком –
не догонишь
                и четырежды скор –
так
     летит,
            летит
                    германская марка
с долларных
                американских гор.
Уже
     чехардят
                Штреземаны и Куны.
И сытый,
           и тот, кто голодом глодан,
знают –
           это
                 пришли кануны
нашего
          семнадцатого года.

1923

Schon
        ist die Währung
                    bloß noch ein Lunapark.
Das purzelt und rollt,
                ein Kilometerfraß, –
so
    kollert
            und kollert
                    die deutsche Mark
von den Dollarbergen
                    Amerikas.
Bock springen
                die Cunos und Stresemänner.
Und der Geldsack
                nimmts wie der Bettelsack wahr,
und jeder Blinde
                wird hier zum Kenner:
Ein Vorabend ists
                zum Siebzehnerjahr.

1923

(Übers. von Hugo Huppert)

Два Берлина

Авто
        Курфюрстендам-ом катая,
удивляясь,
                раззеваю глаза —
Германия
            совсем не такая,
как была
            год назад.
На первый взгляд
общий вид:
в Германии не скулят.
Немец —
            сыт.
Раньше
        доллар —
                лучище яркий,
теперь
        „принимаем только марки“.
По городу
        немец
                шествует гордо,
а раньше
        в испуге
                тек, как вода,
от этой самой
                от марки твердой
даже
    улыбка
            как мрамор тверда.
В сомненьи
        гляжу
                на сытые лица я.
Зачем же
        тогда —
                что ни шаг —
                        полиция!

Zweierlei Berlin

Im Wagen
          den Kurfürstendamm hinsausend,
reiß ich die Augen auf:
                    sonderbar, –
ja, Deutschland
               hat sich entschieden gemausert,
so wars noch nicht
                  im vorigen Jahr.
Zunächst erscheint
mir alles glatt:
hier wird nicht gegreint;
der Deutsche ist satt.
Galt früher
          der Dollar
                    als blendendste Strahlung,
heißts jetzt:
             „Wir nehmen nur Reichsmark in Zahlung."
Heut stiefelt
             der Deutsche
                          schon nackenstark;
jüngst
      rann er noch scheu
                         wie ein Wässerlein.
Das macht, jawohl,
                  die gefestigte Mark,
sogar
     sein Grinsen
                  ist Marmorstein.
Doch halt!
          Wenn satte Gesichter
                                sich röten –
wozu ist denn
             überall
                    Schupo vonnöten?

Слоняюсь
            и трусь
                        по рабочему Норду.
Нужда
        худобой
                    врывается в глаз.
Толки:
        „Вольфы ...
                        покончили с голоду ...
Семьей ...
            в коморке ...
                                открыли газ ...“
Поймут,
        поймут и глупые дети,
Если
    здесь
            хоть версту пробрели,
что должен
            отсюда
                        родиться третий —
третий родиться —
                    Красный Берлин.
Пробьется,
            какие рогатки ни выставь,
прорвется
            сквозь штык,
                            сквозь тюремный засов.
Первая весть:
                за коммунистов
подано
        три миллиона голосов.

1924

Ich schlendre
                durchs Arbeiterreich
                                Berlin-Nord.
Die Not
            gibt hier allem
                            sein mageres Maß.
Hier heißts:
                „Die Wolfs …
                                ja, Doppelselbstmord …
samt Kindern …
                    vor Hunger …
                                    vergiftet durch Gas …"
Das dümmste Gör,
                    wenns verwundert hier wandert,
wird sicher aus allem
                    den Ratschluß ziehn:
Hier muß es zur Welt kommen,
                                hier, ein andres,
ein besseres,
            drittes,
                    ein Rotes Berlin!
Nicht lang wirds
                in Kerkern und Vorstädten nisten,
es bricht durch die Sperren,
                                es kommt bestimmt.
Erste Vorbotschaft:
                    für die Kommunisten
haben
        drei Millionen gestimmt!

1924

(Übers. von Hugo Huppert)

Das Thema *Deutschland* stand bei Vladimir Majakovskij nicht im Zentrum des Interesses – dennoch, es war für ihn von großer Wichtigkeit. Die Gedichte – sogar die seiner jungen Jahre – zeugen davon, daß er von der deutschen Lyrik eine Vorstellung hatte. Öfters erwähnt er Goethe (auch den „Faust"), schreibt kleine Gedichte „im Geiste Heines", zitiert Strophen von Freiligrath und Herwegh.

Konnte Majakovskij deutsch? Im Jahre 1922 nahm er Sprachunterricht bei seiner Übersetzerin und auch Freundin Rita Rait. Die Lehrerin – ohne pädagogische Erfahrung, aber überzeugt von der Wichtigkeit der Grammatik und aller möglicher Regeln, der Schüler – zwar pflichtbewußt und genau, den abstrakten Grundsätzen der Grammatik (wie auch der Poetik) gegenüber jedoch voller Ungeduld – so gestaltete sich der Unterricht ein wenig mühsam. Eines Tages kam Rita Rait auf die Idee, ein Heine-Bändchen mitzubringen. Der Erfolg war verblüffend. Zwar setzte der Unterricht den Dichter nicht instand, „mit deutschen Mädels zu plaudern", wie er 1922 in Berlin bedauernd feststellen mußte, doch bestellte er in Berliner Restaurants nun nur noch mit Heines Zeilen:

> Geben Sie ein Mittagessen
> Mir und meinem Genius!

Im Sommer auf der Datscha weckte er die Schlafenden mit seiner Donnerstimme:

> Ich bin ein *russischer* Dichter,
> Bekannt im *russischen* Land!

Elsa Triolet erzählt, wie sie Majakovskij 1922 in Berlin kennenlernte. Im „Kurfürsten-Hotel", wo der Dichter leidenschaftlich Karten und Billard spielte, blätterte er auch immer in einem Bändchen. Es war „Die Nordsee" von Heine. Von Zeit zu Zeit las er mit schallendem Akzent:

> Ihr Lieder! Ihr meine guten Lieder!
> Auf! Auf! Und waffnet euch![5]

Auch Lili Brik bestätigt in ihren Erinnerungen, welch herausragende Bedeutung Heine für Majakovskij hatte. Ein Gedicht soll er besonders geschätzt haben: „Allnächtlich im Traum seh' ich dich!"[6] Es enthält manches, was den russischen Lyriker unbedingt anziehen

---

[5] ELSA TRIOLET: *Voinstvujuščij poèt* (Der kampffreudige Dichter). In: Wladimir Majakovskij. Memoirs and Essays. Hrsg. von B. Langfeldt und N. A. Nilsson. Stockholm 1975, S. 40.
[6] L. JU. BRIK: *Čužie stichi* (Fremde Gedichte). In: V. Majakovskij v vospominanijach sovremennikov (Erinnerungen der Zeitgenossen an V. Majakovskij). Moskau 1963, S. 351.

mußte, wie die unbändige Energie der Liebe, die mit einer beinahe kindlichen Zärtlichkeit verschmolzen ist, die für ihn so wichtige Verbindung von Lyrik und Humor, von tragischer Einsamkeit und Ironie, von Lachen und Weinen. Da es zu den meistübersetzten Heine-Gedichten gehört, mochte er es auch aus Übertragungen kennen.

Heinrich Heine war wohl der einzige deutsche Dichter, den Majakovskij im Original lesen konnte – und er blieb für immer einer seiner Lieblingsdichter.

Doch zunächst einmal geriet Majakovskijs Begegnung mit Deutschland für eine kurze Zeit in eine sehr feindselige Phase. Im Herbst 1914, unmittelbar nach Beginn des Ersten Weltkriegs, riß ihn die steigende nationalistische Woge mit, und er sagte, einen Aufruf Chlebnikovs von 1908 zitierend, dem „ganzen Germanentum" den Kampf an:

> „Lest!
> Slawen! In diesen Tagen schauen Lübek und Danzig uns schweigend und prüfend an – Städte mit deutscher Bevölkerung und russisch-slawischen Namen ... Große Kränkungen habt ihr erlitten, genug, um Regimenter von Rossen der Rache zu tränken – führen wir sie herbei von Don und Dnepr, von Wolga und Wisla. In dieser Kraft – seitdem Montenegro und Belgrad, zum Bruderbund vereint, mit der Besessenheit der Kämpfer, denen Götter das Siegerlos zuteilten, ihren Willen dem des unvergleichlich stärkeren Feindes entschlossen entgegensetzen, so sagt man, ist in den Slawen von heute der Geist der Hellenen wiedererwacht, die einst die Meder bekämpften, und bald werden vor erstaunten Blicken Darius Hystaspus und König Leonidas mit seinen dreihundert Kriegern in der Thermopylenschlucht wiederauferstehen. Begreifen wir noch immer nicht, daß das, was jetzt geschieht, der beginnende Kampf zwischen dem gesamten Germanentum und dem gesamten Slawentum ist? Wir schreien laut nach Rache, Rache trieft vom Zaumzeug unserer Rosse. So laßt uns unser Fest der Rache als die wertvollste Ware dorthin bringen, wo Nachfrage besteht – an die Ufer der Spree. Auch früher schon sind russische Rosse über Berliner Straßen gesprengt. Das haben wir nicht vergessen. Wir haben es nicht verlernt, Russen zu sein. In den Listen der Untertanen Rußlands ist der Königsberger Bürger Immanuel Kant vermerkt. Krieg für die Einheit der Slawen, woher du auch deinen Ausgang nehmen magst, von Posen oder von Bosnien, ich heiße dich willkommen! So komme doch! [...] Du heiliger und notwendiger Krieg für die unterdrückten Rechte der Slawen, ich heiße dich willkommen. Nieder mit den Habsburgern! Fesselt die Hohenzollern!"[7]

Um den Geist des Aufrufs zu verstehen, den Majakovskij für eine geniale Prophetie des futuristischen Schriftstellers Chlebnikov hielt,

---

[7] Russischer Text aus VLADIMIR MAJAKOVSKIJ: *Rossija. Iskusstvo. My.* In: V. M. Polnoe sobranie sočinenij (Sämtliche Werke). Bd. 1: 1912–1917. Moskau 1955, S. 318f.

muß man sich die Stimmung in der Intelligenz vor dem Ersten Weltkrieg vergegenwärtigen. Mit der gescheiterten Revolution von 1905
scheiterten auch viele Hoffnungen, und aus Skepsis, Enttäuschung
und Verzweiflung erwuchsen die unterschiedlichsten Strömungen und
geistigen Haltungen. Neben einer hedonistisch begründeten Abwen-
dung von politischen Fragen gab es kritiklose Anlehnung an die
Regierung und Abwehr gegen politische Bewegungen aus Angst vor
Pogromen. Auch nationalistische Strömungen gewannen zu dieser
Zeit in Rußland – wie in anderen Ländern – an Boden. Die russische
Niederlage gegen Japan 1905 trug dazu bei, solche Tendenzen zu
verstärken und auszubreiten. Ende des ersten Jahrzehnts zeichneten
sich auch schon die Fronten des kommenden Balkankrieges ab. In
Ungarn, der Ukraine, Polen gab es starke nationalistische Strömun-
gen. Auch in Deutschland formierte sich damals um die alldeutsche
Partei eine militante Bewegung, die 1914 in blinder Kriegsbegeiste-
rung kulminierte.

Majakovskij geriet zu Beginn des Krieges wie vor ihm Chlebnikov
in den Sog eines slawisch-nationalistischen Einheitsgedankens. In
seiner Autobiographie schreibt er über seine anfängliche Einstellung
zum Krieg:

> „Nahm die Kunde voll Erregung auf. Auffassung anfangs lediglich von der
> dekorativen, schallkräftigen Seite. Plakate auf Bestellung und, natürlich,
> durchaus kriegsmäßig. Dann Gedicht: ,Der Krieg ist erklärt.'"[8]

Die Plakattexte waren in der Art des folgenden Zweizeilers gehalten – übrigens mit genialem Reim:

> S krikom „Deutschland über alles"
> Nemcy s polja ubiralis'.
>
> Mit dem Schrei „Deutschland über alles"
> türmten die Deutschen.

Der Krieg
ist erklärt „*Der Krieg ist erklärt*" (*Vojna ob-javlena*) vom *20. Juli 1914*[9] ist
noch ganz von undifferenziertem, militantem Pathos erfüllt. Doch
besann sich Majakovskij bald: Sein Zorn wendete sich nun nicht
mehr gegen ein diffuses „Germanentum", sondern gegen alle imperialistischen Länder Europas, die durch ihre Beteiligung am Krieg den
Völkern Verderben brachten. In seinem Poem „Krieg und Welt"
werden alle kriegführenden Länder aufgeführt, unter ihnen auch

---

[8] WLADIMIR MAJAKOWSKI. *Werke*, Bd. IV.I, a.a.O., S. 23.
[9] Russischer Text in: VLADIMIR MAJAKOVSKIJ. *Polnoe sobranie ...*, a.a.O., Bd. 1:
1912–1917, S. 64f. Die hier abgedruckte deutsche Fassung ist eine vorläufige
Übersetzung der Herausgeber. Das Gedicht ist, wie übrigens auch der Artikel
„Rußland. Kunst. Wir.", der hier zitiert wurde, in der deutschen Werkausgabe,
die in Zusammenarbeit mit der DDR entstand, nicht enthalten.

Deutschland: Ironisch wird der Widerspruch zwischen philosophisch-kultureller Tradition und kriegerischer Aggressivität Deutschlands berufen und zu einem paradoxen Bild verschmolzen:

> Deutschland!
> Fakultäten, Ideen,
> Bibliotheken, Museen –
> was sind sie dir nütze?
> Hau alles in die Pfanne
> der großen Geschütze!
> In Feuersbrünsten
> laß flattern die Mähne!
> deine Burschenschaft sattle
> den Immanuel Kant!
> Säbel gezückt – kategorisch-pikant
> das Messer zwischen die Zähne![10]

Zu dieser Zeit beginnt Majakovskij im Krieg eine Fortsetzung des Klassenkampfes zu sehen; die russisch-slawischen Illusionen sind längst vergessen.

Das Nachkriegsdeutschland von 1919/1920 erweckt in Majakovskij tiefes Mitleid. Mit Aufmerksamkeit verfolgt er die politischen Änderungen, schreibt über die deutsche Revolution, über den Kapp/Lüttwitz-Putsch vom 13. März 1920 und über den Vormarsch der „Roten Ruhrarmee" auf Essen am 19. März. „Warum sieht die Berliner Menschenmenge viel reicher aus als die Pariser?" fragt Majakovskij in einem Artikel von 1922. Die Antwort liegt seiner Ansicht nach darin, daß die Reichen Europas nach Berlin kommen, um vom Unglück der deutschen Inflation mit ihren starken Devisen zu profitieren. Der Entschluß Frankreichs, das Ruhrgebiet zu besetzen, empört ihn; er ist der Meinung, daß die französische Regierung die Niederlage Deutschlands „niederträchtig ausbeutet". In seinen Reiseskizzen von 1923 kann man lesen:

> „In keinem Land der Welt gibt es so viel bettelarmes Volk, das einen fast zu Tränen rührt, wie in Deutschland. Auswurf der Verelendung und Verstümmelte des Schlachtfelds."[11]

Der Verelendungszustand gilt ihm als eine momentane Auswirkung der Kriegsfolgen, dem Partner des Rapallovertrags wird trotz allem Bewunderung entgegengebracht:

> „Das ruinierte Deutschland spannt all seine Kräfte an, um seine zerstörte Volkswirtschaft wiederaufzurichten, wobei es im Vergleich mit Frankreich durch seine Erfindungsgabe und seinen kulturellen Impetus alle Welt staunen macht. Diesem Land eingehende Aufmerksamkeit zu schenken,

---

[10] WLADIMIR MAJAKOWSKI. *Werke,* a.a.O., Bd. II.I, S. 57.
[11] EBENDA, Bd. IV.I, S. 36.

von seinem technischen Erfahrungsschatz zu lernen, ist eine große und dankbare Aufgabe."[12]

Deutschland Unter dem Eindruck seiner Berliner Beobachtungen schreibt Majakovskij sein Gedicht *„Deutschland"* (Germanija, 1923).[13] Der Rapallo-Vertrag wird begrüßt, da er Deutschland und Rußland einander näherbringt, aber auf Seiten der vertragschließenden Herrscher werden eigennützige Interessen gesehen. Dem stellt Majakovskij stolz die eigene Position entgegen:

> Gleich zu Anfang
> erklärt ich
> den Krieg dem Kriege,
> spie dem Völkermord
> meine Reime ins Gesicht.

Offenbar läßt hier den Dichter sein Gedächtnis im Stich. Von aufrichtigem Solidaritätsgefühl mitgerissen, hat er die eigenen Schlachtrufe des Kriegsbeginns vergessen.

Deutschland wird im Gedicht als Nationalkörper angesprochen. Es rückt, mit einem vertraulichen „Du" bedacht, sehr nahe, auch als kollektives brüderliches „Ihr", mit dem sich der Dichter solidarisch vereint. Deutlich hervor treten die Konstituenten des Deutschlandbilds: Abgetrennt von „Staatsbelangen" und Regierung, gibt es da ein Land im physischen Sinne, seinen „Boden", darüber hinaus seine freiheitliche Tradition, die den anderen Hoffnung macht, und sein entwickeltes industriell-technisches Potential, in Majakovskijs marxistischem Weltbild ebenfalls ein Hoffnungsträger, denn es enthält das Versprechen von Wohlstand für alle.

Diesem Land nähert er sich als Sohn, ihm singt er tröstend das „Arbeiterlied" vor, von der Überzeugung getragen, daß nur die proletarische Revolution der Ausweg für das gequälte und erniedrigte Deutschland ist, daß hier seine Hoffnung, seine Zukunft liegt.

Zu gleicher Zeit schreibt Majakovskij satirische Gedichte auf die Machthaber des verelendeten Landes. Das krasseste darunter ist Hugo Stinnes (1870–1924) gewidmet, dem Schöpfer eines riesigen industriellen Imperiums, das sogar noch von den enormen Reparationen profitiert. Das Bild des Klassenfeindes, der als von einer Krawatte abgebundener Geldsack verspottet wird, erhält keine individuellen portraitartigen Züge, auch keine nationale oder nationalistisch-klischeehafte Einfärbung. Majakovskij sorgt für eine saubere, ja sterile Auslösung des Hugo Stinnes aus allen nationalen Banden, um ihn in die internationale Front des Kapitals einzureihen.

---

[12] EBENDA, Bd. IV.I, S. 37.
[13] Russischer Text in: VLADIMIR MAJAKOVSKIJ. *Polnoe sobranie* ..., a.a.O., Bd. 4: 1922– fevral' 1923, S. 49–52. Deutsche Übertragung in: Wladimir Majakowski. Werke, a.a.O., Bd. I, 1, S. 81–83.

> Keiner Sonne,
> keinem Stinnes
> sind Länder ein Sitz.
> Nationen sind ihm Fesseln.
> Der Weltweite
> frißt
> den deutschen Fritz
> und wird auch den Franzosen fressen.
> Weltkriege
> entstehn
> unterm Druck seines Schuhs,
> wo Rotten,
> sich metzelnd,
> fechten.
> Doch Stinnes
> stellt auf Deutschland
> den linken Fuß,
> aufs Gegenland
> stellt er den rechten.[14]

Das Land selbst wird unter Majakovskijs Feder hier zum riesenhaften Leib des Industriellen, die verschiedenen Elemente des National- und Wirtschaftskörpers – von Oswald Spengler, dem Künder vom Untergang des Abendlands, über die Reichsbahn bis zum Reichstag – zu seinen Organen und Gliedmaßen: Alles dient dem Profit des Hugo Stinnes. Noch schemenhafter als er bleibt in diesem Bild die Gegenkraft: das Proletariat.

In dem Gedicht *„Schon"* *(Uže, 1923)*[15] wird deutlich, daß Maja- *Schon* kovskij 1923 nicht von unbestimmten Zukunftserwartungen spricht, sondern wirklich in der Illusion befangen ist, Deutschland stehe unmittelbar vor einer Revolution.

In *Zweierlei „Berlin"* *(Dva Berlina, 1924)*[16] ein Jahr, nachdem er *Zweierlei Berlin* Deutschland als Armenhaus wahrgenommen hat, registriert Majakovskij dann erstaunt den steigenden Wohlstand des sich stabilisierenden Landes. Schon mühsamer klingt die Beteuerung der revolutionären Lage, die Beschwörung des unveränderten Elends der Arbeitervorstädte.

---

[14] Russischer Text in: EBENDA, Bd. 5: Mart – dekabr' 1923; Reklama 1923–1925, S. 129–134. Deutsche Übertragung in WLADIMIR MAJAKOWSKI. *Werke,* a.a.O., Bd. I.I, S. 102–106.

[15] Russischer Text in: VLADIMIR MAJAKOVSKIJ. *Polnoe sobranie ...,* a.a.O., Bd. 5: Mart – dekabr' 1923; Reklama 1923–1925, S. 96f. Deutsche Übertragung in: WLADIMIR MAJAKOWSKI. *Werke,* a.a.O., Bd. I.I, S. 100f.

[16] Russischer Text in: VLADIMIR MAJAKOVSKIJ. *Polnoe sobranie ...,* a.a.O., Bd. 6: 1924 – pervaja polovina 1925, S. 45f. Deutsche Übertragung in: WLADIMIR MAJAKOWSKI. *Werke,* a.a.O., Bd. I.I, S. 111f.

Die Deutschland-Gedichte Majakovskijs beruhen auf den Erfahrungen und Beobachtungen seiner häufigen Reisen. Obwohl er auch nach 1924 mehrmals Deutschland besuchte, ließ von da an sein Interesse an den Verhältnissen des Landes spürbar nach. Frankreich beschäftigte ihn nun, und vor allem die neuen Eindrücke aus Mexiko und Amerika schoben sich in den Vordergrund. Nach 1924/1925 verwandelte sich Deutschland in eine ziemlich normal funktionierende westeuropäische Demokratie. Für den bürgerlichen Staat, wie ihn die friedliche Weimarer Republik nun darstellte, brachte der Romantiker der Weltrevolution Majakovskij kein Interesse mehr auf.

Lew Kopelew

Brechts „großer Lehrer" –
Sergej Tret'jakov

Sergej Michajlovič Tret'jakov (1892–1939), geboren als Sohn einer Lehrerfamilie in Kuldyga (heute Lettland), studierte Jura in Moskau. Er wurde zum futuristischen Schriftsteller und strebte als Lyriker, Dramatiker, Essayist und Kunsttheoretiker nach revolutionären Umwälzungen auf allen Gebieten des geistigen Lebens.

Mehrere Jahre arbeitete er in fernöstlichen Gebieten Rußlands und in China. Sein Drama „Brülle, China" (Ryči, Kitaj, 1926, dt. 1929) wurde auch in Deutschland oft aufgeführt, unter anderem von Piscator in Berlin. Tret'jakov war ein leidenschaftlicher Befürworter zweckmäßig funktionaler Agitprop- und Science-Fiction-Literatur, schrieb entsprechende Stücke, Drehbücher, Gedichte und dokumentarische Werke. Er war befreundet mit Majakovskij, Eisenstein, Meyerhold und Brecht, dessen Gedichte und Dramen er selbst übersetzte, kommentierte und herausgab.

Tret'jakov reiste einige Male nach Deutschland und schrieb ein Stück, das in Deutschland spielt: „Hörst Du, Moskau" (Slyšiš', Moskva, 1923). Es war vom deutschen expressionistischen Drama beeinflußt und ist ein eher plakatives politisches Agitationsstück. Handlung und Personen sind von klassenkämpferischen Ideen bestimmt.

1929 löste er seinen Freund Majakovskij als Leiter der LEF ab. 1937, in der Zeit des blindwütigen Stalinschen Massenterrors, wurde Tret'jakov verhaftet und später umgebracht. Brecht dichtete einen poetischen Nachruf auf ihn und nannte ihn seinen „großen Lehrer". 1956 wurde Tret'jakov posthum rehabilitiert; seitdem erschienen einige Neuausgaben seiner Bücher. Die meisten seiner futuristischen und Agitprop-Arbeiten wirken heute als Zeitzeugnisse eher museal, aber manche seiner sachlichen Berichte und Essays gehören zu den bleibenden Literaturwerten des ersten Drittels dieses Jahrhunderts.

Марш-плакат

Каждая хата!
Каждый завод!
Глаза – на запад!
Кулак – на взвод.

В молоте-серпе
Огни скользят.
Больше терпеть
Рабочим нельзя.

Европе впротемь
Звенит в ушах
Рабочих сотен
Тяжелый шаг.

Заводы наши
Ревут пыхтя:
Товарищ немец,
Даешь Октябрь!

Довольно биться
В чужих когтях:
Э-гей, берлинцы,
Даешь Октябрь!

В баварский карцер
Итти-ль кряхтя?
Э-гей, баварцы,
Даешь Октябрь!

Сегодня солнце
У нас в гостях.
Э-гей, саксонцы,
Даешь Октябрь!

Вставай в железе,
Лицо коптя.
Э-гей, Силезия,
Даешь Октябрь!

Marsch-Plakat

Jegliche Kate!
Jede Fabrik!
Die Faust erhoben!
Westwärts den Blick!

Bei Hammer und Sichel:
Wer legt hier Brand?
Arbeiter, los,
Gebrauch deine Hand!

Europa, düster,
Dem dröhnt im Ohr
Das proletarisch-
Entschloßne Korps.

Es brüllen unsre
Fabriken: Drum,
Genosse Deutscher,
Oktober-Mumm!

Genug gezwiebelt
Im Zangengriff.
Berliner, pfeift den
Oktober-Pfiff!

In Bayerns Kittchen:
Wollt ihr drin schmorn?
He, Bayern, blast zum
Oktober-Sturm!

Die Sonne knallt euch
Die Pelze rot.
He, Sachsen, seid vom
Oktober-Schrot!

Steh eisern auf, das
Gesicht geschwärzt.
He, Schlesien, spreng dein
Oktober-Erz!

Быть нашей буре
На всех путях.
Э-гей, на Руре,
Даешь Октябрь!

Пора. Виднеется
Простор уже.
Красноармейцы
Настороже.

Долой банкиров!
Долой растяп!
Рабочий мира,
Даешь Октябрь!

1923

Auf allen Straßen
Sei was in Gang.
He, Ruhrpott, zieh am
Oktober-Strang!

Voran! Wir sehen
Das Ziel der Zeit.
Wir Rotarmisten
Stehn kampfbereit!

Ihr Gaffer, weg hier!
Bankiers, an die Wand!
He, Welt, erschließ dir
Oktober-Land!

1923

(Übers. von Berndt Jentsch)

Марш-плакат

Das *„Marsch-Plakat"* erschien 1923 in der Zeitung „Izvestija".[1]   *Marsch-Plakat*
Bereits der Titel des Gedichtes – die herausfordernd ungewöhnliche
Verbindung von ‚Marsch' und ‚Plakat' – ist charakteristisch für die
Ausdrucksweise damaliger avantgardistischer Literaten. Offenkundig
ist die vordergründig agitatorische Funktion dieses gereimten Aufru-
fes. In seinem Wesen entspricht er ganz den Stimmungen des Jahres,
in dem er erschien.

1923 waren die Hoffnungen auf eine proletarische, eine sozialistische Revolution in Deutschland noch recht verbreitet, schienen auch
begründet zu sein. In Dresden wurden Kommunisten zu Mitgliedern
der Landesregierung, die Reichswehrtruppen marschierten in Sachsen ein; in Hamburg kam es zu Barrikadenkämpfen. Dort und in den
Leunawerken bei Halle wurden revolutionäre Arbeiter wohl unter-
drückt, aber der Hitler-Putsch in München mißlang, und die schwarze
Reichswehr in Küstrin vermochte nicht, eine rechtsradikale Regie-
rungswende zu erreichen.

Alles war in der Schwebe. Und es waren damals sowohl in Sowjetrußland wie in Deutschland revolutionäre, kommunistische Ideen
oft auch mit nationalen, patriotischen Stimmungen verwoben (was
heutzutage so gut wie vergessen ist). Viele Menschen in Sowjetrußland empfanden und begriffen ihre Solidarität mit deutschen Arbeitern und Bauern, mit deutschen Kommunisten gleichsam im gemeinsamen Widerstand gegen den „imperialistischen Versailler Friedensvertrag" und auch gegen die „räuberische Ruhrbesetzung"; der
Geist von Rapallo[2] wurde in den Sowjetrepubliken sehr ernst genommen.

Die freundschaftliche Hinwendung zu Deutschland wurde auch
dadurch bedingt, daß man wußte: Deutsche und Russen leiden am
schwersten unter den Folgen des Weltkriegs, leiden an Hunger,
Inflation, an drastischen Ansprüchen der Entente.

Gerade 1923 löste eine neue diplomatische Offensive der konservativen britischen Regierung (Curzon-Ultimatum) eine Protestbewe-
gung in sowjetischen Republiken aus, die sowohl revolutionär, anti-
imperialistisch wie auch patriotisch war. Es glaubten viele Menschen
in Sowjetrußland und auch in verschiedenen Kreisen der Emigration
an eine schicksalhafte historische Notwendigkeit des dauerhaften

---

[1] „Marsch-Plakat": Erschienen in: „Izvestija" vom 7. November 1923.
Deutsche Übersetzung in: *Russische Lyrik. Gedichte aus drei Jahrhunderten.*
Ausgewählt und eingeleitet von Efim Etkind. München und Zürich 1981, S. 284f.
[2] Im April 1922 wurde in Rapallo der erste groß angelegte Vertrag zwischen
der RSFSR – Russische Sowjetische Föderative Sozialistische Republik – und
dem Deutschen Reich unterzeichnet, der diplomatische Beziehungen zwischen
beiden Staaten wiederherstellte und auf eine bedeutende Erweiterung wirt-
schaftlicher, politischer und kultureller Beziehungen hoffen ließ.

deutsch-russischen Bündnisses. Und es waren nicht bloß abstrakte Spekulationen oder emotionsgeladene Tagträume, um diese Zeit gab es auch konkrete „vertrauliche" Kontakte und Verbindungen zwischen den Stäben der Roten Armee und der Reichswehr; es entstanden geheime Reichswehr-Schulen: für Kampfflieger in Lipezk und für Panzeroffiziere in Volsk (damals noch Trock) an der Wolga.

In den folgenden Jahren ebbte die Flut der deutsch-russischen Freundschaftsutopien infolge der nun westlich orientierten Politik der deutschen Regierung, später der rassistischen „Ostpolitik" der Nazis ab.[3] Dennoch blieben in den späten zwanziger und den frühen dreißiger Jahren die Vorstellungen der meisten am Zeitgeschehen interessierten Menschen in der Sowjetunion über Deutschland überwiegend freundlich, nur immer konkreter politisch und „klassenkämpferisch" orientiert. Die KPD war die größte kommunistische Partei im Westen, und Deutschland litt an der Weltwirtschaftskrise schlimmer als alle anderen europäischen Staaten. Man hoffte immer noch auf ein deutsch-sowjetisches Bündnis, aber eben als ein Bündnis proletarischer, sozialistischer Staaten.

---

[3] Als 1939 der Ribbentrop-Molotov-Pakt geschlossen wurde, versuchten die offiziellen Propagandisten auf beiden Seiten die freundschaftlichen Stimmungen der zwanziger Jahre irgendwie neu zu beleben, aber das blieben zweckbewußte, künstliche und deswegen sterile Versuche.

Lew Kopelew

Der jüngste Futurist –
Semën Kirsanov

Semën Isaakovič Kirsanov (1906–1972), der Sohn eines Schneiders aus Odessa, wurde bereits mit 18 Jahren zu einem der eifrigsten Schüler von Vladimir Majakovskij. Später kam er nach Moskau als ein Aktivist der LEF, zu der auch Sergej Tret'jakov gehörte.

Kirsanov – Jüngster dieser Gruppe – war besonders durch seine formalen Experimente im Gedichtbau, durch Wortspiele und erfindungsreiche Lautmalerei bekannt. Nach dem Selbstmord von Majakovskij 1930, nach der Auflösung aller literarisch eigenständigen Gruppen und Verbände 1932 versuchte man in dem einheitlichen Schriftstellerverband (ab 1934), sowohl die ideologische als auch die ästhetische Gleichschaltung der sowjetischen Literatur durchzusetzen. Kirsanov war einer der Lyriker, die sich zeitpolitisch wohl recht eifrig anpaßten, zugleich aber das formale Experimentieren nicht aufgeben wollten.

Германия

(1914–1919)

Уплыл четырнадцатый год
В столетья – лодкою подводной,
печальных похорон фагот
поет взамен трубы походной.

Как в бурю дуб, война шумит.
Но взмаху стали ствол покорен,
и отшумели ветви битв,
подрублен ствол войны под корень.

 Фридрих Великий
  подводная лодка,
пуля дум-дум,
  цеппелин ...
Унтер-ден-Линден,
  пружинной походкой
полк
   оставляет
     Берлин.

Горчичный газ,
  разрыв дум-дум.
Прощай, Берлин,
 и – в рай! ...
Играй, флейтист,
 играй в дуду –
„Die Wacht,
   die Wacht
     am Rhein ...“

 Стены Вердена
  В зареве утр ...
Пуля в груди –
 костеней!
Дома, где Гретхен
 и старая mutter, –
кайзер Вильгельм
 на стене ...

Deutschland
(1914–1919)

Das Jahr vierzehn entschwamm
wie ein U-Boot in die Jahrhunderte weg,
das Fagott des traurigen Leichenzuges
ertönt statt der Feldzugtrompete.

Wie die Eiche im Sturm rauscht der Krieg.
Doch der Stamm unterliegt dem stählernen Schlag,
und die Zweige der Schlachten rauschen nicht mehr,
und wurzeltief der Kriegsstamm zerschlagen.

Friedrich der Große.
    Das Unterseeboot.
Dum-Dum Geschosse,
    Zeppelin ...
Unter den Linden
    im federnden Schritt
ein Regiment
                marschiert
                        aus Berlin.

Das Senfgas ätzt,
    Dum-Dum krepiert.
Leb wohl Berlin,
    ins Jenseits marsch!
Spiel auf, Flötist,
    blas Deine Flöt –
„Steh treu und fest
                die Wacht
                        am Rhein ..."

Die Mauern von Verdun
    in Morgenröten hell ...
Kugel in der Brust –
    erstarr!
Daheim, wo dein Gretchen
    und die alte *Mutter,*
Kaiser Wilhelm
    schaut von der Wand.

Военный штаб.
     Военный штамп.
Все тот же
     Фриц и Ганс,
все та же цепь:
     – В обход, на степь! –
В бинокле
                дым и газ.

   Хмурый старик,
        седина подбородка –
Людендорф:
     – Испепелим!
… Фридрих Великий
        подводная лодка,
пуля дум-дум,
        цеппелин …

Пуля дум-дум …
     Горчичный газ …
Но вот:
     – Ружье бросай! –
И вот,
     как тормоз
        Вестингауз,
рванул –
     конец –
        Версаль! …

Книгопечатня! Не найти
шрифта для перечня событий.
Вставайте, трупы, на пути,
ноздрями синими сопите!

Устали бомбы землю рвать,
штыки – в кишечниках копаться,
и снова проросла трава
в кольце блокад и оккупаций.

   Спят монументы
        на Зигес-аллее,

Der Kriegsstab.
    Die Kriegsklischees.
Immer dieselben:
    ein Fritz und ein Hans
in derselben Angriffslinie –
    von der Flanke aus, querfeldein! –
Im Feldstecher
                        Rauch und Gas.

Ein finstrer Greis,
    grau das Kinn –
Ludendorf:
    – alles zu Asche und Schutt!
… Friedrich der Große,
    das Unterseeboot!
Dum-Dum-Geschoß,
    Zeppelin …

Dum-Dum-Geschoß …
    das Senfgas ätzt …
doch nun:
    Gewehr ins Korn!
Und wie
            die Bremse
                        im rasenden Zug
ein Ruck –
            und aus –
                        Versailles! …

Die Buchdruckerei! Doch man findet nicht
Schriftzeichen genug, das Geschehen festzuhalten.
Steht auf Ihr Leichen, tretet an,
durch blaue Nüstern röchelnd.

Die Bomben habens satt, die Erde zu zerreißen,
und die Bajonette, in Gedärmen zu bohren,
und wieder wächst das Gras
trotz Blockaden und Okkupationen.

Es schlafen die Statuen
    in der Siegesallee,

полночь Берлина —
						стара …
и герр капельмейстер,
	перчаткой белея,
на службу
	идет
			в ресторан.

Там залу на части
	рвет джазбанд,
табачная
	веет вуаль,
а шибер глядит,
	обнимая жбан,
на пляшущую
				этуаль …

Дождик-художник,
	плохая погодка,
лужи то там,
				то тут …
Унтер-ден-Линден,
	пружинной походкой
красные
			сотни
					идут …

Дуют флейтисты
	в горла флейт,
к брови
	прижата бровь,
и клятвой
	на старых флагах алеет
Карла и Розы
				кровь!

1926

die Mitternacht Berlins
                    ist alt ...
der Herr Kapellmeister
    in weißen Handschuhen
geht
    zum Dienst
                in ein Restaurant.

Dort reißt eine Jazzband
    den Raum in Stücke,
der Tabakrauch
    wie ein Schleier weht,
und der Schieber gafft,
    seinen Krug umkrallt,
wie das Cabaretgirl
    die Beine schwingt ...

Der Regen als Graphiker,
    das Wetter ist schlecht,
lauter Pfützen
                hie und da ...
Unter den Linden
    im federnden Schritt
marschieren
                die roten
                    Hundertschaften ...

Die Flötisten blasen
    durch die Flötenhälse,
die Brauen
    festgeklemmt,
und wie ein Schwur
    auf alten Fahnen leuchtet rot
das Blut
        von Karl und Rosa.

1926

Kirsanovs Gedicht *„Deutschland"* *(Germanija)*[4], geschrieben *1926*   *Deutschland*
von dem zwanzigjährigen Philologiestudenten des Odessaer Instituts
für Volksbildung, ist exemplarisch für die Vorstellungen seiner Alters-
genossen, solcher, die nicht nur Zeitungen, sondern auch Bücher
lasen, die Kindheitserinnerungen an Berichte und Gerüchte aus den
Jahren des Ersten Weltkriegs hatten und nachher auch deutsche
Besatzung erlebten. Für ihn, ebenso wie für die meisten politisch
Engagierten unter seinen Kameraden, gab es keinen Deutschenhaß.
Für sie galt eine selbstverständliche Feindschaft zu dem kaiserlichen,
dem kapitalistischen Deutschland, doch sie fühlten sich geistig und
emotional mit einem anderen Deutschland verbunden, mit den
deutschen Arbeitern, vor allem mit den revolutionären Nachfolgern
von Karl Liebknecht und Rosa Luxemburg.

Die beiden Gedichte von Tret'jakov und Kirsanov gehören nicht zu
den besten ihrer Arbeiten und können kaum als poetische Werke
gelten. Doch sind sie authentische Zeitzeugnisse. So stellten sich
auch meine Schulkameraden das damalige Deutschland vor. 1927
und 1928 hörte ich, wie Kirsanov seine Gedichte rezitierte. Er kam
nach Charkov, zusammen mit Majakovskij, sie lasen öffentlich.
Majakovskij, der von uns bewunderte Dichter, stellte seinen jüngeren
Kollegen kameradschaftlich und sehr freundlich vor. Das Deutsch-
landgedicht hat mir damals sehr gut gefallen, nicht nur, weil Kirsanov
es ausdrucksvoll, rhythmisch skandierend, beinahe singend, vortrug;
auch inhaltlich empfand ich es als wahrheitstreu und politisch zutref-
fend.

---

[4] Semën Kirsanov. *Izbrannye stichotvorenija* (Ausgewählte Gedichte). Moskau 1956, S. 26–29.

Wolfgang Schlott*

Das Hohelied
der deutschen Sprache –
Osip Mandel'štam

Die Frage nach dem Ursprung der poetischen Inspirationen Mandel'štams führt uns in die Hauptstadt des zaristischen Reiches: Sankt Petersburg. Es ist das Jahr 1894. Die Familie des jüdischen Kaufmannes litauischer Abstammung, Ėmil Veniaminovič Mandel'štam und dessen Ehefrau Flora Verblovskij, ist von Warschau, dem Geburtsort ihres Sohnes Osip, nach Petersburg übergesiedelt. Für den Dreijährigen beginnt eine erlebnisreiche Zeit mit Beobachtungen und Wahrnehmungen, die über zwanzig Jahre danach in dem Essayband „Das Rauschen der Zeit" (Šum vremeni)[1] publiziert worden sind. Es handelt sich um ein kunstvolles Wortgewebe aus kulturphilosophischen Betrachtungen und Bildern einer untergegangenen Welt, in die sich häusliche und schulische Klangräume mischen: das von Talmud- und Schillerlektüre verfremdete Russisch des Vaters und die Deutschstunden an der Tenišev-Schule, einer Lehranstalt für die Söhne der hauptstädtischen Oberschicht. Die hektische Atmosphäre im Hause des Kaufmanns und Autodidakten bietet dem jungen Mandel'štam vielfältige, meist chaotische Anregungen:

---

* Der Beitrag wurde redaktionell überarbeitet und der Konzeption des Bandes angepaßt von Dagmar Herrmann.

[1] OSIP MANDEL'ŠTAM. *Sobranie sočinenij v trěch tomach* (Gesammelte Werke in drei Bden). Hrsg. von G. P. Struve und B. A. Filippov. Washington und New York 1967–1971, Bd. II, S. 45–102.

„Über den jüdischen Ruinen begann eine geschlossene Bücherfront. Das waren die Deutschen – Schiller, Goethe, Körner und Shakespeare in deutscher Übersetzung, alte, in Leipzig und Thüringen erschienene Ausgaben, klein und gedrungen, in bordeauxroten, geprägten Einbänden, mit kleinem, auf jugendlichen Scharfblick berechnetem Druck und mit Kupferstichen in antikisierendem Stil: Frauen mit gelöstem Haar, die kummervoll die Hände ringen, Lampen, die Leuchtern gleichen, Reiter mit hoher Stirn und Vignetten in Form von Weintrauben. Das waren die Bücher meines Vaters, der sich als Autodidakt aus dem Talmuddickicht in die germanische Welt durchgeschlagen hatte."[2]

Angeregt von solchen Lesefrüchten, getrieben von der Lust auf die westliche Kultur- und Bildungswelt, reist Mandel'štam in den Jahren 1907 bis 1910 mehrere Male nach Deutschland und Frankreich. Ein längerer Studienaufenthalt im Wintersemester 1909/1910 an der Heidelberger Universität erlaubt die Bekanntschaft mit der deutschen und französischen Literatur. Im Sommer des Jahres 1910 verbringt der junge Dichter, der in der Zwischenzeit mit führenden russischen Symbolisten korrespondiert, einige Wochen in Zehlendorf bei Berlin. Genügend Gelegenheit also, um sich mit der literarischen Kultur und der Lebensweise im Wilhelminischen Deutschland vertraut zu machen!

Seit 1908 werden in Rußland Gedichte Mandel'štams gedruckt. Sein Talent beeindruckt führende Dichter der Zeit um den Symbolistenführer Vjačeslav Ivanov. Der junge Poet nimmt regen Anteil an den dichtungstheoretischen Debatten seiner Zeit. Er schließt sich einer Gruppe von Dichtern an, die sich Akmeisten nennen; ihr gehören u. a. Nikolaj Gumilёv und Anna Achmatova an. Wie die Symbolisten schenken sie Fragen der Form und Technik besondere Aufmerksamkeit, doch in Opposition zu weltabgewandten, mystizistischen Tendenzen des Symbolismus erheben sie klassische Klarheit und Dinghaftigkeit in der Kunst zu ihrem Programm.

In den Revolutions- und Kriegsjahren hält sich Mandel'štam häufig im Süden Rußlands auf. Im Jahre 1919 heiratet er Nadežda Chazin, die die späteren schweren Jahre mit ihm teilt und ohne die ein Großteil seiner Gedichte verlorengegangen wäre. 1920 kehrt er nach Petersburg zurück, wo er sich von journalistischer Arbeit, Übersetzungen und Lektorentätigkeit für Gor'kijs Verlag „Weltliteratur" ernährt.

Bis 1928 gelingt es Mandel'štam, mit gewissen Einschränkungen zu publizieren. Es erscheint ein Band mit gesammelter Lyrik und Prosa unter dem Titel „Die ägyptische Briefmarke" (Egipetskaja marka). Noch reagiert die sowjetische Kritik relativ milde. Doch im gleichen Jahr setzt die systematische Verdrängung des Dichters aus der

---

[2] Osip Mandelstam: Die ägyptische Briefmarke. Deutsch von Gisela Drohla. Frankfurt/M. 1965, S. 70.

Öffentlichkeit ein. Den Auftakt bildet eine Verleumdungskampagne wegen einer angeblich plagiierten Übersetzung des „Till Eulenspiegel". 1934 wird Mandel'štam wegen eines dekuvrierenden Epigramms auf Stalin verhaftet. Dieses Ereignis markiert das Ende seiner öffentlichen Existenz. Drei Jahre Exil unter bedrückenden Umständen zunächst in Čerdyn, dann in Voroneš zerrütten seine Gesundheit und seine seelische Widerstandskraft. Todesahnungen verfolgen ihn. Ein Jahr nach der Rückkehr aus dem Exil wird er wieder verhaftet und wegen „konterrevolutionärer" Tätigkeit zu fünf Jahren Arbeitslager im Fernen Osten verurteilt. Seine Verfolgungsangst nimmt wahnhafte Züge an. Von den Mitgefangenen in der Baracke nicht mehr geduldet, haust er im Freien, an der Müllgrube, aus der er sich ernährt, wenn ihm nicht Bewunderer seiner Gedichte unter den Ärzten etwas zustecken.

Osip Mandel'štam, einer der größten modernen Dichter Rußlands, starb nach offiziellen sowjetischen Angaben am 27. Dezember 1938 im Transitlager Vladivostok.

Mandel'štams Werk gilt als schwierig. Es fand nie die weite Verbreitung, deren sich andere russische Dichter seiner Zeit erfreuen. Umfassend gebildet, bezieht er sich in seinen Gedichten auf ein weitgespanntes historisch-kulturelles Umfeld, ohne dessen Kenntnis viele seiner Gedichte unverständlich bleiben.

Wenn er auch gegen symbolistischen Mystizismus polemisiert, so negiert er nicht das Symbol. Sieht er doch dessen Wesen gerade in einer gegenstandsbezogenen Bedeutungshaftigkeit. Symbole geben dem Menschen die Macht, die Welt in ein verständliches System umzuwandeln. Diese theoretische Überzeugung schlägt sich auch in den Gedichten mit deutschen Themen nieder. Die Plastizität ihrer poetischen Bilder verbindet sich mit einer abstrakten zeitlich-räumlichen Dimension. Erlebte Begegnungen mit der anderen Kultur werden stets in weitreichenden historischen Zusammenhängen umgeformt.

Лютеранин

Я на прогулке похороны встретил
Близ протестантской кирки, в воскресенье.
Рассеянный прохожий, я заметил
Тех прихожан суровое волненье.

Чужая речь не достигала слуха,
И только упряжь тонкая сияла
Да мостовая праздничная глухо
Ленивые подковы отражала.

А в эластичном сумраке кареты,
Куда печаль забилась, лицемерка,
Без слов, без слез, скупая на приветы,
Осенних роз мелькнула бутоньерка.

Тянулись иностранцы лентой черной
И шли пешком заплаканные дамы,
Румянец под вуалью, и упорно
Над ними кучер правил в даль, упрямый.

Кто б ни был ты, покойный лютеранин, —
Тебя легко и просто хоронили.
Был взор слезой приличной затуманен
И сдержанно колокола звонили.

И думал я: витийствовать не надо.
Мы не пророки, даже не предтечи,
Не любим рая, не боимся ада,
И в полдень матовый горим как свечи.

1912

Der Lutheraner

Auf dem Spazierweg sah ich einen Trauerzug,
Am Sonntag, nah der Protestantenkirche.
Zerstreuten Sinnes nahm ich im Vorübergehen
Die grimmige Erregung der Gemeinde wahr.

Die fremde Sprache drang nicht ans Gehör,
Zu glänzen schien nur das polierte Zaumzeug,
Dumpf hallte unter trägen Hufen
Sonntäglicher Pflasterstein.

Dort im schwingenden Dunkel der Kutsche,
Wo sich die Heuchlerin Trauer verkroch,
Stumm, ohne Tränen, mit Grüßen kargt,
blitzt ein herbstliches Rosengesteck.

Die Ausländer zogen als schwarzes Band,
Zu Fuß die verweinten Damen,
Im Schleier gerötet, und unverwandt
lenkt der reglose Kutscher ins Weite.

Wer Du auch warst, seliger Anhänger Luthers,
Wurdest ohne Aufwand begraben.
Der Blick war umflort, wie der Anstand verlangt,
Und die Glocken klangen verhalten.

Da dacht ich: Wozu schöne Reden?
Wir sind nicht Propheten, nicht einmal Vorboten.
Paradies und Hölle, sie rühren uns nicht.
Wir brennen wie Kerzen im Mittagsdunst.

1912

(Übers. von Dagmar Herrmann)

Бах

Здесь прихожане дети праха
И доски вместо образов,
Где мелом Себастьяна Баха
Лишь цифры значатся псалмов.

Разноголосица какая
В трактирах буйных и церквах,
А ты ликуешь как Исайя,
О рассудительнейший Бах!

Высокий спорщик, неужели,
Играя внукам свой хорал,
Опору духа в самом деле
Ты в доказательстве искал?

Что звук? Шестнадцатые доли,
Органа многосложный крик –
Лишь воркотня твоя, не боле,
О несговорчивый старик!

И лютеранский проповедник
На черной кафедре своей
С твоими, гневный собеседник,
Мешает звук своих речей.

1913

Bach

Die Gemeinde: hier Kinder des Staubs,
Und Tafeln statt Heiligenbilder,
Wo mit der Kreide Sebastian Bachs
Nur vermerkt die Ziffern der Psalmen.

Welch ein Stimmengewirr
In lärmenden Kneipen und Kirchen,
Du aber jauchzst wie Jesaja,
Übervernünftiger Bach!

Erhabener Eiferer, hast du wahrhaftig,
Als du Choräle spieltest den Enkeln,
In des Beweises Stütze allein
Geistigen Halt zu finden geglaubt?

Was ist das, ein Laut? Sechzehntel Takte,
Der Orgel vielverwobener Schrei –
Dein Knurren, nicht mehr,
Du kauziger Alter!

Der lutheranische Pastor
Auf seiner schwarzen Kanzel
Mischt, während du zornig widersprichst,
Mit deinen den Laut seiner Reden.

1913

(Übers. von Dagmar Herrmann)

К немецкой речи

Б. С. Кузину

Себя губя, себе противореча,
Как моль летит на огонек полночный,
Мне хочется уйти из нашей речи
За всё, чем я обязан ей бессрочно.

Есть между нами похвала без лести,
И дружба есть в упор, без фарисейства,
Поучимся ж серьезности и чести
На западе у чуждого семейства.

Поэзия, тебе полезны грозы!
Я вспоминаю немца-офицера,
И на эфес его цеплялись розы,
И на губах его была Церера.

Еще во Франкфурте отцы зевали,
Еще о Гёте не было известий,
Слагались гимны, кони гарцевали
И словно буквы, прыгали на месте.

Скажите мне, друзья, в какой Валгалле
Мы вместе с вами щелкали орехи,
Какой свободой вы располагали,
Какие вы поставили мне вехи.

И прямо со страницы альманаха,
От новизны его первостатейной,
Сбегали в гроб ступеньками – без страха,
Как в погребок за кружкой мозельвейна.

Чужая речь мне будет оболочкой,
И много прежде, чем я смел родиться,
Я буквой был, был виноградной строчкой,
Я книгой был, которая вам снится.

An die deutsche Sprache

Für B. S. Kuzin

Mir zum Ruin, mir selber widersprechend,
Wie eine Motte in die Flamme schwankt,
Will ich aus unsrer Sprache fort! Aufbrechen –
Nur dem zuliebe, was ich ihr verdank.

Denn zwischen uns herrscht Lob, ohne zu schmeicheln,
Die Freundschaft lebt auch ohne Heuchelei –
So lernen wir denn Ernst und Ehre leichter
Im Westen dort, in fremder Kumpanei.

Du Poesie! Du brauchst Gewittertoben!
Erinnre mich an einen deutschen Offizier:
Um seinen Degengriff rankten sich Rosen,
Sein Mund – der Göttin Ceres nie verliert …

In Frankfurt damals, als die Väter gähnten,
Von einem Goethe war da noch kein Wort,
Ersann man Hymnen, hüpften Pferdemähnen
Und tänzelten, wie Lettern, stets an Ort.

Ihr Freunde, waren wir schon in Walhalla,
Wo man zusammen seine Nüsse knackt?
Und welche Freiheit gab es da, für alle?
Auch Wege, die ihr mir gewiesen habt?

Und gradewegs aus schönen Almanachen,
Aus ihrer Neuheit, grandios und fein,
Stiegen wir ohne Angst in unsern letzten Nachen,
Wie in den Keller, um einen Krug vom Moselwein.

Die fremde Sprache wird mir einst zur Hülle,
Und lang bevor ich's wagte: das Geborensein,
Da war ich Letter, war ich Traubenzeilen-Fülle,
Ich war das Buch, das euch im Schlaf erscheint.

Когда я спал без облика и склада,
Я дружбой был, как выстрелом, разбужен.
Бог Нахтигаль, дай мне судьбу Пилада
Иль вырви мне язык — он мне не нужен.

Бог Нахтигаль, меня еще вербуют
Для новых чум, для семилетних боен.
Звук сузился. Слова шипят, бунтуют,
Но ты живешь, и я с тобой спокоен.

август 1932

Als ich noch schlief, gesichtslos, unentwickelt,
Da weckte mich die Freundschaft wir ein Schuß.
Gott-Nachtigall, gib mir Pylades' Schicksal,
Sonst nimm mir meine Zunge – kein Verlust.

Gott-Nachtigall, sie wollen mich wieder mischen
Zu neuer Pest und Sieben Jahren Blut.
Der Laut hat sich verengt, die Worte zischen,
Du aber lebst, und ich – der in dir ruht.

August 1932

(Übers. von Ralph Dutli)

Das Gedicht *„Der Lutheraner"* *(Ljuteranin)*[3] aus dem Jahre 1912   *Der Lutheraner*
beruht auf Eindrücken, die Mandel'štam von seinem Aufenthalt in
Deutschland mitbrachte. „Ausländer" werden beobachtet, nicht die
Nationalität interessiert, sondern das, was aus der Perspektive des
russischen Beobachters als andersartig erscheint. Aus der Distanz
des Fremden heraus versucht der Beobachter mit nachdenklichem
Interesse, in Momentaufnahmen eines Begräbnisses den Geist des
Protestantismus einzufangen.

Da ist zum Beispiel die „grimmige Erregung". Die „Ausländer"
zeigen ihre Trauer nicht in der Hingabe an das Gefühl, sondern eher
in einer grimmigen Anstrengung, Haltung zu bewahren. Was hier
befremdet wahrgenommen wird, erinnert an Züge des deutschen
Nationalcharakters, wie er von Russen und anderen immer wieder
gesehen wurde und wird und wie er sich zum Stereotyp verfestigt
hat: sparsam, gestreng, gesetzt, gefühlsenthaltsam, schlicht, rational.

Die Beobachtungen dieses Gedichts über die „Ausländer" sind
jedoch an deren lutheranisches Bekenntnis und ihre Religionsaus-
übung gebunden, und so kann hier bei Mandel'štam von einer
nationalen Stereotype nicht die Rede sein. Allenfalls kann man die
Wahrnehmung von der Perspektive des Beobachters her relativieren.
Seinen Erfahrungshintergrund bildet der reich entfaltete Ritus der
russisch-orthodoxen Kirche, die Tradition der lauten Trauerklage, der
Klageweiber, in der die Trauer sich nicht wie im Gedicht „verkriecht",
sondern sich offen zur Schau stellt.

Mandel'štam stellt sich bewußt in die Tradition der russischen
Auseinandersetzung mit den Protestanten. „Der Lutheraner" knüpft
an ein bekanntes Gedicht von Fëdor Tjutčev aus dem Jahre 1834 an,
das mit den Worten beginnt:

> Ich liebe ihn, den Gottesdienst der Lutheraner,
> Ihr Ritual, bedeutsam, streng und schlicht …

Es folgt in der zweiten Strophe eine überraschende Wendung, die
die vorangegangene Liebeserklärung warnend zurückweist:

> Seht ihr denn nicht? Im Aufbruch schon,
> Zum letzten Mal der Glaube steht vor euch.
> Noch hat er nicht die Schwelle überschritten,
> Sein Haus jedoch, es steht schon leer und nackt …[4]

Sicherlich fühlt sich Tjutčev, persönlich vertraut mit dem lutherani-
schen Kirchenleben, rational von der schlichten Strenge des Protestantismus angezogen. Doch als Vertreter eines großrussischen
Panslawismus läßt er solche Sympathie nicht zu, sondern nimmt die

---

[3] Osip Mandel'štam. Sobranie sočinenij …, a.a.O., Bd. I, S. 22.
[4] Fëdor Tjutčev. *Polnoe sobranie sočinenij* (Sämtliche Werke). Hrsg. von
P. V. Bykov. Achte Auflage. Petrograd o.J., S. 80.

Rolle des Mahners und Warners ein, bis hin zur polemischen Zuspitzung: Mit der Leerung des kirchlichen Raumes werde der geistige Raum entleert und der Glaube vertrieben.

Eine solche Pointierung vermeidet Mandel'štam. Sein Beobachter bewahrt mehr Distanz.

Auch er sieht die protestantische Trauergemeinde mit kritischen Augen, will versteckte Heuchelei in der Szene entdecken.

Es mag etwas Forciertes in der Zurückhaltung der Schmerzensäußerungen liegen, in der Gesetztheit, mit der alles im schicklichen Rahmen gehalten wird. Aber wird den Trauernden ein Gefühl abgesprochen? Bei allem Befremden des Beobachters kann von einer Verurteilung der wahrgenommenen Verhaltenheit keine Rede sein. Nicht die Trauernden werden Heuchler genannt, sondern allgemeiner, abstrakter, die Trauer selbst. Würde der Beobachter eine Trauerbezeugung, wie sie seinem Kulturbereich entspräche, als „echter" empfinden? Eher scheint seine Äußerung einem tieferen menschlichen Verständnis dafür zu entspringen, daß der Trauerbezeugung immer etwas Heuchlerisches anhaften muß.

In der letzten Strophe dann wird die Protestantismuskritik des Tjutčevschen Gedichts aufgenommen – und bleibt doch verhaltener. Der Sprecher bezieht sich selbst in die Betrachtungen über die Lutheraner ein. Soweit hier Ironie aufscheint, handelt es sich gleichzeitig um Selbstironie. Der Vergleich mit den Kerzen, die im Mittagsdunst brennen, nicht wahrnehmbar und damit sinnlos, greift über die schickliche Gemessenheit der protestantischen Trauergemeinde weit hinaus und hebt die Kluft zwischen der deutschen Trauergemeinde und dem russischen Beobachter vollends auf.

Mandel'štam geht von der Konzeption einer Weltkultur aus, in der einzelne Stränge der europäischen Geistesentwicklung sich vereinigen. Eine besondere Ausstrahlungskraft hat für ihn die deutsch-österreichische Musikkultur, deren bedeutendste Vertreter ihn immer wieder beschäftigen.

Bach   Das Gedicht *„Bach"*[5] knüpft wieder an eine Besonderheit des protestantischen Geisteslebens an, in dessen Tradition das Schaffen des großen Barockmusikers steht: die Bilderfeindlichkeit. Mit leiser Ironie wird sie der Ikonenverehrung gegenübergestellt.

Wie im Gedicht zuvor die „Ausländer" in ihrer grimmigen Erregung wahrgenommen wurden, so erscheint der große deutsche Barockmusiker als ein eigensinniger Kauz, ein knurriger Alter. Die Grimmigkeit, die hier bis zur Sonderlichkeit geht, ist offensichtlich fester Bestandteil von Mandel'štams Bild deutschen Protestantismus. Doch scheint er sie nicht abzulehnen. An dem Bild, das er von Bach entwirft,

---

5 Osip Mandel'štam, a.a.O., Bd. I, S. 28.

wird deutlich, daß Eigenwilligkeit, auch wo sie an Lächerlichkeit grenzt, für ihn zur Künstlerpersönlichkeit gehören.

In scharfem Kontrast zu Nüchternheit und Schlichtheit protestantischen Kirchenlebens steht der Vergleich der Bachschen Musik mit der jubilierenden Stimmkraft des alttestamentarischen Sängers Jesaja. Und so lebt Bachs Musik von dem Spannungsfeld der Gegensätze: Sie enthält in ihrer Gewalt die Ektase, im streng aufgebauten Vokalsatz der Kantaten den Geist des Rationalismus und auf melodischer Ebene gar das Knurren des eigensinnigen alten Sonderlings.

Mit vertraulicher Ironie wird hier der Eiferer Bach, der sich dem rationalen Geist des Protestantismus verpflichtet fühlt, überführt, – fast gegen seine Absicht – eine Musik prophetischer Verzückung geschaffen zu haben. Die letzte Strophe, die den Kantor im Zwiegespräch mit dem Prediger zeigt, verdeutlicht die enge Verbindung von Zeitgeist und Schöpfertum. Die tonale Kraft der Bachschen Musik hat eine Entsprechung im streitbaren Dialog, wie er zur Tradition des protestantischen Zeitgeistes gehört, ja speist sich aus ihr.

Das Gedicht „*An die deutsche Sprache*" (*K nemeckoj reči*)[6] stammt aus dem Jahre 1932, also aus einer späteren Lebensphase als die beiden vorausgegangenen Beispiele. Es entstand in einer Zeit, in der der Dichter immer bedrohlicher von den sowjetischen Kulturfunktionären in die Enge getrieben wurde, seine Werke immer weiter aus der Öffentlichkeit verdrängt wurden.

An die deutsche Sprache

In dem Gedicht wird zunächst scheinbar ein leichter Ton angeschlagen. Der Gedanke, in die andere Sprache einzutreten, hat etwas von Spielerei, Koketterie an sich: „Ich habe Lust, aus unserer Sprache wegzugehen" heißt es wörtlich im russischen Original. Hinter der Spielerei jedoch wird tödliche Bedrohung und innere Bedrängnis sichtbar.

Die Angst, den Nachstellungen derer zu erliegen, die den Dichter zu ihrem Werkzeug machen wollen, die Angst, sich an der Zerstörung der russischen Sprachkultur mitschuldig zu machen, führt zur Entscheidung für die Flucht in die schützende Hülle der deutschen Sprache.

Beides, der Übergang zur anderen Sprache ebenso wie das Verbleiben in der eigenen Sprache, bedeutet Vernichtung der dichterischen Existenz. Die eigene Sprache ist in ihrer historisch-kulturellen Substanz nicht mehr frei verfügbar. Als stumm ergebener Freund der heilen deutschen literarischen Kultur sein Leben weiterzuführen erscheint als der einzige Ausweg.

---

[6] EBENDA, S. 190. Deutsche Übersetzung in: OSSIP MANDELSTAM: *Mitternacht in Moskau. Die Moskauer Hefte. Gedichte 1930–1934.* Übersetzt von Ralph Dutli. Zürich 1987, S. 139.

Warum zieht Mandel'štam in diesem Gedicht gerade die deutsche Sprache für eine geistige Emigration in Betracht? Obwohl er mit der deutschen Sprache und Literatur seit seiner Jugend vertraut war, kann man nicht behaupten, daß sie eine zentrale Rolle in seinem Denken einnahm. Die großen Achsen seiner Vorstellung von Weltkultur bildeten neben der russischen Tradition eher der antike römische und hellenische Geistesraum sowie das europäische Mittelalter, seine persönliche Affinität zu Frankreich war stärker als die zu Deutschland.

Einen Schlüssel zur Antwort auf die Frage enthält die Widmung des Gedichts an B. S. Kuzin. Ein begeisterter Goethekenner und -liebhaber, hat dieser Freund aus den dreißiger Jahren Mandel'štam angeregt, sich nach langer Zeit wieder mit deutscher Literatur zu beschäftigen, und es scheint nun erst die entscheidende Begegnung gewesen sein, der „Schuß", der ihn „erweckte".

Mandel'štam schlägt in den mehr oder weniger verschlüsselten Anspielungen dieses Gedichts einen Bogen von der deutschen Anakreontik über Goethe und die Romantik bis zur Moderne – scherzend greift er gar auf den Walhalla-Mythos zurück – und erweist sich hierbei als intimer Kenner deutscher Literaturtradition. „Lob, ohne zu schmeicheln," und „Freundschaft ohne Heuchelei" – so stellt sich im Gedicht das wünschenswerte Verhältnis zwischen Dichter und Sprache dar. Und so liegt denn auch in den Anspielungen auf die deutsche und germanische Kulturtradition der Ton ironischer Familiarität zwischen Freunden, die sich lange kennen.

„Ernst und Ehre" – dies sind die Begriffe, mit denen die westlichen Freunde charakterisiert werden, wobei ausdrücklich der Gegensatz zum eigenen Umfeld hervorgehoben wird, das diese Eigenschaften nicht zu beheimaten scheint. Zu seiner hohen Wertschätzung der Deutschen kommt Mandel'štam durch die Auseinandersetzung mit einem deutschen Offizier und Lyriker aus dem Zeitalter Friedrichs des Großen: Ewald Friedrich von Kleist. Er galt schon seinen Zeitgenossen als idealtypische Verkörperung von Ehrenhaftigkeit und Geradheit des preußischen Offiziers. Kleist hat den Heldentod, den er in seiner Lyrik besingt, selbst gesucht. Er fiel im Siebenjährigen Krieg in der Schlacht bei Kunersdorf 1759 im Kampf gegen russische Truppen.

Die Umstände seines Todes und sein Begräbnis stellen übrigens ein beachtenswertes Zeugnis gegenseitiger Wertschätzung zwischen Russen und Deutschen dar. Der verwundete Kleist wurde von den Siegern in das besetzte Frankfurt (Oder) geleitet und nach seinem Tod in höchsten Ehren neben einem russischen Offizier beigesetzt, der ebenfalls bei Kunersdorf gefallen war.

Die persönliche Konsequenz, trotz stark empfundenem innerem Zwiespalt angesichts seiner Doppelexistenz als Offizier und Dichter, mag Mandel'štam beeindruckt haben, mag ihm, der mit tödlicher Bedrohung zu rechnen hatte und wie Kleist von Todesahnungen verfolgt wurde, eine bedeutungsvolle Orientierung gewesen sein.

Goethe, der mit seinem Entwurf einer Weltliteratur sich in ähnlichen Dimensionen bewegt wie Mandel'štam mit seiner Konzeption einer Weltkultur, wird nur im Vorübergehen die Ehre erwiesen. Goethes Satz „Wer fremde Sprachen nicht kennt, weiß nichts von seiner eigenen" könnte eine gedankliche Folie für die Überlegungen der ersten beiden Strophen zum Verhältnis zwischen Muttersprache und Fremdsprache bilden.

Einem modernen Dichter wiederum werden ohne Namensnennung mehrere Zeilen gewidmet. Die „schönen Almanache" spielen wahrscheinlich auf ein Detail aus dem Schaffen Stefan Georges an. Seine Lyrik vermittelt das Erlebnis, wie in der Nähe zur Schönheit der Tod seinen Schrecken verliert.

Wie die von Odin versammelten toten Krieger in Walhalla gemeinsam zechend den Weltuntergang erwarten, so entwirft Mandel'štam in diesem Gedicht einen vorzeitlichen, außerzeitlichen Treffpunkt poetischer Geister, an dem er gemeinsam mit deutschen Dichterfreunden verschiedener Jahrhunderte die von keinen nationalen oder sprachlichen Grenzen beschränkte Freiheit kindlicher Unbefangenheit genießt.

In der Aufhebung der Chronologie, die zu seinen Vorstellungen eines geistigen Raumes gehört, erlebt er sich selbst als „Letter", als „Traubenzeilen-Fülle", die die Phantasie der deutschen Dichterfreunde beschäftigt, so wie ihn als Kind seinerzeit die Weintrauben-Vignetten in den deutschen Büchern seines Vaters faszinierten. In diesem geistigen Raum herrschen Gegenseitigkeit der Freundschaft und Wechselseitigkeit der Anregung.

Die Zusammenstellung deutscher Namen und Themen, die das Gedicht aufweist, erscheint auf den ersten Blick wahllos und zufällig. Bei genauerem Hinsehen jedoch zeichnet sich ab, daß bei aller Unterschiedlichkeit ein einheitliches Thema das Gedicht durchzieht: das Motiv des Todes. Mandel'štam glaubt offenbar einen thematischen Strang in der deutschen literarischen Tradition gefunden zu haben, der um die Auseinandersetzung mit dem Tode kreist: Aus den Beispielen spricht Vertrautheit, vielleicht auch Leichtigkeit im Umgang mit dem Tode. Gerade dies beschäftigt ihn in seiner bedrohlichen Lage und bietet ihm Orientierung.

In den letzten beiden Strophen verliert sich der leichte, vertrauliche Ton und weicht einem an Psalmen erinnernden Ton der Anrufung.

Angerufen wird „Gott-Nachtigall", im Originaltext eine deutschrussische Neuschöpfung: Bog Nachtigal. Die deutsche Sprache wird hier als Gott der poetischen Inspiration gesehen, dessen Name eine literarhistorische Anspielung auf die deutsche Romantik darstellt.

So endet das Gedicht, ein Zeugnis enger Verbundenheit mit deutscher Literaturtradition, mit einer Bekundung unerschütterlichen Vertrauens in ihre Lebenskraft. Daß ein russischer Dichter in äußerster Bedrängnis – seine Sprache war nicht mehr verfügbar – in der deutschen Sprache eine geistig-ethische Zuflucht sieht, macht einen deutschen Leser heute aus der Rückschau doppelt betroffen: Wurde doch seiner Sprache bald nach Entstehen des Gedichts das gleiche Schicksal zuteil.

Der hier gebotene fragmentarische Überblick über deutsche Themen im Werk Mandel'štams repräsentiert zwei Phasen seines Schaffens. Zunächst beschäftigt ihn der Geist des deutschen Protestantismus als historisches Phänomen. Dessen Bilderfeindlichkeit und Strenge befremden den Dichter, doch würdigt er ihn als Motor einer gewaltigen Kreativität. Sein Spott zielt nicht auf den Rationalismus des Bekenntnisses, sondern auf dessen Überschätzung als alleinigen Antrieb künstlerischen Schaffens. All dies prägt sein Deutschlandbild mit.

Diese Sichtweise läßt sich in Rußland historisch weit zurückverfolgen. Seit etwa dem 17. Jahrhundert wurde das Bild der Deutschen dort von den immer zahlreicheren protestantischen Kaufleuten und Fachleuten geprägt, die aus dem norddeutschen Raum und benachbarten Gebieten in das Land kamen.

Da das Verhältnis der russisch-orthodoxen Kirche zum Protestantismus spannungsfreier war als zum Katholizismus, gab es mehr Gelegenheit, seine Eigenheiten wahrzunehmen: die Verinnerlichung, negativ ausgedrückt, die Entkleidung des Glaubens von äußerem Ritus, und den Rationalismus, der das Bekenntnis begleitet. Wahrscheinlich boten die Protestanten dem russischen Beobachter gerade wegen der betonten Schlichtheit ihrer Glaubensäußerung, die sie sowohl von der katholischen wie von der russisch-orthodoxen Tradition unterscheidet, einen geeigneten Pol zur Bestimmung der eigenen religiösen Identität.

So kann man sagen, daß hier bei Mandel'štam eine traditionelle Sicht der Deutschen erscheint, die durch die Jahrhunderte währende Vertrautheit der Russen mit protestantischen Deutschen bestimmter Berufsgruppen einseitig verschoben wurde. Bayrische Frömmigkeit und rheinischer Katholizismus etwa, ebenfalls Ausprägungen deutscher Religiosität, passen in dieses tradierte Bild nicht hinein.

Im Gedicht aus der Spätphase des Mandel'štamschen Werks „An die deutsche Sprache" vernimmt man einen bisher nicht angeschlagenen Ton. Dankbar wird ein kultureller Raum wahrgenommen, der verwandte Geister beheimatet und unversehrt erscheint. Die Distanz weicht damit der Identifikation.

Aus den bisherigen deutschen Übersetzungen der Gedichte Mandel'štams können sich die Leser nur einen fragmentarischen, dafür aber Neugier erregenden Blick auf sein Werk verschaffen. Denn außer dem in diesem Beitrag angeschnittenen deutschen Assoziationsfeld erwartet sie ein kühner Flug durch die Weltkultur, gesehen durch das Prisma eines Russen, der seine Botschaften einer Nachwelt übermittelt hat, die unter den politisch-ideologischen und militärischen Auswirkungen zweier Gewaltregimes bis an den Rand ihrer ethisch-kulturellen Existenzmöglichkeit gedrängt wurde. Die grauenerregenden Bilder systematischer Vernichtung menschlichen Lebens – der der Dichter selbst zum Opfer fiel – zeichnen sich in den poetischen Visionen schon Jahre zuvor ab. In einem Gedicht aus dem Jahre 1935 heißt es:

> Reihen knochiger frierender Menschen
> Stehn zum Hungern und Töten parat –
> Und ins Grab, allbekannt ist das Ende,
> Wird gelegt, anonym, ein Soldat.[7]

Vor dem Hintergrund solcher Verbrechen an Millionen verdichtet sich die poetische Stimme Mandel'štams zu einem Appell an die Lebenden, die mit der Erinnerung an den von Deutschen begangenen Massenmord an Juden, Slawen und Zigeunern wie auch mit der Kenntnis von der Massendeportation und der Vernichtung ganzer Volksstämme unter dem Stalinschen Terrorregime weiterleben müssen. Vielleicht kann ihnen sein Werk eine Antwort auf die Frage nach der ethisch-moralischen Verantwortung von Deutschen und Russen bei der Bewahrung eines mühseligen Friedens zwischen Ost und West geben; vielleicht auch kann die enge Verknüpfung von russischer und deutscher Kultur im Werk des russischen Autors jüdischer Abstammung zur besseren Verständigung zwischen beiden Völkern beitragen. Ist dies eine zu kühne Hoffnung angesichts der schwindenden Bedeutung von Literatur im 20. Jahrhundert?

---

[7] Aus: *„Stichi o neizvestnom soldate 1"* (Verse vom unbekannten Soldaten 1). In: Ossip Mandelstam: Schwarzerde. Gedichte aus den Woronescher Heften. Russisch und Deutsch. Übertragung und Nachwort von Ralph Dutli. Frankfurt/M. 1984, S. 109.

Lew Kopelew / Johanne Peters

Marburg –
ein Dichterschicksal –
Boris Pasternak

Boris Pasternak (1890–1960) ist einer der bedeutendsten russischen Dichter dieses Jahrhunderts, der in vielen Ländern hoch geschätzt wird.

Berühmt wurde er vor allem durch seinen Roman „Doktor Živago" (1957), den Nobelpreis (1958) und die darauf einsetzenden Verfolgungen des Autors. Der Roman durfte auch Jahrzehnte nach dem Tode Pasternaks in seiner Heimat nicht erscheinen, aber seine Gedichte, Erzählungen, Essays, Übersetzungen und Nachdichtungen werden viel gelesen; jede neue Ausgabe seiner Arbeiten ist in wenigen Stunden vergriffen.

Viele junge Lyriker neuer Generationen erkennen in Pasternak ihren Vorgänger und Wegweiser.

Sein Leben und Werk waren vielfältig und untrennbar mit deutscher Kultur verbunden. Deutsche Dichtung und deutsche Philosophie, deutsche Musik und seine unmittelbaren Erlebnisse in Deutschland und mit deutschen Menschen hatten für ihn – einen durchaus russischen Dichter – zeit seines Lebens größte Bedeutung, was er selbst mehrmals zum Ausdruck brachte.

Boris Pasternak wurde in Moskau geboren. Sein Vater Leonid Pasternak war ein bekannter Maler und Kunsthistoriker, Professor an der Hochschule für Malerei, Skulptur und Baukunst. Seine Mutter Rosalia Pasternak, eine begabte Pianistin, gab ihren Beruf auf, um für Mann und Kinder, zwei Söhne und zwei Töchter, zu sorgen. Boris war der älteste; seit frühester Kindheit lebten er und seine Geschwister in einer musischen Atmosphäre, in einem offenen, gastfreundlichen Haus, atmeten den Geist der russischen Intelligenzija der Jahrhundertwende. Es war der Geist treuer Ergebenheit zu der Heimat, dem Volk und gleichzeitig aufgeklärter Weltoffenheit.

Die Kinder kannten von früh auf die Gedichte von Puškin, Nekrasov, Goethe, Schiller, Heine, Hugo; sie lasen, sprachen fließend Deutsch und Französisch. Musik – besonders die Werke der Lieblingskomponisten der Mutter, Chopin, Brahms und Schubert – erklang nicht nur zu Familienfesten, sondern auch im Alltag.

Leonid Pasternak zeichnete Illustrationen zu Tolstojs Roman „Auferstehung" und portraitierte auch den Autor und seine Angehörigen. Lev Tolstoj gehörte zum großen Freundeskreis der Familie, ebenso wie der damals berühmteste Maler Il'ja Repin und der Komponist Aleksandr Skrjabin. Rainer Maria Rilke hatte bereits während seiner ersten Rußlandreise 1899 Leonid Pasternak kennengelernt und begegnete ihm freundschaftlich noch in seinen letzten Lebensjahren.

Boris wollte als Knabe und Jüngling Musiker werden: Er komponierte bereits selbst recht ernste Klavierstücke. Er vergötterte Skrjabin, und der große Komponist urteilte wohlwollend über die Arbeiten des jungen Eiferers. Der jedoch war bereits damals schonungslos selbstkritisch: Er stellte fest, daß sein Gehör nicht „absolut" war, und verzichtete auf den musikalischen Beruf. Er fühlte sich von Dichtung und Philosophie angezogen, besonders von der Gedankenwelt der Marburger Neokantianer. Zwanzig Jahre später erinnerte er sich daran in seiner poetisch-autobiographischen Erzählung „Geleitbrief" (Ochrannaja gramota; 1931). Sie ist dem Gedächtnis Rainer Maria Rilkes gewidmet, dessen Werke für Boris Pasternak sehr früh zu einer der wichtigsten Quellen poetischer Weltauffassung wurden.

„Die Marburger Schule, Werk des genialen Cohen, von seinem Vorgänger Friedrich Albert Lange vorbereitet, der bei uns durch seine *Geschichte des Materialismus* bekannt wurde, zog mich wegen zweier Besonderheiten an. Erstens war sie unabhängig, sie riß alles bis auf die Grundfesten nieder und baute auf einem freien, weiten Platz auf. Sie hatte nichts mit der trägen Routine aller möglichen ‚Ismen' gemein, die sich stets an ihre rentable Vielwisserei aus zehnter Hand klammern, stets unwissend sind und sich aus diesem oder jenem Grunde fürchten, die jahrhundertealte Kultur der frischen Luft einer neuen Betrachtungsweise auszusetzen. Frei von terminologischer *inertia,* richtete die Marburger Schule ihr Augenmerk auf die Ursprünge, das heißt auf die echten Signaturen des Denkens, die es in der Geschichte der Wissenschaft hinterlassen hatte. Wenn die landläufige Philosophie davon handelt, wie dieser oder jener Schriftsteller denkt, die landläufige Psychologie, wie der Durchschnittsmensch denkt, wenn die formale Logik lehrt, wie man im Bäckerladen denken muß, um

richtig herauszubekommen, dann interessierte sich die Marburger Schule dafür, wie die Wissenschaft in den fünfundzwanzig Jahrhunderten ihrer ununterbrochenen Autorschaft am brennenden Anfang und am Ende

universaler Entdeckungen dachte. In einer solchen, gleichsam von der Geschichte selbst autorisierten Betrachtungsweise wurde die Philosophie wieder jung und weise, so daß man sie kaum wiedererkannte, und verwandelte sich aus einer problematischen Disziplin in die uralte Disziplin der Probleme, die sie eigentlich sein soll.
Die zweite Besonderheit der Marburger Schule ergab sich aus der ersten und bestand in ihrem gewissenhaft forschenden, anspruchsvollen Verhalten gegenüber dem historischen Erbe. Die widerliche Herablassung gegenüber der Vergangenheit war der Schule fremd; sie sah nicht verächtlich auf sie herab, als wäre sie ein Armenhaus, in dem ein paar alte Männer in abgetragenen Mänteln und Sandalen oder in Perücken und langen Röcken wirres Zeug zusammenfaseln, das man allenfalls um der Wunder des korinthischen Stils, der Gotik, des Barock oder eines anderen Architekturstils willen verzeihen kann. Die strukturelle Einheit der Wissenschaft war für die Marburger Schule ebensogut eine Regel wie die anatomische Identität des historischen Menschen. In Marburg kannte man die Geschichte durch und durch und wurde niemals müde, einen Schatz nach dem anderen aus den Archiven der italienischen Renaissance, des französischen und schottischen Realismus oder anderer wenig erforschter Schulen zutage zu fördern."[1]

Nachdem Pasternak einige Jahre in Moskau studiert hatte, kam er 1912 nach Marburg. Die Professoren, selbst Cohen, waren dem begabten jungen Philosophen gewogen.

Aber nach einer tiefen inneren Krise – die später im Gedicht „Marburg" verarbeitet wurde – hat er auch die Philosophie aufgegeben. „Leb wohl Philosophie, leb wohl Jugend, leb wohl Deutschland!"

Er reiste zurück nach Moskau und wurde Dichter.

Seine frühen Gedichte fanden wenige, aber begeisterte Leser. Der erste Lyrik-Sammelband „Zwilling in Wolken" (Bliznec v tučach) erschien 1914. In den nachfolgenden Jahren, als die meisten seiner literarischen Zeitgenossen über den Welt- und den Bürgerkrieg, über politische Leidenschaften und revolutionäre Kämpfe schrieben, dichtete er über die Natur, über geheimnisvolle Gewalten der Liebe und der Poesie. Seine Worte gestalteten eine allumfassende pantheistisch fromme Naturverbundenheit: Seine Gedanken und Gefühle – ja seine gesamte Persönlichkeit – gingen auf in einem Morgenregen oder in einem Schneesturm, in Stimmen von Bächen, Vögeln, Meereswellen, aber auch im Weichbild einer Großstadt, in irgendeinem bemerkten Gegenstand. Sowohl Menschen wie auch die von Menschenhänden erzeugten Dinge erschienen ihm als unlösbare Teile einer einheitlichen, wunderschönen und geheimnisvollen Welt:

> Und geht man über die Dorfstraße weg,
> So tappt man schon auf dem Weltall herum.

---

[1] BORIS PASTERNAK: *Geleitbrief. Entwurf zu einem Selbstbildnis.* Frankfurt/M. 1986, S. 47–48.

Als 1914 der Krieg begann, wurde Pasternak wegen einer Beinverkürzung, die er seit der Kindheit hatte, nicht einberufen; er wurde in einem chemischen Werk am Ural dienstverpflichtet. Dort begann er Prosa zu schreiben. 1922 publizierte er dann seine Erzählung „Lüvers Kindheit" (Detstvo Ljuvers), die eigentlich Anfang eines Romans werden sollte. Sein zweiter Lyrikband „Über die Schranken hinweg" (Poverch bar'erov, 1917) bekräftigte seinen Ruf als Poet. Damals waren ihm die Futuristen, besonders Vladimir Majakovskij, am nächsten. Doch er blieb auch als junger Autor ein Einzelgänger. Nach der Februar-Revolution 1917 kehrte er nach Petersburg zurück, hielt sich aber von politischen Aktivitäten abseits. In den zwanziger Jahren arbeitete er als Bibliothekar. Zu dieser Zeit heiratete er eine junge Malerin. Damals war er sich seiner poetischen Berufung bereits voll bewußt. Er schrieb und veröffentlichte Gedichte in verschiedenen Zeitschriften. Ein Gedichtband „Meine Schwester – das Leben" (Sestra moja – žizn', 1922) erschien in einem russischen Verlag in Berlin.

Bereits den jungen, wagemutig stammelnden Lyriker Pasternak schätzten die bedeutendsten russischen Autoren sehr hoch, und manche liebten ihn auch.

Marina Cvetaeva schrieb: „Pasternak wurde nicht am siebten Tag erschaffen (als die Welt nach der Erschaffung den Menschen in das ‚Ich' und alles andere auseinanderfiel), sondern vorher, in den Tagen, als die Natur erschaffen wurde. Daß er als Mensch geboren wurde, ist ein reines Mißverständnis. Pasternak ist unerschöpflich. Jedes Ding in seiner Hand, mitsamt seiner Hand und aus seiner Hand geht in die Unendlichkeit – und wir gehen mit ihm. Pasternak ist nur eine ‚invitation au voyage' zum Eröffnen seiner selbst und der Welt."[2]

Osip Mandel'štam behauptete: „Pasternaks Gedichte zu lesen, bedeutet, die Kehle zu säubern, seinen Atem zu stärken, seine Lungen zu erneuern; solche Gedichte sollten die Schwindsucht heilen."[3]

Und Rainer Maria Rilke, der die russische Literatur sehr gut kannte und verstand, schrieb am 14. März 1926 an Leonid Pasternak: „[...] der junge Ruhm Ihres Sohnes hat mich von mehr als von einer Seite her angerührt."[4] Er habe „sehr schöne", „sehr eindrucksvolle Gedichte" geschrieben.

Pasternak glaubte eine Zeitlang, daß die Oktoberrevolution letztendlich für Rußland doch günstig gewesen sei, daß sie für Millionen

[2] MARINA CVETAEVA. *Sočinenija* (Werke). Bd. 2. Moskau 1980, S. 444.
[3] Rossija 6 (1923), S. 29. Hier zitiert nach: BORIS PASTERNAK. *Stichotvorenija i poémy* (Gedichte und Poeme). Moskau und Leningrad 1965, S. 15.
[4] RAINER MARIA RILKE. *Gesammelte Briefe in sechs Bänden.* Bd. 5: Briefe aus Muzot 1921–1926. Leipzig 1940, S. 403.

Menschen einen Weg aus der jahrhundertelangen Finsternis ins Licht geöffnet hätte.

Es war aber kein blinder Glaube. Er sah in seiner Umwelt auch Schmutz und Blut, erkannte Grausamkeit und Lüge; er verschloß seine Augen nicht – im Gegenteil, er wollte die Geschehnisse begreifen. Nie wollte er sie rechtfertigen, aber immer wieder versuchte er, ihren Sinn zu erkennen, den Sinn der Geschichte.

Dieses Streben äußerte sich in den Poemen „Das Jahr 1905" (Devjat'sot pjatyj god, 1925/26) und „Leutnant Schmidt" (Lejtenant Šmidt, 1926/27), die die Ereignisse der Revolution 1905 poetisch und philosophisch deuten, und im Poem „Spektorskij" (1931), in dem der Autor sich mit seinen seelischen Erfahrungen aus der Zeit der Revolution und des Bürgerkrieges auseinandersetzt.

Zu Beginn der dreißiger Jahre war er aufrichtig bemüht, „im Einklang mit allen zu sein, und mit der Rechtsordnung auch".

1933 wurde er von den örtlichen Behörden am Ural eingeladen und vom Schriftstellerverband beauftragt, eine Zeit dort in der Nähe der Großbaustellen zu verbringen, um die Erfolge des sozialistischen Aufbaus kennenzulernen.

„Ich wollte wie alle sein, ich machte diese Reise mit dem Ziel, nachher ein Buch darüber zu schreiben. Was ich aber dort sah, kann man mit keinen Worten ausdrücken. Es war ein so unmenschliches, unvorstellbares Leiden, solche schreckliche Not, daß alles schon irgendwie abstrakt wurde, nicht vom Bewußtsein erfaßt werden konnte. Ich wurde krank. Ein Jahr konnte ich nicht schlafen."[5]

Stalin wußte aus allen Berichten, daß Pasternak absolut aufrichtig und dabei naiv war. Er selbst konnte es erkennen: Als 1934 der Dichter Osip Mandel'štam verhaftet wurde und Pasternak um seine Freilassung bat, rief Stalin bei ihm an. Er konnte nicht überhören, daß sein Gesprächspartner weder Angst vor ihm hatte noch ihn anbetete, ihm nicht schmeichelte und um nichts für sich bitten wollte. Er sagte zum Schluß: „Ich möchte noch über vieles mit Ihnen sprechen, Genosse Stalin." – „Worüber denn?" – „Über Leben und Tod." – Stalin legte auf; er hatte sich wohl überzeugt, daß dieser große Dichter so etwas wie ein Gottesnarr war, der sich nicht verstellen, nicht heucheln und schon deswegen nicht gefährlich werden kann.

Man darf annehmen, daß eine solche Stalin-Meinung zum unsichtbaren Geleit-Brief wurde, der Pasternak das Allerschlimmste er-

---

[5] OL'GA IVINSKAJA: *V plenu vremeni* (Im Bann der Zeit). *Gody s Borisom Pasternakom* (Jahre mit Boris Pasternak). Paris 1978, S. 87. Hier zitiert nach: LAZAR' FLEJŠMAN: *Boris Pasternak v tridcatye gody* (Boris Pasternak in den dreißiger Jahren). Jerusalem 1984, S. 81.

sparte, ihn jedoch nicht vor Beschimpfungen und Hetze beschützen konnte.

1936 weigerte sich Pasternak, einen kollektiven Brief zu unterschreiben, in dem André Gide für sein angeblich antisowjetisches Buch „Heimkehr aus der UdSSR" schärfstens verurteilt wurde. „Ich habe das Buch nicht gelesen."

1937, in der schlimmsten Zeit des wütenden Stalinschen Massenterrors, kam ein Vertreter des Schriftstellerverbandes zu Pasternak, er solle einen Brief unterschreiben, der dazu aufforderte, Tuchačevskij, Jakir und andere Heerführer der Roten Armee zu erschießen, da sie als Verräter angeklagt worden waren. Er lehnte es ab. Seine schwangere Frau flehte ihn vergeblich an zu unterschrieben.

Es war ja bekannt, daß eine solche Weigerung einem Selbstmord gleichkam. Er hat nicht unterschrieben. Aber am nächsten Tag erschien dieser Brief in den Zeitungen, und sein Name stand inmitten anderer Unterschriften. Pasternak ging sofort zum Sekretariat des Schriftstellerverbandes und verlangte ein Dementi. Erschrockene und wütende Sekretäre schrieen: Er wolle wegen seiner Prinzipientreue nicht nur sich selbst und seine Familie, sondern alle seine Freunde und Kollegen aus dem Schriftstellerverband ins Verderben stürzen. Sie würden ja alle sofort als Helfershelfer und Beschützer eines Volksfeindes verhaftet. Er gab auf. Doch weiterhin wurde er nicht mehr mit solchen Anliegen behelligt.

Als im Sommer 1941 der Krieg begann, wurden in der UdSSR viele deutschstämmige Sowjetbürger verhaftet, darunter auch Heinrich Neuhaus, der Musiker und Musikwissenschaftler, einer der nächsten Freunde von Pasternak (diese Freundschaft hatte schon früher eine schwere Prüfung zu bestehen: 1931 zog Zinaida, die Frau von Neuhaus, mit zwei Söhnen zu Pasternak, wurde dessen Frau, dennoch blieben sie alle miteinander befreundet). Der älteste Sohn von Neuhaus, der Stiefsohn Pasternaks, war 1941 schwer erkrankt; nach Kriegsbeginn wurde das Kinderkrankenhaus weit von Moskau verlegt. Boris Leonidovič schrieb dem Jungen, der von der Verhaftung seines Vaters erfahren hatte, daß er nicht an dessen edler Gesinnung, seiner Ehrlichkeit und seinem einwandfreien Charakter zweifeln dürfe. Er müsse ja wissen, daß viele gute Menschen verhaftet seien, und auf seinen Vater werde er immer stolz sein müssen. Pasternak schickte diesen Brief mit der gewöhnlichen Post, obwohl die militärische Zensur bereits ganz offen am Werke war.

Er half vielen Verhafteten, Freunden, Bekannten und Unbekannten und ihren Familien.

Während des Krieges lebte er wie die meisten seiner Mitbürger, er träumte vom Sieg, er wartete auf den Sieg.

1944 schrieb er ein poetisches Bekenntnis:

> Dem Träumer, der die Nacht durchwacht,
> ist Moskau das Allerliebste in der Welt.
> Hier ist er daheim, an der Urquelle
> von allem, wovon das Jahrhundert wird blühen.[6]

Bereits während des Krieges führte die siegreiche sowjetische Großmacht neue Feldzüge gegen neue, jetzt schon gegen „innere Feinde". Millionen ehemaliger Kriegsgefangener, „Ostarbeiter" und sonstiger „Kollaborateure" überfüllten Gefängnisse und Straflager; ganze Volksstämme – die Wolgadeutschen, Krimtataren, Kalmücken, Balkaren, Inguschen, Tschetschenen und andere – wurden tschingiskhanisch verurteilt, aus ihren Heimatorten Tausende Kilometer weit vertrieben.

Und bald nach dem Krieg begann ein vernichtender ideologischer Feldzug, der gegen die freien Gedanken der Wissenschaftler, gegen den freien Verkehr mit Menschen aus anderen Ländern und auch gegen das freie Schaffen der Schriftsteller, Künstler und Musiker gerichtet war. Im August 1946 wurden durch einen besonderen Beschluß des Zentralkomitees der KPdSU die große Dichterin Anna Achmatova und einer der bedeutendsten russischen Epiker, Michail Zoščenko, unflätig beschimpft, alle ihre Publikationen verboten; die Leningrader Behörden entzogen ihnen sogar die Brot- und Lebensmittelkarten.

Pasternak war schon früher mehrmals von den Parteikritikern wegen „Formalismus" und „Ideenlosigkeit" schonungslos „demontiert" worden. In den Jahren, die dem Erlaß von 1946 folgten, schlug die Kritik an ihm in eine wahre Hetze um. Pasternaks nächste Freundin Ol'ga Ivinskaja wurde 1949 verhaftet, er selbst verhört. Sie kam ins Straflager und durfte erst nach der Amnestie nach Stalins Tod zurückkehren.

In diesen Nachkriegsjahren, die für alle Völker der Sowjetunion und für ihn persönlich so schwer waren, schrieb Pasternak an seinem Roman „Doktor Živago", dichtete Goethes „Faust" nach, verfaßte Gedichte, die vom Geist des Evangeliums und von tragischer Weisheit durchdrungen sind.

> Ich wollt', ich könnte überall
> Zum Kern gelangen;
> Im Werk, in meines Weges Wahl,
> In Herzens Bangen.
>
> Zum Wesen langvergangner Stund,
> Zu ihrer Quelle,
> Zum Fundament, zum Wurzelgrund,
> Zur Herzensstelle.

---

[6] Russischer Text u. a. in: BORIS PASTERNAK. *Initialen der Leidenschaft.* Berlin (Ost) 1969. Zitat aus dem Gedicht „Vesna" (Frühling), S. 142 und 144.

Daß stets in meinen Händen blieb'
Des Schicksals Faden
In Leben, Denken, Fühlen, Lieb',
Entdeckungstaten.[7]

Die „Tauwetter"-Jahre nach dem Tode Stalins wurden zu einer Zeit neuer Hoffnungen, neuer Illusionen, aber auch mancher guter Änderungen und Neuerungen.

Diese Zeit brachte Pasternak eine Befreiung aus vielerlei Bedrängnissen. Es wurden wieder Gedichte von ihm publiziert; bereits im Frühjahr 1954 erschienen in der Monatsschrift „Znamja" (Das Banner) einige Gedichte aus dem Roman „Doktor Živago", und der Roman selbst wurde dabei erstmalig in der sowjetischen Presse angekündigt. Auch andere Zeitschriften veröffentlichten seine Gedichte und Artikel. Ein Verlag begann, einen Sammelband vorzubereiten.

Eine Sonderausgabe von „Doktor Živago" sollte gleichzeitig in Moskau und in Italien im Verlag des KP-Mitglieds Feltrinelli erscheinen. Pasternak übergab ihm das Manuskript zur Übersetzung. Aber der Roman wurde vom Redaktionsgremium der liberalsten Monatszeitschrift „Novyj mir" (Neue Welt) und auch vom Moskauer Verlag abgelehnt. Feltrinelli gab daraufhin „Doktor Živago" 1957 sowohl russisch wie italienisch heraus.

Für die meisten sowjetischen Literaten erschien dies damals als ein unerhörtes Wagnis. Mit Pasternak begann eine neue Epoche in der Geschichte der neuesten russischen Literatur. In den sechziger und siebziger Jahren waren es schon viele russische, ukrainische und andere Autoren, die ihre in der Heimat abgelehnten, verbotenen Werke im Ausland publizierten.

Die zahlreichen Ausgaben von „Doktor Živago" in verschiedenen Sprachen und Ländern und der darauf folgende Nobelpreis für Pasternak (1958) versetzten die sowjetischen Behörden in eine beinahe krankhafte Wut.

Chruščёv und der Chef der Staatssicherheit Semičastnyj beschimpften Pasternak öffentlich als einen „Abtrünnigen". Die Versammlung des Moskauer Schriftstellerverbandes beschloß einstimmig, ihn aus dem Verband auszuschließen. Die Eifrigsten verlangten, den Verräter auszubürgern und ins Ausland zu verbannen.

Boris Pasternak lehnte seinen Nobelpreis dankend ab. Er wollte nicht ausreisen, nicht emigrieren. Was ihn dazu bewegte, war nichts

---

[7] Nachdichtung von Rolf-Dietrich Keil. In: *Russische Lyrik. Gedichte aus drei Jahrhunderten.* Ausgewählt und eingeleitet von Efim Etkind. München und Zürich 1981, S. 376.

weniger als Angst vor der unbekannten, fernen Welt; von Kindheit an war er mit der westeuropäischen Kultur verbunden, verwachsen. Doch er wußte, er fühlte, daß er nirgendwo anders als in Rußland leben könnte, weil er ersticken müsse, wenn er nicht in der Atmosphäre der russischen Sprache bliebe. Und er wollte seine allerliebsten Menschen nicht verlassen.

Er litt schwer an der wilden Hetze, die von den höchsten Regierungsstellen, der gesamten sowjetischen Presse, auch von manchen „Kollegen" gegen ihn geführt wurde.

> Bin am End: ein Tier im Netze.
> Fern gibt's Menschen, Freiheit, Licht.
> Hinter mir der Lärm der Hetze,
> Und nach draußen kann ich nicht.[8]

Doch er ließ sich von all den Schimpfkanonaden geistig nicht brechen. Er widerstand ihnen auf die ihm einzig mögliche Art: Er arbeitete.

Er sagte sich nur vom Nobelpreis, nicht aber von seinem Werk los, gab all den Aufforderungen, seine „Fehler zu gestehen", nicht nach, hörte auch trotz amtlicher Warnungen und Drohungen nicht auf, mit ausländischen Freunden und Lesern zu korrespondieren. Seine Briefe aus diesen Jahren, darunter viele, die auch direkt deutsch, französisch und englisch geschrieben wurden, sind ein wesentlicher Teil seiner lyrischen Publizistik.

Im April 1960 erlitt er einen Herzinfarkt, anschließend entdeckten die Ärzte einen Lungenkrebs, der sich schnell ausbreitete.

Am 30. Mai 1960 starb er im Landhaus in Peredelkino. Der Priester der Dorfkirche zelebrierte die Totenmesse. Es war nicht einmal bekanntgegeben worden, wann und wo er begraben würde. Eine kurze Traueranzeige erschien erst am Tag nach seiner Beisetzung in einer Zeitung.

Dennoch, mehr als 2000 Menschen kamen am 2. Juni nach Peredelkino, um von ihrem Dichter Abschied zu nehmen.

Die Funktionäre des „Literaturfonds" (eine zum sowjetischen Schriftstellerverband gehörende Wohlfahrtsstiftung, deren Mitglied Pasternak geblieben war) versuchten vergeblich, als Ordner aufzutreten. Sie wollten, daß der Sarg mit einem Leichenwagen zum Friedhof gebracht würde. Aber Söhne, Freunde und Leser trugen den Sarg auf ihren Schultern zum Friedhofshügel und hinauf zu dem Grab unter den drei hohen Kiefern, die Pasternak oft aus dem Fenster seines Arbeitszimmers sah.

---

[8] Nachdichtung von Rolf-Dietrich Keil. In: Ebenda, S. 382.

Wenige Monate nach Pasternaks Tod wurde Ol'ga Ivinskaja wieder verhaftet, dieses Mal zusammen mit ihrer Tochter, und beide kamen für mehrere Jahre ins Straflager. „Doktor Živago" und die vollständigen ausländischen Ausgaben seiner Gedichte wurden bei vielen Hausdurchsuchungen konfisziert und dienten als Beweismaterial bei Anklagen wegen „Aufbewahrens antisowjetischer Literatur".

In Marburg wurde an dem Haus, in dem Pasternak mehrere Monate (1912) lebte, eine Gedenktafel angebracht; es gibt dort auch eine Pasternak-Straße.

Dagegen darf in seiner Heimat bis jetzt nur ein kleines Grabmal auf dem Hügel unter den Kiefern gegenüber seinem zerstörten Haus an den unbequemen Dichter erinnern.*

Doch sein Wort, sein Geist lebt.

---

* Als dieser Band in der Herstellung war, kamen die ersten Nachrichten aus Moskau, daß in Peredelkino ein Pasternak-Museum eingerichtet wird und „Doktor Živago" inzwischen in der Heimat des Dichters publiziert wird.

Марбург

Я вздрагивал. Я загорался и гас.
Я трясся. Я сделал сейчас предложенье, –
Но поздно, я сдрейфил, и вот – мне отказ.
Как жаль ее слез! Я святого блаженней.

Я вышел на площадь. Я мог быть сочтен
Вторично родившимся. Каждая малость
Жила и, не ставя меня ни во что,
В прощальном значеньи своем подымалась.

Плитняк раскалялся, и улицы лоб
Был смугл, и на небо глядел исподлобья
Булыжник, и ветер, как лодочник, греб
По липам. И все это были подобья.

Но как бы то ни было, я избегал
Их взглядов. Я не замечал их приветствий.
Я знать ничего не хотел из богатств.
Я вон вырывался, чтоб не разреветься.

Плыла черепица, и полдень смотрел,
Не смаргивая, на кровли. А в Марбурге
Кто, громко свища, мастерил самострел,
Кто молча готовился к Троицкой ярмарке.

Желтел, облака пожирая, песок,
Предгрозье играло бровями кустарника,
И небо спекалось, упав на кусок
Кровоостанавливающей арники.

В тот день всю тебя, от гребенок до ног,
Как трагик в провинции драму Шекспирову,
Носил я с собою и знал назубок,
Шатался по городу и репетировал.

Когда я упал пред тобой, охватив
Туман этот, лед этот, эту поверхность
(Как ты хороша!) – этот вихрь духоты –
О чем ты? Опомнись! Пропало. Отвергнут.

Marburg

Ich bebte. Ich loderte auf, wurde klein.
Ich schlotterte. Macht' einen Antrag soeben. –
Zu spät, es ging schief, und da war es – das Nein.
Ihr Weinen tat weh! Kann man heiliger leben?!

Ich trat auf den Platz. Man konnt' meinen, ich glich
Einem nochmals Gebornen. Wie Unscheinbarkeiten
Jetzt lebten und, ganz ohne Rücksicht auf mich,
Sich reckten in all ihrem Abschiedsbedeuten.

Das Trottoir glühte, des Fahrdamms Gesicht
War gebräunt, und den Himmel beäugte verstohlen
Das Pflaster, und Wind wie ein Ruderer strich
Durch die Linden. Und alles das waren Symbole.

Doch wie dem auch sei, ich entzog mich sogleich
Diesen Blicken. Ich nahm gar nicht wahr ihr Begrüßen.
Ich wollte nichts wissen von dem, was so reich.
Ich stürzte davon, um nicht heulen zu müssen.

Die Ziegel flimmerten. Mittag sah her
Auf die Dächer und zwinkerte nicht. Und in Marburg
Da bastelte pfeifend sich wer ein Gewehr,
Und wer dachte still schon an Pfingsten und Jahrmarkt.

Gelb glänzte, die Wolken verschlingend, der Sand,
In die Brauen der Büsche fuhr nahes Gewitter,
Der Himmel gerann, denn im Sturz war sein Rand
In Arnikablüten (blutstillend!) geschlittert.

An jenem Tag warst du restlos für mich,
Was sein Shakespeare dem Mimen der Vorstadt-Schmiere,
Von Kopf bis zu Fuß kannt' ich auswendig dich
Und wankte umher in der Stadt, memorierend.

Doch als ich zu Füßen dir lag und gedrückt
Diesen Nebel, dies Eis – Oberfläche, nichts weiter –
(Wie schön du doch bist!) – diesen Duft, der erstickt –
Wovon sprichst du? Besinn dich! Es war nichts. Gescheitert.

Тут жил Мартин Лютер. Там – братья Гримм.
Когтистые крыши. Деревья. Надгробья.
И все это помнит и тянется к ним.
Все – живо. И все это тоже – подобья.

Нет, я не пойду туда завтра. Отказ –
Полнее прощанья. Все ясно. Мы квиты.
Да и оторвусь ли от газа, от касс, –
Что будет со мною, старинные плиты?

Повсюду портпледы разложит туман,
И в обе оконницы вставят по месяцу.
Тоска пассажиркой скользнет по томам
И с книжкою на оттоманке поместится.

Чего же я трушу? Ведь я, как грамматику,
Бессонницу знаю. Стрясется – спасут.
Рассудок? Но он – как луна для лунатика.
Мы в дружбе, но я не его сосуд.

Ведь ночи играть садятся в шахматы
Со мной на лунном паркетном полу.
Акацией пахнет, и окна распахнуты.
И страсть, как свидетель, седеет в углу.

И тополь – король. Я играю с бессонницей.
И ферзь – соловей. Я тянусь к соловью.
И ночь побеждает, фигуры сторонятся,
Я белое утро в лицо узнаю.

1915–1928[–1956]

Hier hat Luther gewohnt. Dort – die Brüder Grimm,
Die Dächer verkrallt. Bäume. Grabsteinkonsolen.
Und all das gedenkt, zieht zu ihnen sich hin
Und lebt. Und auch das sind alles Symbole.

Ich geh morgen nicht wieder zurück. Nein, denn das
Ist mehr als nur Abschied. Eindeutig. Zu Ende.
Und ob ich wohl loskomm von Kassen, vom Gas?
Was wird aus mir werden, ihr uralten Wände?

Reisetaschen wird ringsum der Nebel verstreun,
Beide Fenster mit je einem Monde sich schmücken.
Vom Regal schleicht als Fahrgast die Sehnsucht sich ein,
Und wird mit einem Buch sich ins Sofaeck drücken.

Wovor hab ich denn Angst? Wie grammatisch das Richtige
Kenn ich Schlaflosigkeit. Wie es kommt, so vergeht's.
Vernunft? Die ist doch wie der Mond dem Mondsüchtigen.
Wir mögen uns, doch bin ich nicht ihr Gefäß.

Die Nächte, die sich ein Schachspiel erhoffen,
Sitzen bei mir im Mondschein auf dem Parkett.
Es riecht nach Akazien, die Fenster stehn offen,
Und als Zeuge wird Leidenschaft aschgrau im Eck.

König-Pappel. Ich spiel mit der Schlaflosigkeit nun.
Dame: Nachtigal. Nachtigall hält mich gebannt.
Nacht gewinnt. Die Figuren treten beiseit nun,
Und der Morgen, so bleich, wird von mir gleich erkannt.

1915–1928[–1958]

(Übers. von Rolf-Dietrich Keil)

In Pasternaks „*Marburg*"[9] kann man Fragmente eines Deutschlandbildes erkennen. Es ist nicht nur ein farbenreiches Weichbild der
alten deutschen Stadt; der Dichter sieht sie „vierdimensional", sieht
auch ihre tiefsten Verbindungen mit der Geschichte. „Hier hat Luther
gewohnt. Dort – die Brüder Grimm."

Pasternak wußte vieles über Deutschland bereits seit frühester
Kindheit aus Büchern, aus Liedern, aus Reiseberichten. Als er nach
Marburg fuhr, kamen auf ihn Bilder, Gestalten und Laute zu, die teils
überraschend neu erschienen, teils bekannte, vertraute Vorstellungen
wiederbelebten.

In seiner autobiographischen Erzählung „Geleitbrief" schildert er
sein Deutschlanderlebnis in der unnachahmbaren Pasternakschen
Prosa, wo sein „allmächtiger Gott der Details" gestaltend, reflektierend und lautmalend waltet. Manche Teile des „Geleitbriefes" sind
auch durchaus lyrische Deutschlandbilder und gehören in dasselbe
Buch wie das Gedicht über Marburg.

> „Berlin kam mir wie eine Stadt von Buben vor, denen man am Tage zuvor
> Seitengewehre und Helme, Stöcke und Pfeifen, richtige Fahrräder und
> Anzüge geschenkt hatte. Ich traf sie bei ihrem ersten Ausgang; sie hatten
> sich noch nicht an die Veränderung gewöhnt, und jeder brüstet sich mit
> dem, was er gestern bekommen hatte. In einer der vornehmsten Straßen
> sah ich Nartorps *Handbuch der Logik* im Fenster einer Buchhandlung. Ich
> ging hinein und kaufte das Buch mit dem Gefühl, daß ich den Verfasser
> morgen in Person sehen würde. Während meiner zweitägigen Reise hatte
> ich schon eine schlaflose Nacht auf deutschem Boden verbracht, und jetzt
> erwartete mich eine zweite.
> Nur bei uns in Rußland gibt es Klappbetten in der dritten Klasse, im
> Ausland hingegen muß man für die billige Beförderung zu viert auf einer
> eingesessenen Holzbank mit Armlehnen dösend die Nacht überstehen.
> Obgleich beide Bänke zu meiner Verfügung waren, hatte ich keine Lust
> zum Schlafen. Nur selten und in langen Unterbrechungen stiegen einzelne
> Reisende aus, zumeist Studenten. Sie verbeugten sich stumm und ver
> schwanden in der warmen Undurchdringlichkeit der Nacht. Schlafende
> Städte rollten unter die Dächer der Bahnsteige. Das tiefste Mittelalter
> enthüllte sich mir zum erstenmal. Seine Echtheit war frisch und erschrek
> kend wie das Original. Aus früher gelesenen Beschreibungen, die gleich
> sam verstaubte, von Historikern verfertigte Schwertscheiden waren, zog
> die Reise einen vertrauten Namen nach dem anderen stahlklirrend hervor.
> [...]
> Dem wüstenähnlichen Beton neigten sich von allen Seiten seine sechshun
> dert Jahre alten Ahnen entgegen. [...]
> Der Zug fuhr durch den Harz. Im dunstigen Morgen aus dem Walde
> springend, flog das tausendjährige Goslar wie ein mittelalterlicher Berg
> mann vorbei. Dann kam Göttingen. Die Namen der Städte wurden lauter
> und lauter. Die meisten schleuderte der Zug in voller Fahrt beiseite, ohne

---

[9] Russischer Text in: BORIS PASTERNAK. *Sočinenija* (Werke). Bd. 1: Stichi i
poėmy (Gedichte und Poeme) 1912–1932. New York 1961, S. 220f.

sich zu verneigen. Ich fand die Namen dieser abspringenden Kreisel auf
der Landkarte. Um einige von ihnen stiegen uralte Einzelheiten auf. Sie
kreisten gleich Planetentrabanten um diese Namen. [...]
In den zwei Jahren vor meiner Reise hatte ich das Wort *Marburg* beständig auf den Lippen. Jedes Geschichtsbuch für höhere Schulen erwähnte
die Stadt in dem Kapitel über die Reformation. Über Elisabeth von Ungarn,
die im 13. Jahrhundert in Marburg begraben wurde, hatte der „Posred-
nik-Verlag" sogar ein kleines Buch für Kinder herausgegeben. Jede
Biographie von Giordano Bruno zählte unter den Städten, in denen er auf
seiner verhängnisvollen Rückreise von London in die Heimat Vorlesungen
gehalten hatte, auch Marburg auf."

Im Sommer 1912 sah er die Stadt.

Die Straßen klammerten sich gleich gotischen Zwergen an den steilen
Hang. Sie lagen eine unter der anderen, und ihre Keller blickten in die
Speicher ihrer Nachbarn. Ihre Enge war mit Wundern von Spielzeugarchi-
tekturen vollgepfropft. Die oberen, vorspringenden Stockwerke ruhten auf
vorragenden Balken. Einander fast mit den Dächern berührend, streckten
die Häuser sich die Hände über die Straße entgegen. [...]
Plötzlich fiel mir ein, daß den fünf Jahren, in denen Lomonosov über dieses
holprige Pflaster gewandert war, ein Tag vorausgegangen sein mußte, an
dem er, einen Empfehlungsbrief an den Leibniz-Schüler Christian Wolff in
der Tasche, zum ersten Mal die Stadt betrat und hier noch keinen Menschen kannte."[10]

Das kurze Poem „Marburg" hat Pasternak immer wieder umgearbeitet: Bei der Erstveröffentlichung in dem Buch „Über die Schranken
hinweg" (Poverch bar'erov, 1917) war es mit 1915 datiert und hatte
28 Strophen (83 Zeilen). 1926 in „Ausgewählte Gedichte" (Izbrannye
stichotvorenija) blieben nur 8 Strophen. Zwei Jahre später erschien
es in der Zeitschrift „Zvezda" (Stern) Nr. 9 gründlich umgearbeitet,
aber wieder mit 20 Strophen; dieser Text war auch in den neuen
Ausgaben von „Über die Schranken hinweg" 1929 und 1931 enthalten sowie in einzelnen Sammelbänden. 1945 in „Ausgewählte Gedichte und Poeme" (Izbrannye stichotvorenija i poėmy) erschien er
um zwei Strophen kürzer und mit mehrfachen Veränderungen. 1957
bei der letzten Bearbeitung hat Pasternak wieder einige Strophen
gestrichen — es blieben 14; so erschien es auch in der Ausgabe
seiner Werke in Michigan (USA).[11] Manchmal waren es wesentliche
Veränderungen. Er befaßte sich mit diesem Gedicht mehr als mit
allen anderen, die er ja auch immer wieder, stets mit sich selbst
unzufrieden, änderte, kürzte oder ergänzte.
Mehrere wichtige Ereignisse im Leben und in der geistigen Entwicklung Pasternaks bestimmten die besondere Bedeutung eben

---

[10] BORIS PASTERNAK: *Geleitbrief*, a.a.O., S. 44–51.
[11] *Boris Pasternak, 1890–1960. Colloque de Cerisy-la-Salle* (11.–14. Sept.
1975). Paris 1979, S. 290–291.

dieses Gedichts. Seine Schwester Josephine Pasternak schrieb in einem Sammelband der Marburger Universität:

> „Der Aufenthalt in Marburg wurde für Boris Pasternaks Zukunft entscheidend. Dort geschah es, daß er über Nacht aus einem Suchenden ein Dichter wurde. Gewiß, er hatte auch früher einmal geschrieben, aber es waren nur vereinzelte Versuche gewesen, die der Verfasser selbst als ‚unglückliche Schwäche‘ bezeichnete, von der ‚nichts Gutes zu erwarten war‘. Auch wurden diese ‚Merkmale der Unmündigkeit‘ sorgfältig verborgen.
> Ein Kapitel seines autobiographischen Werkes ‚Sicheres Geleit‘[12] ist Marburg gewidmet. Das Gesicht der Stadt, ihre Topographie, ihre Geschichte, ihr Geist und ihre Menschen verschmelzen in Pasternaks Erlebnis seines Marburger Sommers zu einem organischen Ganzen."[13]

Dieses „organische Ganze" umfaßt intim persönliche Erlebnisse, lyrische Aussagen, weltanschauliche Bekenntnisse, ein schicksalhaft neues Sich-selbst-Begreifen und zugleich das Erlebnis der Stadt Marburg in ihrer alltäglichen Gegenwart und farbenreichen Vergangenheit. – Diese vielfältige, ja vieldimensionale Ganzheit bestimmt die Entstehungsgeschichte des Gedichts und seine außerordentliche Bedeutung in Pasternaks Dichterleben.

Der Schmerz, der Liebeskummer, das Nein der Geliebten, die weinend ihn abgewiesen hatte, wirkten auf ihn zugleich befreiend, sogar irgendwie beglückend; „Kann man heiliger leben?!"

Die tiefste seelische Erschütterung und die Erkenntnis dieser Einheit von Trauer und Glück, von tiefster Einsamkeit und einer freudigen, ja lustvollen Verbundenheit mit der Stadt und der Natur, mit Menschen und Bäumen und Bauten führten ihn aus der bedrückenden Verlorenheit zu plötzlichem Sich-selbst-Finden. Endgültig erkannte er sich als Poet, er nahm Abschied von der Philosophie, von Cohen, ebenso wie zuvor von der Musik.

Es war eine entscheidende Schicksalswende. Er wurde ein Dichter, er wurde der Pasternak, den heute die Welt kennt. Das alles geschah in Marburg, im Sommer 1912, und kam zum Ausdruck in „Marburg" 1915 [1917].

Allein schon die letzten Daten sind bedeutend. Boris Pasternak, den man oft als verträumten Eremiten der russischen Poesie, als einen weltfremden Egozentriker darstellt, hat sich in diesen Jahren des Kriegs, der heftigsten deutschfeindlichen Propaganda enthusia-

---

[12] Pasternaks Autobiographie erschien in deutscher Sprache zuerst unter dem Titel „Geleitbrief" 1958. Das gleiche Werk erschien 1959 mit dem Titel „Sicheres Geleit" in: Boris Pasternak. Gedichte, Erzählungen. „Sicheres Geleit". Frankfurt/M. und Hamburg 1959.

[13] JOSEPHINE PASTERNAK: *Neunzehnhundert-Zwölf.* in: Alma Mater Philipina. Wintersemester 1971/72. Marburg (Lahn), S. 40.

stisch zu seinem Marburg, zu der Stätte des deutschen Geisteslebens, bekannt und seine seelische Verbundenheit mit ihm poetisch
verkündet. Damit wurde er, der stets Einzelgänger war, zu einem
Mitglied in der Reihe russischer Lyriker, die sich wie Cvetaeva, Vološin, Bagrickij den bösen Geistern des Völkerhasses direkt widersetz-
ten oder wie Anna Achmatova und Gumilëv diese Geister einfach
mißachteten.

Pasternaks Marburg verkörpert ein an und für sich einmaliges
Ereignis — die schicksalhafte Verbindung des russischen Dichters mit
der deutschen Stadt. Es ist ein Edelstein in dem großen Mosaik
deutsch-russischer Spiegelungen und ein Glied der wunderbar ver-
wobenen Kette, die zwei Nationen, zwei Nationalkulturen unlösbar
miteinander verbindet.

Henning Sietz

Dem Verhängnis zum Trotz –
Maksimilian Vološin

Maksimilian Aleksandrovič Kirienko-Vološin wurde am 28. Mai 1877 in Kiev geboren. Zwei Jahre nach seiner Geburt trennten sich seine Eltern. Fortan wuchs der Junge bei seiner Mutter Elena Ottobal'-dovna auf, einer tatkräftigen Frau mit deutschen Vorfahren: Ihr Vater war ein Deutscher, der eine Deutschrussin geheiratet hatte.[1]

Kindheit und frühe Jugendjahre verbrachte „Maks", wie er in der Familie und von Freunden genannt wurde, in Moskau. 1893 zog Elena Ottobal'dovna mit ihrem Sohn in das Koktebel'-Tal an der östlichen Krimküste nahe Feodosija. Diese karge, sonnenverbrannte Felslandschaft, die für Vološin biblische Geschichte und griechisch-antiken Raum verkörperte, sollte zu seiner Heimat werden, deren Charakter er später mannigfach in seinen Gedichten und Aquarellen festhielt.

Nach dem Abschluß des Gymnasiums ging Maks Vološin 1897 nach Moskau, um Rechtswissenschaft zu studieren. Da er sich im März 1899 bei einem Studentenstreik hervortat, wurde er zunächst für ein Jahr zwangsexmatrikuliert und aus Moskau verbannt. Später wurde ihm jegliches Studium in Rußland untersagt.

---

[1] Zur Biographie Vološins vgl. IGOR' T. KUPRIJANOV: *Sud'ba poéta. Ličnost' i poézija Maksimiliana Vološina* (Das Schicksal eines Poeten. Persönlichkeit und Dichtung Maksimilian Vološins). Kiev 1978; ebenso CLAUDIA WALLRAFEN: *Maksimilian Vološin als Künstler und Kritiker*. München 1982 (= Slavistische Beiträge, Bd. 153).

1899 und 1900 unternahm Vološin weite Reisen nach Westeuropa, die ihn auch nach Deutschland und Österreich führten. Er beschloß, in Frankreich zu studieren.

In Paris bildete sich Maks Vološin zum Maler und Lyriker, Übersetzer und Kunstkritiker aus. Er lernte zahlreiche Künstler kennen, studierte Kunstgeschichte, übersetzte symbolistische Lyrik ins Russische und arbeitete als Korrespondent der Zeitschrift „Vesy" (Die Waage) und der Zeitung „Rus'".

1903 lernte Maksimilian Vološin die Malerin Margarita Vasil'evna Sabašnikova kennen, die später Mitarbeiterin Rudolf Steiners wurde. 1906 heirateten sie, ein Jahr später trennten sie sich.

Vološin war Kriegsgegner.[2] Bezeichnend für seine Haltung während der ersten beiden Jahre des Weltkriegs war die Absicht, den Militärdienst aus ethischen Gründen zu verweigern. Um den Behörden seine Einstellung darzulegen, reiste er im April 1916 nach Petrograd. Auf das Schlimmste gefaßt, wurde er aber wegen Asthmas und einer kranken Hand vom Militärdienst befreit.

1916 ließ sich Vološin endgültig in Koktebel' nieder, wo Elena Ottobal'dovna ihrem Sohn ein eigenes Haus erbaut hatte. Dort wohnten beide mit knapp bemessenen Mitteln, was sie aber nicht hinderte, im Sommer über Monate Dutzende von Gästen zu beherbergen – vor allem Literaten und Künstler, unter ihnen Marina Cvetaeva, Osip Mandel'štam, Andrej Belyj, Il'ja Ėrenburg und Aleksej Tolstoj.

Maksimilian Vološin war während des Bürgerkriegs auf der Krim mannigfachen Gefahren ausgesetzt. Er empfand ihn als sinnlosen Brudermord. Er selbst stand über den Fronten, doch er blieb nicht passiv-neutral. Er beschützte die Roten vor den Weißen und die Weißen vor den Roten.

> „Ein roter Führer und ein weißer Offizier,
> Fanatiker unversöhnlicher Glaubensbekenntnisse,
> Suchten hier im Haus des Dichters
> Zuflucht, Schutz und Ratschlag.
> Ich tat alles, die Brüder zu hindern,
> einander zu morden, sich selbst zu vernichten."[3]

Die Ereignisse dieser Zeit beschrieb Vološin in „Gedichte über den Terror" (Stichi o terrore).

Daß er den Terror des Bürgerkriegs überlebte, hängt zum einen mit der allgemeinen Achtung zusammen, die man ihm aufgrund seiner

---

[2] Seine Gegnerschaft zum Krieg war vor allem religiös bedingt, nicht politisch. Allerdings spielten nach Ausbruch der russischen Revolution auch politische Überlegungen in seine Haltung hinein, vgl. Anmerkung 16.

[3] MAKSIMILIAN VOLOŠIN: *Dom poeta* (Das Haus des Dichters). In: M. V. Stichotvorenija. Leningrad 1977, S. 331.

bedingungslosen humanistischen Haltung entgegenbrachte. Zum anderen war er durch ein von Trockij und Kamenev unterzeichnetes Schutztelegramm zeitweise in Sicherheit. Maksimilian Vološin starb am 11. August 1932 an einem Lungenemphysem.

Wer Vološin kannte, war von seinem skurrilen Äußeren beeindruckt oder gar belustigt. Ein Zeitgenosse sah den Dichter auf der Krim „[...] in einem knielangen, primitiven Leinenhemd, gegürtet mit einem Leinenstrick. Sandalen an den nackten Füßen. Die ungestümen Haare umwunden mit einer geflochtenen Schnur, wie das in alter Zeit die zottigen Schuster taten. Doch diese Schnur ist geflochten aus grauem Wermut. Ein naives und kummervolles Kränzchen krönte sein undurchdringliches Haupt."[4]

---

[4] EVGENIJA GERCYK: *Vospominanija* (Erinnerungen). Paris 1973, S. 77.

Душно в комнате! Как только
Снег растает над лугами, —
Закажу себе ботинки
С двухдюймовыми гвоздями.

Приготовлю „Lederhosen“,
Альпеншток с крюком из рога,
„Rückensak“ себе достану,
Колбасы возьму немного.

И лишь первый луч заглянет
В запыленное оконце –
Набекрень надену шляпу,
Порыжелую от солнца.

И пойду себе я в горы
С неизменным красным гидом,
Поражая и пугая
Всех идущих диким видом.

[...]

Начало 1900?

Im Zimmer ist es stickig! Sobald
Der Schnee taut auf den Wiesen,
Bestelle ich mir neue Schuhe,
Und zwar mit zwei Zoll starken Nägeln.

Die „Lederhosen" richte ich,
Den Alpenstock mit Griff aus Horn,
Den „Rückensak" hol' ich hervor,
Ein wenig Wurst dazu.

Und schaut der erste Sonnenstrahl
Ins vollgestaubte Fensterchen hinein,
Setz' ich mir schief den Hut,
Den von der Sonne schimmerroten Hut aufs Ohr.

Dann geh' ich in die Berge
Mit meinem alten, roten Reiseführer
Und bringe alle, die da kommen,
Durch meinen Anblick rasch in Furcht und Schrecken.

[…]

Anfang 1900?

(Übers. von Henning Sietz)

Тангейзер

Смертный, избранный богиней,
Чтобы свергнуть гнев оков,
Проклинает мир прекрасный
Светлых эллинских богов.
Гордый лик богини гневной,
Бури яростный полет.
Полный мрак. Раскаты грома …
И исчез Венерин грот.
И певец один на воле,
И простор лугов окрест,
И у ног его долина,
Перед ним высокий крест.
Меркнут розовые горы,
Веет миром от лугов,
Веет миром от старинных
Острокрыших городков.
На холмах в лучах заката
Купы мирные дерев,
И растет спокойный, стройный
Примиряющий напев.
И чуть слышен вздох органа
В глубине резных церквей,
Точно отблеск золотистый
Умирающих лучей.

Андорра, 1901

Tannhäuser

Um den Zorn der Augen abzuschütteln,
Bannt der Sterbliche, der von der Göttin Auserwählte,
Durch den Fluch die schöne Welt
Edler Götter der Hellenen.
Stolz das Antlitz der erbosten Göttin,
Voller Wut der Flug des Sturms.
Tiefste Finsternis und Donnergrollen …
Und es schwand die Venusgrotte.
Und der Sänger ist in Freiheit,
Und ringsum die Wiesen weit,
Und zu Füßen liegt sein Tal,
Vor ihm steht ein hohes Kreuz.
Rosarote Berge werden fahl,
Friede weht vom Acker,
Friede weht herüber von den alten
Städtchen mit den spitzen Dächern.
Ruhig stehen Bäume gruppenweise
Auf den Hügeln in der späten Sonne.
Und verhalten hebt die schöne
Weise voller Frieden an.
Und im Innern der geschnitzten Kirchen
Ist das Orgelseufzen kaum zu hören,
Gleich dem goldnen Widerschein
Sterbender Strahlen des Lichts.

Andorra, 1901

(Übers. von Henning Sietz)

Под знаком Льва

М. В. Сабашниковой

Томимый снами, я дремал,
Не чуя близкой непогоды;
Но грянул гром, и ветр упал,
И свет померк, и вздулись воды.

И кто-то для моих шагов
Провел невидимые тропы
По стогнам буйных городов
Объятой пламенем Европы.

Уже в петлях скрипела дверь
И в стены бил прибой с разбега,
И я, как запоздалый зверь,
Вошел последним внутрь ковчега.

август 1914, Дорнах

Im Zeichen des Löwen

M. V. Sabašnikova gewidmet

Gequält von Träumen schlummerte ich
Und spürte nicht den nahen Sturm;
Doch Donner krachte, Winde stürzten,
Das Licht erlosch, Gewässer stiegen an.

Für meine Schritte legte einer
Nicht wahrnehmbare Pfade an
Durch Straßen aufgewühlter Städte,
Umfangen von Europas Brand.

Schon qietschten Türen in den Angeln,
Die Brandung klatschte an die Wand,
Und ich, als spät gekommnes Tier,
Betrat zuletzt das Innere der Arche.

August 1914, Dornach

(Übers. von Henning Sietz)

Над полями Альзаса

Ангел непогоды пролил огнь и гром,
Напоив народы яростным вином.

Средь земных безлюдий тишина гудит
Грохотом орудий, топотом копыт.

Преклоняя ухо в глубь души, внемли,
Как вскипает глухо желчь и кровь земли.

сентябрь 1914, Дорнах

Über den Feldern des Elsaß

Der Engel des Sturms goß Brand und Donner aus
Und tränkte die Völker mit Zorneswein.

Wo Ödnis herrschte, dröhnt die Stille:
Geschütze donnern, Hufe stampfen auf.

In die Seele tief das Ohr gesenkt zu lauschen,
Daß dumpf der Erde Blut und Galle schäumt.

September 1914, Dornach

(Übers. von Henning Sietz)

Мир

С Россией кончено … На последях
Ее мы прогалдели, проболтали,
Пролузгали, пропили, проплевали,
Замызгали на грязных площадях,
Распродали на улицах: не надо ль
Кому земли, республик да свобод,
Гражданских прав? И родину народ
Сам выволок на гноище, как падаль.
О, Господи, разверзни, расточи,
Пошли на нас огнь, язвы и бичи,
Германцев с запада, монгол с востока,
Отдай нас в рабство вновь и навсегда,
Чтоб искупить смиренно и глубоко
Иудин грех до Страшного Суда!

23 ноября 1917, Коктебель

Der Friede

Rußland ist am Ende ... zuletzt
Haben wir es zerredet, zerschwätzt,
Bloßgelegt, versoffen, ausgespien,
Verdreckt auf schmutzigen Plätzen,
Auf den Straßen verkauft: Braucht nicht
Jemand ein Stück Land, Republiken oder Freiheit,
Bürgerrechte? Und das Volk, es zerrt die Heimat
Auf den Mist wie ein Stück Aas.
O Herr, reiß die Erde auf, vertreib uns,
Schick uns Brand, Pest und Plage,
Schick von Westen uns die Germanen, von Osten die Mongolen,
Gib uns wieder fort als Sklaven,
Daß in Demut und vollkommen
Wir des Judas Sünde büßen bis zum Jüngsten Tag.

23. November 1917, Koktebel'

(Übers. von Henning Sietz)

Порох

1
   Права гражданские писал кулак,
Меч – право государственное, Порох
Их стер и создал воинский устав.

2
   На вызов, обращенный не к нему,
Со дна реторт преступного монаха
      Порох
Явил свой дымный лик и разметал
      Доспехи рыцарей,
      Как ржавое железо.

[…]

28 января 1922, Коктебель

Das Pulver

1
   Die Bürgerrechte schrieb ein Bauer,
Das Schwert war Reiches Recht, das PULVER
Wischte sie hinweg und schuf die Ordnung des Soldaten.

2
   Ein Ruf, der ihm nicht galt:
Vom Grunde der Retorte des verbrecherischen Mönchs
     Hob das PULVER
Sein qualmendes Gesicht und fegte
     Die Rüstungen der Ritter fort
     Wie rostbedecktes Eisen.

[…]

28. Januar 1922, Koktebel'

(Übers. von Henning Sietz)

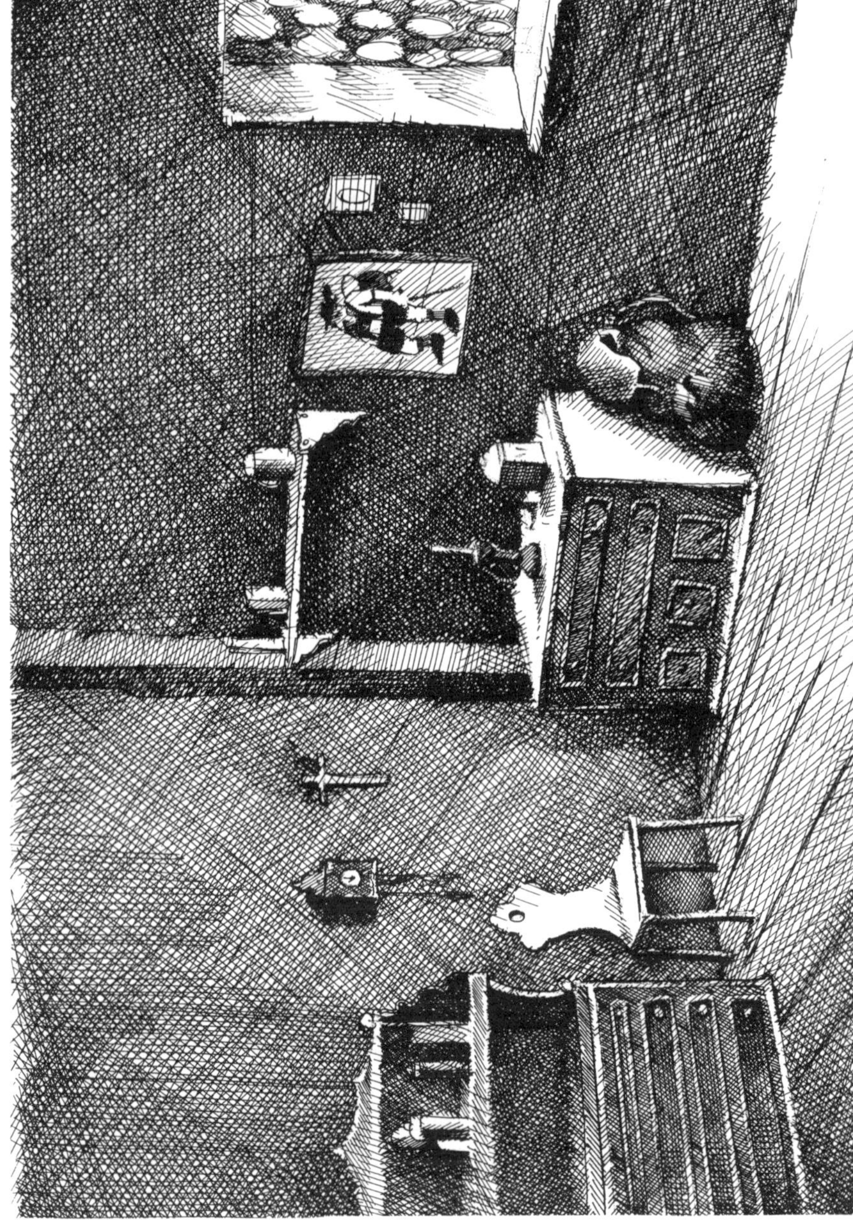

Bevor Maksimilian Vološin 1899 und 1900 auf seinen Reisen nach Westeuropa auch Deutschland kennenlernte, hatte er bereits mehrfach Berührung mit der deutschen Kultur gehabt. Der deutschen Sprache mächtig, übersetzte er während der Gymnasialzeit Gedichte von Ferdinand Freiligrath, Heinrich Heine, Nikolaus Lenau und Ludwig Uhland ins Russische. Im Mai 1900 veröffentlichte er in der Zeitschrift „Russkaja mysl'" (Der russische Gedanke) seine erste Kunstkritik unter dem Titel „Zur Verteidigung Hauptmanns" (V zaščitu Gauptmana)[5]. Darin kritisierte er die Übersetzungen der Dramen „Hannele" und „Die versunkene Glocke" von Gerhart Hauptmann durch seinen Landsmann Konstantin Bal'mont.

Während sich die erste Deutschlandreise 1899 nicht in der Lyrik des angehenden Dichters bemerkbar machte, verfaßte Vološin auf seiner zweiten Reise durch Westeuropa einige Gedichte, die sich mit Bauwerken, Landschaft und Lebensweise im deutschsprachigen Raum befassen, unter ihnen ein verschollenes Gedicht über den Stefansdom in Wien, eine phantasmagorische Darstellung der Donaulandschaft mit dem Titel „Auf der Donau" (Na Dunae) und das rührend naive Gedicht *„Im Zimmer ist es stickig!" (Dušno v komnate!)*.[6]

Im Zimmer ist es stickig!

Der angehende Lyriker hatte sich vermutlich auf seiner Reise durch die Donaumonarchie von der deutschen Sprache sowie von verbreiteten Wandergepflogenheiten zu diesem schwungvollen Jugendgedicht anregen lassen. Vološin verwendete im Gedicht die Wörter „Lederhosen" und „Rückensak" (sic), weil er offensichtlich auf ihre besondere Bedeutungsschattierung Wert legte; das Wort „Alpenstock" existierte im Russischen bereits als Lehnwort.

Das Gedicht mit jener klassischen Motivierung des Wanderns („Im Zimmer ist es stickig!") ließe sich durchaus als ironische Überzeichnung eines gewissen Talents der Deutschen lesen, Steckenpferde mit übertriebener Ausstattung zu betreiben – schließlich hat sich der Wandersmann geradezu professionell ausgerüstet. Er braucht Schuhe mit Nägeln, Lederhosen und „Rückensak", Alpenstock, Hut, Reiseführer und Proviant. Doch von Maksimilian Vološin ist bekannt, daß er ein inniges Verhältnis zum Wandern und Marschieren hatte. Als Wanderer war er gefürchtet, Zeitgenossen sagten über ihn, er habe sein „Fußgängertum" liebevoll gepflegt.[7] So liegt der Schluß

---

[5] MAKSIMILIAN VOLOŠIN: *V zaščitu Gauptmana* (Zur Verteidigung Hauptmanns). In: Russkaja mysl' (Der russische Gedanke) 5(1900), S. 193–200.

[6] MAKSIMILIAN VOLOŠIN: *Stichotvorenija i poèmy v dvuch tomach* (Gedichte und Poeme in zwei Bänden). Hrsg. von B. A. Filippov, G. P. Struve und N. A. Struve. Paris 1982 und 1984, Bd. 2, S. 265f.

[7] MARINA CVETAEVA: *Živoe o Živom* (Lebendiges über einen Lebendigen). In: Marina Cvetaeva: Sočinenija v dvuch tomach (Werke in zwei Bänden). Bd. 2, Moskau 1984, S. 175–234. Dort S. 233.

nahe, daß Vološin sich dem mitteleuropäischen Brauch des Wanderns spielerisch, aber nicht ironisch bis in die Sprache hinein angenähert hat. Das Gedicht ist ein Loblied auf die sprichwörtliche deutsche Wanderlust.

Zwischen der Jahrhundertwende und dem Ausbruch des Ersten Weltkriegs sind keine Gedichte Vološins bekannt, die auf Deutschland oder die deutsche Kultur Bezug nehmen. Das ist erstaunlich, kam der Lyriker doch auf seinen zahlreichen Reisen auch nach Deutschland, wo er oft Gelegenheit hatte, sich in Vorträgen Rudolf Steiners mit der mystischen Lehre des Begründers der Anthroposophie vertraut zu machen.[8] Erst mit Ausbruch des Ersten Weltkriegs nehmen die Äußerungen Vološins über Deutschland spürbar zu.

1914 arbeitete Vološin an einer Monographie über den „Geist der Gotik". Um Material für sein neues Buch zu sammeln, reiste er am Vorabend des Ersten Weltkriegs in die Schweiz. Seine Erlebnisse während der Fahrt beschrieb er in dem Gedicht *„Im Zeichen des Löwen"* (Pod znakom L'va)[9], das er Margarita Sabašnikova (Margarita Vološina) widmete, die ihn zu dem Aufenthalt im Westen eingeladen hatte. Die Russin lebte damals in Dornach bei Basel, wo Rudolf Steiner mit seinen Schülern das Goetheanum errichten wollte, ein anthroposophisches Zentrum und Bauwerk, das die Vereinigung der Nationen und Religionen symbolisieren sollte.

Der Titel des Gedichts „Im Zeichen des Löwen" zielt auf den Ausbruch des Ersten Weltkriegs im Sternzeichen des Löwen. Folgende Ereignisse liegen dem Gedicht zugrunde: Auf seiner Reise durch Europa erfuhr Maks Vološin in Budapest vom Ausbruch des Kriegs. Nur unter den größten Schwierigkeiten gelangte der Russe über die deutsche Grenze in die Schweiz. Am späten Abend des 31. Juli 1914 traf er mit dem letzten Zug in Dornach ein. Danach wurde die Grenze geschlossen. Seine unruhige Reise durch ein Europa, dessen Staaten sich zum Krieg rüsteten, ließ Vološin das Goetheanum auf einem der Hügel bei Dornach wie die Arche Noahs erscheinen, die er als letztes Wesen vor der Katastrophe betrat.

Am Goetheanum arbeiteten Menschen aus achtzehn Nationen mit[10], unter ihnen der russische Dichter Andrej Belyj und die Künstle-

Im Zeichen
des Löwen

---

[8] Die Auffassung, man könne die Gedichte Vološins ohne eingehende Kenntnis der Lehre Rudolf Steiners nicht verstehen, ist meiner Meinung nach übertrieben. Vološin hat zwar die Vorträge Steiners mit großem Interesse verfolgt, doch hielt sich der Einfluß der Anthroposophie auf seine Lyrik in Grenzen. Die Anthroposophie war nur eine spirituelle Lehre unter vielen im Leben des Dichters. Vgl. HENNING SIETZ: *„In diesen Tagen großen Kampfgetöses". Maximilian Woloschin – Ein Porträt.* In: Zeitschrift „Info3" 1(1987). 5. 1. 1987, S. 16–21.

[9] MAKSIMILIAN VOLOŠIN, a.a.O., Bd. 1, S. 192f.

[10] MARGARITA WOLOSCHIN: *Die grüne Schlange. Lebenserinnerungen einer Malerin.* Frankfurt/M. 1985, S. 293.

rin Asja Turgeneva. Das Leben an diesem Sammelplatz der Nationen war nicht frei von Spannungen, wie Margarita Vološina in ihren Erinnerungen „Die grüne Schlange" beschrieb: „Unser Leben in Dornach, abgeschlossen von der Welt, empfand ich als sektiererisch und lebensabgewandt."[11]

Während der Bauarbeiten am Dornacher Goetheanum dröhnten Tag für Tag die Detonationen der Artilleriegeschosse vom nahen Elsaß herüber – eine bedrückende Situation, die Vološin in dem Gedicht „Über den Feldern des Elsaß" (Nad poljami Al'zasa)[12] anklingen läßt.

Über den Feldern des Elsaß

Es verdient hervorgehoben zu werden, daß Vološin in diesem Gedicht wie auch in dem Werk „Im Zeichen des Löwen" sich jeder Stellungnahme zugunsten eines der kriegführenden Staaten enthält. Er nennt nur allgemein „Städte" und „Völker", deren Staaten aus schicksalhaften Gründen gegeneinander zu kämpfen scheinen – aus Gründen, die sie nicht unmittelbar verursacht oder zu verantworten haben, als ob der Krieg vorherbestimmt wäre und elementare Naturgewalten die Erde in Aufruhr versetzt hätten, um das unausweichliche Schicksal zu erfüllen.

Der Schriftsteller Valerij Brjusov charakterisierte Vološins Lyrik aus den Jahren des Ersten Weltkriegs mit folgenden Worten: „Unter der peinlichen Dürftigkeit und der entsetzlichen Abgeschmacktheit der zeitgenössischen ‚Kriegsgedichte' sind die Gedichte Vološins [...] eine edelmütige Ausnahme."[13] Doch sie waren nicht einzigartig. Vološin gehörte zu der Gruppe russischer Dichter, die sich nicht in den chauvinistischen Taumel der Kriegsjahre hineinziehen ließ. Die bekanntesten sind Anna Achmatova, Marina Cvetaeva und Boris Pasternak.

Auch in Dornach war Vološins ablehnende Haltung gegenüber den kriegführenden Parteien nicht allgemein üblich. „Was die Anthroposophen betrifft", schrieb er 1915 nach Rußland, „so unterschieden sie sich [...] nach Rassen und – obwohl sie untereinander in Frieden lebten – waren sie theoretisch von den Leidenschaften ihrer Völker entbrannt."[14] Nachdem Vološin den Entwurf für einen großen Vorhang im Goetheanum zum Thema des lyrischen Fragments „Die Geheimnisse" von Goethe beendet hatte, reiste er Mitte Januar 1915 nach Paris. Auch in der französischen Hauptstadt blieb er seiner ablehnenden Haltung gegenüber dem Krieg treu, was in dem Il'ja

---

[11] EBENDA, S. 297.
[12] MAKSIMILIAN VOLOŠIN, a.a.O., Bd. 1, S. 193.
[13] Zitiert nach Maksimilian Vološin, a.a.O., Bd. 1, S. 485. – Zeitweise wurde Vološin sogar der Vorwurf der Germanophilie gemacht, vgl. Ebenda, Bd. 1, S. 478.
[14] MAKSIMILIAN VOLOŠIN, a.a.O., Bd. 1, S. 479 (Brief an Aleksandra Petrova).

Ėrenburg gewidmeten Gedicht „In diesen Tagen" (V ėti dni) aus dem
Jahre 1915 zum Ausdruck kommt:

> In diesen Tagen gibt es weder Feind noch Bruder:
> Sie alle sind in mir und ich in allen.
> Allein von Schwermut ist das Fleisch ergriffen,
> Das sich durch Eigenhaß verbrennt.

Dieses Gedicht zeigt deutlich, daß Vološin den drohenden Untergang der europäischen Kultur nicht mit propagandistischen Äußerungen für den Krieg beschleunigen wollte. Es verwundert nicht, daß er
seine Lyrik über den Krieg lediglich in der liberalen Zeitschrift „Russkaja mysl'" veröffentlichen konnte, die 1915 sieben seiner pazifisti-
schen Gedichte vorstellte. Andere Zeitungen und Zeitschriften lehn-
ten seine Lyrik ab.

Eines der Merkmale der Gedichte Vološins aus den ersten beiden
Kriegsjahren ist das Fehlen jeglicher Bezeichnungen von Völkern,
Nationen und Staaten. Selbst in dem Gedicht über die von deutschen Truppen zerstörte Kathedrale von Reims[15] sah der Dichter
davon ab, den Urheber zu nennen oder gar schuldig zu sprechen.
Das gleiche gilt für das Gedicht „Die Nacht der Frühlings-Tagund-
nachtgleiche" (Noč' vesennego ravnodenstvija), das einen Luftan-
griff deutscher Zeppeline auf Paris beschreibt, den Maks Vološin am
22. März 1915 vom Dachboden eines Wohnhauses beobachtete.

War 1900 für Vološin das Jahr der dichterischen Geburt, so gilt
das Revolutionsjahr 1917 als Zeitpunkt einer deutlichen Verschiebung
seiner Wertmaßstäbe und einer dichterischen Neubesinnung. Kennzeichnend für diesen tiefgreifenden Wandel ist wiederum seine
Einstellung zum Militärdienst. „Wenn es mir jetzt zuteil würde, einberufen zu werden, würde ich mich natürlich nicht weigern", schrieb
Vološin am 10. Mai 1917 an Marija Cetlina. „Meine Einstellung zum
Krieg hat sich natürlich nicht geändert, aber ein neues Gefühl ist
aufgetaucht: das Gefühl einer persönlichen Verantwortung für das
Verhalten Rußlands."[16] Der Schriftsteller, der Jahre seines Lebens im
Ausland verbracht hatte, erkannte, daß Rußland durch Krieg und
Revolution ein schweres Schicksal bevorstehen mußte. Er beschloß,
nach Rußland zurückzukehren, um dem Land beizustehen. Vološin
sollte seine Heimat nicht mehr verlassen.

Der Friede Ausdruck des Gefühls, für seine Heimat verantwortlich zu sein, ist
„*Der Friede*" (Mir)[17] – ein Gedicht, das später berühmt werden

---

[15] Vgl. das Gedicht „Rejmskaja Bogomater'" (Die Gottesmutter von Reims),
a.a.O., Bd. 1, S. 210f.

[16] MAKSIMILIAN VOLOŠIN, a.a.O., Bd. 1, S. 466 (Brief an Marija Cetlina).

[17] EBENDA, Bd. 1, S. 226f.

sollte. Vološin schrieb es am 23. November 1917 in Koktebel' und gab ihm zunächst den Titel „Der Friede von Brest-Litovsk", obwohl die deutsche und die russische Regierung erst im März 1918 die Verhandlungen mit einem Friedensvertrag abschließen konnten. Vermutlich hat Vološin das Gedicht direkt nach Bekanntwerden des am 22. November 1917 in Brest-Litovsk unterzeichneten ersten Waffenstillstandes geschrieben, doch ist ihm das politische Geschehen in Brest-Litovsk nur am Rande wichtig.

Grundlegend für das Gedicht „Der Friede" ist das tragische Geschichtsverständnis Vološins. Überzeugt vom unvermeidlichen Untergang Rußlands, beschwört der Dichter den kriegerischen Einfall der Nachbarvölker, denn nur das Hinnehmen einer furchtbaren Strafe Gottes kann die Sünde eines Bürgerkriegs sühnen.

> „Oh Herr, reiß die Erde auf, vertreib uns,
> Schick uns Brand, Pest und Plage,
> Schick von Westen uns die Germanen, von Osten die Mongolen ..."

Diese Denkstruktur läßt sich historisch weit zurückverfolgen und erinnert an die Formel, mit der altrussische Chronisten feindliche Einfälle erklärten: „Es geschah um unserer Sünden willen ..." Die Vision sieht Deutsche als Werkzeug Gottes zur Bestrafung Rußlands. Die Germanen – ihre Erwähnung erinnert u.a. an den Deutschritterorden, der Rußland im 13. Jahrhundert bedrängte – werden in einem Atemzug mit den Mongolen genannt, deren jahrhundertelange Herrschaft unvergessen ist.

Zwei Jahre später, im Mai 1919, forderte Vološin in seinem Gedicht „Der brennende Dornbusch" („Neopalimaja kupina") die Franzosen auf, keinerlei militärische Intervention durchzuführen. Selbstbewußt konstatierte er:

> Ich erinnere mich der quadratischen Rücken und Schultern
> Der sperrigen deutschen Soldaten.
> Ein Jahr ... und Rußlands Veče[18] ist in Deutschland;
> Die roten Flaggen knallen.

Deutsche Truppen hatte Vološin im Frühjahr 1918 gesehen, als die Krim nach einem Stillstand der Verhandlungen in Brest-Litovsk besetzt wurde. Doch ihre Kampfkraft war – so Vološin – gegen das aufgewühlte und für seine Feinde gefährliche Rußland machtlos, faßte die Revolution doch 1918 und 1919 auch in Deutschland Fuß. Es ist nicht zu überhören, daß der Dichter nun, versinnbildlicht im biblischen Motiv des brennenden Dornbuschs, der nicht verbrennt, Rußland größere innere Kraft zutraut und meint, das Land könne aus eigener Kraft mit den Wirren im Innern fertig werden.

---

[18] „Veče" bezeichnet eine Volksversammlung im alten Rußland; hier eine Anspielung auf die deutsche Revolution 1918/19 „nach russischer Art".

In den folgenden Jahren, in denen Vološin seine ihm wieder vertraut gewordene Heimat nicht mehr verließ, widmete er sich intensiv dem Schicksal Rußlands. In dem berühmten Poem „Rußland" (Rossija)[19] zeichnete er unter anderem ein Porträt des unglückseligen Zaren Pavel I., eines großen Verehrers Friedrichs des Großen.

> Pavel, halbwahnsinnig und zerrissen,
> Eröffnet selber die Paradereihe
> Von Roboter-Soldaten, ausgestanzt
> Und geordnet nach preußischem Muster.
> (Das Zeichen *made in Germany* –
> Das Brandmal Romanov) ...

Als Pavel I. 1796 den Zarenthron besteigen konnte, hatte er Jahrzehnte der Demütigung durch seine Mutter Katharina die Große, Prinzessin von Anhalt-Zerbst und Tochter eines preußischen Beamten, hinter sich. Bei Machtantritt war er „bereits ein zerbrochener, verbitterter Mann voller Komplexe, dessen Reizbarkeit und Unbeherrschtheit krankhafte Züge angenommen hatten", wie der Historiker Hans von Rimscha beschreibt.[20] Pavel war darauf bedacht, Rußland nach außen streng abzuschirmen und insbesondere die neu entstandenen republikanischen Ideen aus Frankreich von seinem Land fernzuhalten. „Einerseits bedeutete das eine entschiedene Abgrenzung gegenüber Europa", schreibt Rimscha weiter, „andererseits hat aber Paul im direkten Gegensatz dazu europäische Einflüsse, sofern sie nicht republikanisch waren, vor allem preußisch-militärische, bis in einzelne Äußerlichkeiten hinein (Uniformen) so entschieden und politisch [...] instinktlos [...] begünstigt, daß diese Form der fortgeführten Europäisierung nur Unzufriedenheit erregte, um so mehr, als die Verpreußung mit einem überstrengen Dienst und äußerst harten Strafen verbunden war."[21]

Nach dem Poem „Rußland" zu urteilen, muß Pavel in das Militär, besonders in Paraden und Uniformen, vernarrt gewesen sein, was sich auch in der Übernahme preußischer Waffenröcke zeigte. Doch war Pavels Vorliebe für preußische Uniformen und Paradeordnung keine Marotte, sondern bewußte und konsequente Haltung, die er in einer demonstrativen Frontstellung zu seiner Mutter kultivierte. Die Wertschätzung von Disziplin und Ordnung entsprang der strikten Ablehnung der Lebens- und Regierungsweise seiner Mutter Katharina der Großen. Der Historiker Günther Stökl sieht in Pavels Verhalten sogar den Beginn einer preußengläubigen Einstellung der russischen Zaren: „Hatte Katharina darin eine gewisse Großzügigkeit

---

[19] MAKSIMILIAN VOLOŠIN, a.a.O., Bd. 1, S. 339–351.
[20] HANS VON RIMSCHA: *Geschichte Rußlands.* Darmstadt. 2. Auflage 1970, S. 404.
[21] EBENDA, S. 405.

walten lassen, so setzte mit Paul jenes beklemmend enge Denken in den militärischen Kategorien des Befehlens und Gehorchens ein, das für alle folgenden russischen Kaiser mehr oder minder charakteristisch war, sich immer von neuem am preußischen Vorbild orientierte und keineswegs nur in einer läppischen Freude am Exerzieren auslebte."[22] Aus Vološins Poem läßt sich allerdings keine Kritik am preußischen Militärwesen herauslesen, denn das Treiben des Zaren Pavel gleicht nur einer Parodie preußischer Militärdisziplin.

Im weiteren Verlauf des Poems „Rußland" geht Vološin auf die Stellung seines Landes zum Westen ein. Obwohl Deutschland hier nicht ausdrücklich erwähnt ist, kann doch vom geschilderten Eigenbild Rußlands auf Deutschland geschlossen werden, dessen soziale Kämpfe und Auseinandersetzungen Rußland – so Vološin – stellvertretend übernommen hat und qualvoll durchleben muß. Der Lyriker zeichnet ein Rußland, das sich für den Westen opfert.

> „Ein Klumpen religiöser Hysterie
> War unsre ganze Revolution.
> Im Lauf von fünfzig Jahren nahmen wir
> Die Not der Arbeiter im Westen
> Mit solcher Schärfe wahr,
> Daß wir die Stigmen ihrer Kreuzigungen auf uns nahmen.
> Und unsere Errungenschaft: einzig ein Impfstoff,
> Entstanden in Fieberträumen und in Krämpfen.
> Ein Impfstoff gegen soziale Revolutionen.
> Der Westen wird aufs neue sie erleben – mehr als eine,
> Doch wird er überleben, bewahrt er die Kultur."

Das Jahr 1925 nimmt Vološin zum Anlaß, in dem Gedicht „Ein Vierteljahrhundert (1900–1925)" (Četvert' veka (1900–1925)) über den verstrichenen Zeitabschnitt Rechenschaft abzulegen. Darin erinnert er sich auch an lange zurückliegende Erfahrungen mit Deutschland.

> Und über der weiten Biegung des Rheins
> Erblickte ich auf den Stufen des Goetheanums
> Und auf den sphärischen Kuppeln
> Das Wetterleuchten der ersten Brände des Kriegs.
>
> Zu Zeiten, da Europa das Gold der Enkel,
> Das Blut der Söhne vergeudet hat
> Auf todbringenden Kreuzwegen der Champagne,
> In polnischen Sümpfen, auf preußischen Sandstrecken,
> Da habe ich die deutsche Eiche nicht verraten ...

In dem Poem, das Vološin 1927 geschrieben hat, stößt der Leser auf einige bereits bekannte Motive: die Dornacher Erlebnisse, die

---

[22] GÜNTHER STÖKL: *Russische Geschichte.* 4. erweiterte Auflage, Stuttgart 1983, S. 408.

freundschaftliche Haltung gegenüber Deutschland in den beiden ersten Kriegsjahren, umschrieben mit dem Klischee der „deutschen Eiche", die der Dichter nicht verraten habe. Auch die Auffassung, der Westen verschwende seine Kultur und leite dadurch seinen Untergang ein, ist erwähnt in der Wendung, „das Blut der Söhne" werde vergeudet „auf preußischen Sandstrecken".

Klischeevorstellungen von Deutschland und den Deutschen findet man bei Vološin nur wenige. Die „deutsche Eiche", die er in dem Poem „Ein Vierteljahrhundert" (Četvert' veka) erwähnte, ist fast schon eine Ausnahme. Von „deutschen Wäldern" sprach er im Gedicht „Das Schwert" (Meč) von 1922, das die Geschichte des Schwerts von den Anfängen bis in die heutige Zeit verfolgt:

> Und Henker kamen zusammen und begruben
> In deutschen Wäldern
> Die müden Schwerter,
> Die neunundneunzig
> Abgehauen hatten.

Der „deutsche Wald" wird hier nur angeführt, weil das Wort als feststehender Ausdruck existiert. Für den im Mittelalter üblichen Brauch der Scharfrichter, die Richtschwerter zu vergraben, um sich von ihnen anhaftenden magischen Kräften zu befreien, macht das „Handwörterbuch des deutschen Aberglaubens" keinerlei Angaben über die örtliche Verbreitung.[23]

Tannhäuser

Das interessanteste Beispiel aus dem Bereich der Klischees stellt das Gedicht „*Tannhäuser*" („*Tangejzer*")[24] dar. 1901 war Vološin von Paris zu einer Reise nach Spanien aufgebrochen. In Andorra sah er eine Aufführung der „romantischen Oper" „Tannhäuser und der Sängerkrieg auf Wartburg", deren erster Akt ihn zu dem Gedicht anregte.

Richard Wagner hat in der Handlung der Oper zwei Sagenkreise miteinander verwoben: das Gedicht vom Sängerkrieg auf Wartburg aus dem 13. Jahrhundert und das Volkslied vom Tannhäuser aus dem 16. Jahrhundert.[25] Auch von einigen deutschen Romantikern hat sich Wagner inspirieren lassen.

Es ist geradezu verführerisch, in der geschilderten Landschaft, in den „alten Städtchen mit den spitzen Dächern" und den „geschnitzten Kirchen" eine klischeehafte Darstellung deutscher Wirklichkeit zu

---

[23] *Handwörterbuch des deutschen Aberglaubens.* Hrsg. von E. Hoffmann-Krayer und H. Bächtold-Stäubli. Berlin und Leipzig 1927. Bd. 4, S. 40. – Was die Henker betrifft, die ihre Richtschwerter in deutschen Wäldern begruben, so hat sich Vološin durch einige Essays von Maurice Maeterlinck anregen lassen. Vgl. MAKSIMILIAN VOLOŠIN, a.a.O., Bd. 2, S. 361.
[24] EBENDA, Bd. 1, S. 10f.
[25] Vgl. WILHELM ZENTNER in seiner Einleitung zu Richard Wagner: Tannhäuser und der Sängerkrieg auf der Wartburg. Stuttgart 1983, S. 3–12.

erkennen. Vološin schrieb aber in Zusammenhang mit dem „Tannhäuser": „Dieses Gedicht heißt einfach ‚Tannhäuser', aber Andorra
habe ich hier nur genannt, weil ich es unter diesem Eindruck [der
Reise] schrieb. Mich hat dieses Bild durch seine volle Übereinstimmung mit dem ersten Akt der Oper von Wagner sehr beeindruckt, als
die Venusgrotte in Blitz und Donner verschwindet und Tannhäuser
allein in dem weiten Tal zurückbleibt."[26]

Es ist auffallend, wie stark das Gedicht mit romantischen Motiven
durchsetzt ist, die eine heile mittelalterliche Welt vorgeben. Hat
Vološin auch die „alten Städtchen mit den spitzen Dächern" oder die
„geschnitzten Kirchen" – von denen in den Regieanweisungen keine
Rede ist – in Andorra vorgefunden? Es ist anzunehmen, daß Vološin
in seinem Gedicht nur die Handlung und vor allem das Bühnenbild
der Aufführung beschrieb, ohne sich auf den Text der Oper und die
gegebene Beschreibung des Orts zu beziehen. Was die überraschende Übereinstimmung zwischen andorranischer Landschaft und
Bühnenbild angeht, so hat der Regisseur der Aufführung vermutlich
die Landschaft Andorras als Vorlage benutzt, in die er Motive ein-
streute, die im landläufigen Sinn an Deutschland erinnern. Bemer-
kenswert ist ferner, wie ausführlich Vološin auf diese Motive einging
und wie bereitwillig er sich der hohen Auffassung Wagners und der
deutschen Romantiker vom Mittelalter anschloß, zumal die russischen
Romantiker die Vergangenheit nicht in dem Ausmaß wie ihre deutschen Dichterkollegen idealisierten.

Vološins Haltung gegenüber Zivilisation, Staat und Technik war
von einem tragisch-apokalyptischen Gefühl bestimmt. „[...] es gibt
für mich bedeutendere Feinde als die Deutschen", schrieb er während des Weltkriegs. „Das sind die gegenwärtigen Zerstörungsmittel,
die Dämonen der Explosion, die Dämonen der Maschinen, die
Dämonen der Organisation."[27] Den Ursprung der Explosionsmittel in
Europa beschrieb Vološin 1922 in dem Gedicht *Das Pulver* (Po-   *Das Pulver*
roch)[28]. Der „verbrecherische Mönch", den Vološin hier nennt, war
Berthold Schwarz, dem die widerspruchsvolle Legende die Erfindung
des Schwarzpulvers zuschreibt. Der Mönch soll im 14. Jahrhundert in
Freiburg oder Konstanz gelebt haben und wegen Schwarzmagie
verurteilt worden sein. Im Gefängnis hat Berthold Schwarz angeblich
das Schwarzpulver erfunden. Seine Erfindung war für Vološin der
Anfang einer verhängnisvollen Entwicklung, die die Menschheit an
den Rand des Untergangs brachte – in Gang gesetzt durch einen
Mönch, der der Alchemie verfallen war.

---

[26] Vgl. MAKSIMILIAN VOLOŠIN, a.a.O., Bd. I, S. 406.
[27] MAKSIMILIAN VOLOŠIN, a.a.O., Bd. 2, S. 362 (Brief an Aleksandra Petrova).
[28] EBENDA, Bd. 2, S. 38–40.

Kann man dem Lyriker Maksimilian Vološin eine besonders innige Beziehung zum Land seiner Vorfahren zuschreiben? Auffallend ist, daß der russische Dichter, der deutsche Gedichte ins Russische übersetzte und deutsche Philosophen im Original las, bis zum Ersten Weltkrieg nur ein recht oberflächliches Bild von Deutschland hatte, von seinem Gedicht „Im Zimmer ist es stickig!" einmal abgesehen. Deutschland war für Vološin in jenen Jahren vor allem Land der Durchreise in sein geliebtes Frankreich.

Ab 1914 jedoch schob der Krieg Deutschland immer mehr in sein Bewußtsein, und seit dem Frühjahr 1917, als Vološin seiner nun auch im Innern bedrohten Heimat wieder näherstand, begann er, es teilweise mit anderen Augen zu sehen. Der frühere Kriegsdienstgegner Vološin war nun im Grundsatz bereit, gegen deutsche Truppen zu kämpfen. Gleichwohl war er nach wie vor Deutschland und vor allem deutscher Kultur wohlgesonnen.

Die Lyrikerin Marina Cvetaeva, die in den Jahren 1911 bis 1917 zum engeren Kreis um Vološin gehörte, prägte über den Dichter der Krim das oft zitierte Wort: „Ein Franzose an Kultur, ein Russe in Seele und Wort, ein Deutscher in Geist und Blut."[29] In ihrem lesenswerten Essay „Lebendiges über einen Lebendigen (Vološin)" schrieb sie über ihn: „Es gab [...] auch, meine ich, eine geistige Verwandtschaft [mit Deutschland], eine tiefe, ja sehr tiefe, die [...] mit Frankreich nicht existierte."[30]

Marina Cvetaeva stützt sich bei ihrer Argumentation auf Intuition – nachweisen oder belegen kann sie ihre Ansicht nicht. Sie nennt Charaktermerkmale und typische Verhaltensweisen Vološins, die ihre Meinung untermauern sollen, zum Beispiel „Akkuratheit", „die Leidenschaft zu morgendlicher Arbeit", „die Kultur des Buches", „sein Fußgängertum", „seine Einsamkeit", „die Beständigkeit seiner Freundschaften"[31] usw.

Es läßt sich sicherlich streiten, ob diese Merkmale typisch für Deutsche sind. Marina Cvetaeva war überzeugt, daß Vološins angebliches Deutschtum verborgen blieb: „[...] es gibt auch [...] verborgene Quellen, die lange unter der Erde verlaufen, die alles unterwegs nähren und – zur richtigen Stunde durchbrechen. Von diesen verborgenen Quellen hatte Maks zwei: Deutschland, das nie offenkundig wurde, und Rußland, das offenkundig wurde – und gerade zur rechten Stunde."[32]

---

[29] MARINA CVETAEVA, a.a.O., S. 234.
[30] EBENDA, S. 232.
[31] EBENDA, S. 233.
[32] EBENDA, S. 231f.

Man mag Marina Cvetaeva zugestehen, einen Blick für Deutschland und die deutsche Kultur gehabt zu haben, letztendlich konnte sie aber die verborgene Quelle, die geistige Verwandtschaft Vološins mit Deutschland nicht offenlegen.

So ist die Behauptung der Cvetaeva, Vološin sei im Geist ein Deutscher gewesen, nicht bewiesen, kaum beweisbar und sicherlich stark übertrieben. Ihr einprägsames Wort „Ein Franzose an Kultur, ein Russe in Seele und Wort, ein Deutscher in Geist und Blut", das zur vielzitierten Formel über Vološin wurde, versah sie denn auch mit dem Zusatz: „Dieser am Anfang französische, nichtrussische Dichter wurde russischer Dichter und wird es sein."[33]

---

[33] EBENDA, S. 234.

Nachwort

Wir glauben aus dieser losen Lyriksammlung eines ziemlich klar zu erkennen: Es gibt kein einheitliches, charakteristisches, typisches, durchschnittliches oder besonders bevorzugtes russisches Deutschlandbild; es bestanden viele recht unterschiedliche, manchmal auch gegensätzliche „Bilder" – positive und negative, freundliche und unfreundliche, abwertende und idealisierende. Die Autoren unterscheiden sich nach individuellen Weltanschauungen, Erlebnissen und Erfahrungen. Doch bei aller Vielfalt ist kennzeichnend, daß z. B. Marina Cvetaeva, Boris Pasternak und Maksimilian Vološin 1915/1916 in den Kriegsjahren sich als Poeten zum deutschen Geist bekannten, daß Anna Achmatova weder im Ersten noch im Zweiten Weltkrieg ein bitteres Wort über das Land, aus dem die größte Gefahr für ihre so leidenschaftlich geliebte Heimat kam, in ihre Gedichte eindringen ließ und 1945 ein poetisches Deutschlandbild entwarf.

Die russische Lyrik im 20. Jahrhundert – gemeint ist die Dichtung, nicht die tagespolitisch bestimmten gereimten Feuilletons – war frei von Fremdenfeindschaft.

Die russische Poesie – zeitgebunden und zeitlos – war und bleibt eine völkerverbindende geistige Macht.

Puškin empfand und erkannte seinen dichterischen Auftrag mit stolzer Gewißheit:

> ... gütige Gefühle erweckte ich mit meiner Leier,
> In meinem grausamen Zeitalter sang ich die Freiheit
> Und habe zu Barmherzigkeit für die Besiegten aufgerufen.

Diese Zeilen können als Motto für die Geschichte der russischen Dichtung und auch für die lyrischen Deutschlandbilder russischer Autoren dienen.

L. K.

Literaturhinweise

Zusammengestellt von Volker Pallin

Diese Auswahl bietet Literaturhinweise zu den im Band vertretenen Dichtern. Neben den russischen Standard-Werkausgaben berücksichtigt sie vor allem Lyrikübersetzungen, besonders zweisprachige Ausgaben. Prosawerke und autobiographische Texte sowie Sekundärwerke wurden aufgenommen, wenn sie auch Auskunft über Deutschen- und Deutschlandbild des jeweiligen Dichters geben. In den angeführten Anthologien sind fast alle Lyriker dieses Bandes vertreten, sie werden darum unter den einzelnen Kapiteln im allgemeinen nicht noch einmal aufgeführt.

Lyrik-Anthologien

Sternenflug und Apfelblüte. Russische Lyrik von 1917 bis 1963. Hrsg. von Edel Mirowa-Florin und Fritz Mierau. Berlin (Ost) 1964.

Russische Lyrik. Gedichte aus drei Jahrhunderten. Ausgewählt und eingeleitet von Efim Etkind. München und Zürich 1981. Taschenbuchausgabe München und Zürich 1987.

Russische Lyrik. Von den Anfängen bis zur Gegenwart. Russisch und deutsch. Hrsg. von Kay Borowsky und Ludolf Müller. Stuttgart 1983.

Ein faustischer Traum – Anna Achmatova

Werke:

A. A. *Sočinenija* (Werke). Hrsg. von G[leb] P. Struve und B[oris] A. Filippov. 2 Bde., München 1965 und 1968.

Übersetzungen in:

ANNA ACHMATOWA. *Gedichte.* Augewählt und übertragen von Hans Baumann. Ebenhausen bei München 1967.

ANNA ACHMATOWA. *Requiem.* Russisch und deutsch. Übertr. von Mary von Holbeck. Frankfurt/M. 1968.

ANNA ACHMATOWA. *Ein niedagewesener Herbst* (Gedichte). Hrsg. von Edel Mirowa-Florin. Deutsch von Sarah Kirsch und Rainer Kirsch. Berlin (Ost), 2. Aufl. 1973.

ANNA ACHMATOWA. *Poem ohne Held: Poeme und Gedichte.* Russisch und deutsch. Nachdichtung Heinz Czechowski, Übertragung der Prosatexte Fritz Mierau. Hrsg. von Fritz Mierau. Leipzig 1979, 3. Aufl. 1984.

ANNA ACHMATOWA. *Requiem.* Russisch und deutsch. Übersetzt von Rosemarie Düring. Berlin 1987.

Gedichte an Gott sind Gebete. Gott in der neuesten sowjetischen Poesie (1960–1972). Hrsg. von Felix Philipp Ingold und Ilma Rakusa. Zürich 1972.

Russische Gedichte über Gott und Welt, Leben und Tod, Liebe und Dichtertum. Ins Deutsche übertragen von Ludolf Müller. München 1979.

Über Achmatova:

LYDIA TSCHUKOWSKAJA: *Aufzeichnungen über Anna Achmatowa.* Mit einem Nachwort von Raissa Orlowa-Kopelew. Tübingen 1987.

Von deutschen Wäldern und deutschen Webern – Ėduard Bagrickij

Werke:

E. B. *Stichotvorenija i poėmy* (Gedichte und Poeme). Moskau und Leningrad
1964.

Übersetzungen in:

EDUARD BAGRIZKI. *Vom Schwarzbrot und von der Treue der Frau.* Gedichte.
Hrsg. und mit einem Nachwort versehen von Herbert Krempien. Berlin
(Ost) 1971.
Russische Lyrik 1185–1963. Ausgewählt und übersetzt von Hans Baumann.
Darmstadt 1963.
Solang es dich, mein Rußland, gibt. Russische Lyrik. Hrsg. von Roland Opitz.
Leipzig 1967.
Oktober-Land. 1917–1924. Russische Lyrik der Revolution. Hrsg. von Edel
Mirowa-Florin und Leonhard Kossuth. Berlin (Ost) 1967.

Zwischen Moskau und Goetheanum – Andrej Belyj

Werke:

A. B. *Stichotvorenija i poėmy* (Gedichte und Poeme). Moskau und Leningrad
1966.
A. B. *Stichotvorenija* (Gedichte). Hrsg., eingeleitet und kommentiert von John
E. Malmstad. Bd. 1: Šest' sbornikov opublikovannych stichov. (Sechs Bände
veröffentlichter Gedichte). München 1984. Bd. 2: Nesobrannoe, pererabo-
tannoe i neopublikovannoe (Ungesammeltes, Überarbeitetes und Unveröf-
fentlichtes). München 1982. Bd. 3: Primečanija k stichotvorenijam (Kom-
mentar zu den Gedichten). München 1982.
A. B.: *Meždu dvuch revoljucij* (Zwischen zwei Revolutionen). Leningrad 1934.
Nachdruck Chicago 1966.
A. B.: *Odna iz obitelej carstva tenej* (Im Königreich der Schatten). Leningrad
1924. Reprint Letchworth, Herts., England 1971.
A. B.: *Avtobiografičeskaja spravka* (Autobiographische Auskunft). In: S. A.
Vengerov: Russkaja Literatura XX veka. Čast' 2, tom 3, Moskva 1916.
A. B.: *Vospominanija o Štejnere* (Erinnerungen an Steiner). Hrsg., mit einem
Vorwort und Anmerkungen versehen von Frederik Kozlik. Paris 1982.

Gedichtübersetzungen in:

Geliebtes Rußland. Russische Gedichte. Deutsch von Johannes von Guenther.
Berlin (Ost) 1956.
Russische Lyrik 1185–1963. Ausgewählt und übersetzt von Hans Baumann.
Darmstadt 1963.
Oktober-Land. 1917–1924. Russische Lyrik der Revolution. Hrsg. von Edel
Mirowa-Florin und Leonhard Kossuth. Berlin (Ost) 1967.
Russische Lyrik. Gedichte aus drei Jahrhunderten. Ausgewählt und eingeleitet
von Efim Etkind. München und Zürich 1981.
Russische Lyrik. Von den Anfängen bis zur Gegenwart. Russisch und deutsch.
Hrsg. von Kay Borowsky und Ludolf Müller. Stuttgart 1983.

Über Belyj:

ALEKSANDR BACHRACH: *„Po pamjati, po zapisjam".* Andrej Belyj. In: Kontinent 3

(1975), S. 288–321. Deutsche Übersetzung, leicht verändert, unter dem Titel: *Andrej Belyj in Berlin.* In: Kontinent (deutschsprachige Ausgabe) 3 (1975), S. 159–186.

JOHANNES HOLTHUSEN: *Andrej Belyj und Rudolf Steiner.* In: Festschrift für Max Vasmer zum 70. Geburtstag. Wiesbaden 1956, S. 187–192.

K[ONSTANTIN] MOČUL'SKIJ: *Andrej Belyj.* Paris 1955. (Russ.)

Berlin, Zuflucht russischer Literaten

Untersuchungen über das „Russische Berlin":

WALTER ANDREESEN: *Berlin und die russische Literatur der Zwanziger Jahre.* (Mit Beispielen aus den Beständen der Staatsbibliothek.) In: Staatsbibliothek Preußischer Kultubesitz. Mitteilungen 15 (1983), H. 1, S. 13–35.

PETER DREWS: *Russische Schriftsteller am Scheideweg – Berlin 1921–1923.* In: Anzeiger für Slavische Philologie 12 (1981), S. 119–132.

Lazar Fleishman / Marc Raeff / Olga Raevsky-Hughes (Hrsg.): *Russkij Berlin 1921–1923.* Paris 1983.

PETER HERMANN: *Das „Rußland außerhalb der Grenzen".* Zur Geschichte des antibolschewistischen Kampfes der russischen Emigration seit 1917. In: Zeitschrift für Politik 15 (1968), S. 214–236.

EVGENIJA KANNAK: *Berlinskij „Kružok poètov"* (Der Berliner „Dichterkreis"). (1928–33). In: Russkij Al'manach. Hrsg. von Zinaida Šachovskaja, Evgenij Ternovskij und René Guerra. Paris 1981, S. 363–366.

GOTTFRIED KRATZ: *Russische Verlage in Berlin nach dem Ersten Weltkrieg.* Köln 1979.

J. M. RABINOWITSCH: *Die Rechtslage der staatenlosen russischen Emigranten in Deutschland.* In: Osteuropa 3 (1927/28), S. 617–625.

HANS VON RIMSCHA: *Rußland jenseits der Grenzen 1921–1926.* Jena 1927.

Russen in Berlin. Literatur, Malerei, Theater, Film. 1918–1933. Hrsg. von Fritz Mierau. Leipzig 1987.

GLEB STRUVE: *Russkaja literatura v izgnanii* (Russische Literatur im Exil). 2. verb. Aufl. Paris 1984, bes. S. 24–40.

HANS-ERICH VOLKMANN: *Die Russische Emigration in Deutschland 1919–1929.* Würzburg 1966. (= Marburger Ostforschungen, Bd. 26.)

ROBERT C. WILLIAMS: *Culture in Exile: Russian Emigrés in Germany 1881–1941.* Ithaca 1972.

Memoiren, Erlebnisschilderungen:

Z. ARBATOV: *„Nollendorfplatckafe"* (Literaturnaja mozaika). In: Grani 41 (1959), S. 106–122.

NINA BERBEROVA: *Kursiv moj* (Hervorhebung von mir). Avtobiografija. München 1972.

ILJA EHRENBURG: *Menschen, Jahre, Leben.* Autobiographie, übertragen von Alexander Kaempfe. München 1962.

I[OSIF] GESSEN: *Gody izgnanija: žiznennyj otčёt* (Jahre des Exils: Lebensbericht). Paris 1979.

ROMAN GUL': *Ja unёs Rossiju.* Apologija ėmigracii. (Ich trug Rußland fort. Apologie der Emigration.) Bd. 1: Rossija v Germanii. New York 1981.

NICOLAS NABOKOV: *Zwei rechte Schuhe im Gepäck.* Erinnerungen eines russischen Weltbürgers. München und Zürich 1975.

VLADIMIR NABOKOV: *Sprich, Erinnerung, sprich: Wiedersehen mit einer Autobiographie.* Aus dem Englischen von Dieter E. Zimmer. Reinbek 1985.

Vladislav Chodasevič

Lyrik:

V. Ch. *Sobranie stichov v dvuch tomach* (Gesammelte Gedichte in zwei Bden).
Hrsg. von Jurij Kolker. Paris 1982 und 1983.

Gedichtübersetzungen in:

Wladislaw Chodassjewitsch. *Europäische Nacht.* Ausgewählte Gedichte.
Übertragen von Kay Borowsky. Tübingen 1985.
Neue russische Lyrik. Hrsg. und übersetzt von Johannes von Guenther. Frankfurt/M. und Hamburg 1960.

Vladimir Nabokov:

Lyrik:

Vladimir Nabokov. *Stichi* (Gedichte). Ann Arbor 1979.

Übersetzte Prosa (mit „deutschen" Themen):

V. N.: *Gelächter im Dunkel.* Roman. Aus dem Amerikanischen von Renate
Gerhardt und Hans-Heinrich Wellmann. Reinbek 1978. [Kamera obscura.
Paris 1932]
V. N.: *König, Dame, Bube: Ein Spiel mit dem Schicksal.* Roman. Aus dem
Russischen von Siegfried von Vegesack. 5. Aufl. Reinbek 1979. [Korol',
dama, valet. Berlin 1928.]
V. N.: *Stadtführer Berlin: 5 Erzählungen.* Aus dem Englischen von Dieter E.
Zimmer und Renate Gerhardt. Stuttgart 1985. [Putevoditel' po Berlinu]
V. N.: *Verzweiflung.* Roman. Deutsch von Klaus Birkenhauer. Reinbek 1980.
[Otčajanie. Berlin 1936.]

Über Nabokov

Vladimir Nabokov mit Selbstzeugnissen und Bilddokumenten. Dargestellt von
Donald E. Morton. Reinbek 1984 (rororo Monographien 328).

Loreley und Germania – Aleksandr Blok

Werke:

A. B. *Sobranie sočinenij v vos'mi tomach* (Gesammelte Werke in acht Bden).
Hrsg. von V. N. Orlov, A. A. Surkov und K. I. Čukovskij. Moskau und Leningrad 1960–1963.

Übersetzungen in:

Alexander Block. *Gesammelte Dichtungen.* Deutsch von Johannes von Guenther. München 1947.
Drei russische Dichter: Alexander Block, Ossip Mandelstamm, Sergej Jessenin.
Übertragen von Paul Celan. Frankfurt 1963.
Alexander Blok. *Eine Auswahl der Gedichte.* Einführung und Übersetzung von
Johanne Peters. Mainz 1972. (= Die Mainzer Reihe, Bd. 33.)
Alexander Blok: *Die Zwölf: ein Poem.* Russisch und deutsch. Nachdichtung von
Paul Celan. Nachwort von Fritz Mierau. Leipzig 1977.

Alexander Blok. *Des Himmels lichter Rand.* Gedichte russisch und deutsch. Ausgewählt von Marga und Roland Erb. Nachgedichtet von Friedemann Berger. Leipzig 1980.

Über Blok:

Rolf-Dieter Kluge: *Westeuropa und Rußland im Weltbild Aleksandr Bloks.* München 1967. (= Slavistische Beiträge, Bd. 27.)

Für deutschen Geist, gegen deutsche Krieger – Valerij Brjusov

Werke:

V. B.: *Sobranie sočinenij v semi tomach* (Gesammelte Werke in sieben Bden.). Hrsg. von P. G. Antokol'skij u. a. Moskau 1973–1975.

Lyrikübersetzungen in:

Valeri Brjussow. *Ich ahne voraus die stolzen Schatten.* Gedichte. Russisch und deutsch. Hrsg. und mit einem Nachwort vers. von Klaus Städtke. Nachgedichtet von Elke Erb. Berlin (Ost) 1978.
Lyrik des Abendlands. Ausgewählt von Georg Britting u. a. München 1963, 1978.
Russische Lyrik der Gegenwart. Deutsch von Alexander Eliasberg. München 1967.
Oktober-Land. 1917–1924. Russische Lyrik der Revolution. Hrsg. von Edel Mirowa-Florin und Leonhard Kossuth. Berlin (Ost) 1967.

Übersetzte Prosa:

Valeri Brjussow: *Der feurige Engel* (Ognënnyj angel). Roman. Mit einer Einführung von Brigitte Flickinger. München 1971.

Über Brjusov:

K[onstantin] Močul'skij: *Valerij Brjusov.* Paris 1962. (Russ.)
B. I. Purišev: *Brjusov i nemeckaja kul'tura 16 veka* (Brjusov und die deutsche Kultur des 16. Jahrhunderts). In: Valerij Brjusov. Sobranie sočinenij v semi tomach, a.a.O. Bd. 4, S. 328–340.
Joan Delaney Grossman: *Valery Bryusov and the Riddle of Russian Decadence.* Berkeley, Los Angeles und London 1985.

Den Spießern zum Spott – Saša Černyj

S. Č. *Stichotvorenija* (Gedichte). Vstupitel'naja stat'ja i obščaja redakcija: Kornej Čukovskij. Kritiko-biografičeskij očerk, podg. teksta i primečanija: L. A. Evstigneeva. Leningrad 1960.

Über Černy:

Wolfgang Kasack: *Sascha Tschornyj.* In: Osteuropa 31 (1981), S. 629–636.

„Deutschland, meine Liebe" – Marina Cvetaeva

Werke:

M. C. *Stichotvorenija i poėmy v pjati tomach* (Gedichte und Poeme in fünf Bden.). Hrsg. von Alexander Sumerkin u. a. New York 1980–1983.

M[ARINA] I[VANOVNA] CVETAEVA. *Nesobrannye proizvedenija.* Ausgewählte Werke. Mit einem Nachwort und Literaturangaben hrsg. von Günther Wytrzens. München 1971 (= Slavische Propyläen, Bd. 90). Darin bes.: M.I.C.: O Germanii (Über Deutschland), S. 469–479.

Übersetzungen:

MARINA ZWETAJEWA. *Gedichte.* Übertragen von Christa Reinig. Mit Biographie und Materialien. Berlin 1968 (= Quarthefte, Bd. 28).

MARINA ZWETAEWA. *Gedichte 1909–1939.* (Russisch und deutsch.) Hrsg. und übers. von Maria Razumovsky. Wien 1979.

MARINA CVETAEVA: *Krysolov / Der Rattenfänger.* Russisch und deutsch. Hrsg., übers. und kommentiert von Marie-Luise Bott. Mit einem Glossar von Günther Wytrzens. Wien 1982. (= Wiener Slawistischer Almanach, Sonderband 7.)

MARINA ZWETAJEWA. *Maßlos in einer Welt nach Maß.* Gedichte russisch und deutsch. Hrsg. und mit einem Nachwort versehen von Edel Mirowa-Florin. Nachgedichtet von Elke Erb. 2. Aufl. Berlin (Ost) 1983.

MARINA ZWETAJEWA. *Vogelbeerbaum.* Ausgewählte Gedichte. Hrsg. von Fritz Mierau. Berlin 1986.

Rainer Maria Rilke, Marina Zwetajewa, Boris Pasternak: Briefwechsel. Hrsg. von Jewgenij Pasternak, Jelena Pasternak und Konstantin M. Asadowskij. Übertragen von Heddy Pross-Weerth. Frankfurt/M. 1983.

Über Cvetaeva:

MARIA RAZUMOVSKY: *„Oh, Deutschland, du mein Wahn ..."*. Marina Cvetaeva und Deutschland. In: Bibliothekswelt und Kulturgeschichte. München 1977, S. 73–82.

DIES.: *Marina Zwetajewa.* Mythos und Wahrheit. Wien 1981 (mit weiteren Literaturangaben).

ILMA RAKUSA: *Deutsche Reminiszenzen im Prosawerk von Marina Cvetaeva.* Erscheint 1987/88 in Bern in einem Sammelband mit Beiträgen des Lausanner Cvetaeva-Symposium 1982.

Ein korrekter Gegner – Nikolaj Gumilëv

N[IKOLAJ] GUMILËV. *Sobranie sočinenij v četyrëch tomach* (Gesammelte Werke in vier Bden.). Hrsg. von G[leb] P. Struve und B[oris] A. Filippov. Washington 1962–1968.

N[IKOLAJ] S[TEPANOVIČ] GUMILËV. *Neizdannye stichi i pis'ma* (Unveröffentlichte Gedichte und Briefe). Paris 1980.

Übersetzungen in:

Akzente. Zeitschrift für Dichtung 7 (1960), S. 226.

Lyrik des Abendlands. Ausgewählt von Georg Britting u. a. München 1963, 1978.

Über Gumilëv:

JOHANNES VON GUENTHER: *Ein Leben im Ostwind.* Zwischen Petersburg und München. Erinnerungen. München 1969.

EARL D. SAMPSON: *Nikolay Gumilev.* Boston 1979.

„Dich, Deutschland, bringt man nicht um" – Vladimir Majakovskij

Werke:

V. M. *Polnoe sobranie sočinenij v trinadcati tomach* (Sämtliche Werke in dreizehn Bden.). Moskau 1955–1961.

Übersetzungen:

WLADIMIR MAJAKOWSKI. *Werke.* 5 Bde. Hrsg. von Leonhard Kossuth. Deutsche Nachdichtung von Hugo Huppert. Berlin (Ost) und Frankfurt/M. 1967.
WLADIMIR MAJAKOWSKI. *Werkausgabe.* 10 Bde. Frankfurt/M. 1980.
WLADIMIR W. MAJAKOWSKIJ. *Gedichte.* Russisch und deutsch. Übertr. von Karl Dedecius. Ebenhausen bei München 1959.
WLADIMIR MAJAKOWSKI. *Vers und Hammer.* Schriften, Gedichte, Zeichnungen, Fotos, Dokumente. Übertragen von Siegfried Behrsing, Hugo Huppert und Willi Reich. Zürich 1959.
WLADIMIR MAJAKOWSKIJ. *Die Wirbelsäulenflöte.* Russisch und deutsch. Übersetzt von Karl Dedecius. Frankfurt/M. 1971.
VLADIMIR V. MAJAKOVSKIJ: *Oblako v štanach. Tetraptich / Wolke in Hosen. Ein Tetraptychon.* Neu übersetzt und hrsg. von Karl Dedecius. München 1976 (dtv zweisprachig 9112).
WLADIMIR MAJAKOWSKI: *Darüber: Poem.* Russisch und deutsch. Nachdichtungen von Alfred Edgar Thoss. Mit Dokumenten im Anhang hrsg. von Gerhard Schaumann. Leipzig 1985.
WLADIMIR MAJAKOWSKI. *Gedichte.* Russisch und deutsch. Hrsg. von Gerhard Schaumann. Leipzig 1985.

Über Majakovskij:

Wladimir Majakowski in Selbstzeugnissen und Bilddokumenten. Dargestellt von Hugo Huppert. Reinbek 1965 (rororo Monographien 102).
Majakowski in Deutschland. Texte zur Rezeption 1919–1930. Mit einer Studie von Bella Tschistowa. Hrsg. von Roswitha Loew und Bella Tschistowa. Berlin (Ost) 1986 (dort weitere Literaturangaben).

Brechts „großer Lehrer" – Sergej Tret'jakov

SERGEJ M. TRETJAKOW: *Lyrik, Dramatik, Prosa.* Hrsg. von Fritz Mierau. Frankfurt/M. 1972.
Oktober-Land. 1917–1924. Russische Lyrik der Revolution. Hrsg. von Edel Mirowa-Florin und Leonhard Kossuth. Berlin (Ost) 1967.
Russische Songs. Texte und Noten. Hrsg. von Rimma Kasakowa. Berlin (Ost) 1972.
Russische Lyrik. Gedichte aus drei Jahrhunderten. Ausgewählt und eingeleitet von Efim Etkind. München und Zürich 1981.

Der jüngste Futurist – Semën Kirsanov

Werke:

S. K. *Sobranie sočinenij v četyrëch tomach* (Gesammelte Werke in vier Bden). Moskau 1974–1976.

Übersetzungen in:

Sternenflug und Apfelblüte. Russische Lyrik von 1917 bis 1963. . Hrsg. von Edel Mirowa-Florin und Fritz Mierau. Berlin (Ost) 1964.

Russische Lyrik. Gedichte aus drei Jahrhunderten. Ausgewählt und eingeleitet von Efim Etkind. München und Zürich 1981.
Russische Lyrik. Von den Anfängen bis zur Gegenwart. Russisch und deutsch. Hrsg. von Kay Borowsky und Ludolf Müller. Stuttgart 1983.

Das Hohelied der deutschen Sprache – Osip Mandelštam

Werke:

O. M. *Sobranie sočinenij v trëch tomach* (Gesammelte Werke in drei Bden.). Hrsg. von G[leb] Struve und B[oris] A. Filippov. Washington 1964–1969. Supplementband 1981.

Übersetzungen:

Ossip Mandelstam. *Gedichte.* Übertragen von Paul Celan. Frankfurt/M. 1959.
Ossip Mandelstam. *Gedichte.* Übertragen von Paul Celan. Frankfurt/M. 1983 (Fischer-Tb. 5312).
Ossip Mandelstam: *Hufeisenfinder.* Russisch und deutsch. Nachdichtungen von Paul Celan, Übertragung der Prosa von Fritz Mierau. Leipzig 1978, 3. Aufl. 1983.
Ossip Mandelstam: *Schwarzerde.* Gedichte aus den Woronescher Heften. Russisch und deutsch. Übertragung und Nachwort von Ralph Dutli. Frankfurt/M. 1984.
Ossip Mandelstam: *Mitternacht in Moskau.* Die Moskauer Hefte. Gedichte 1930–1934. Russisch und deutsch. Übertragen und hrsg. von Ralph Dutli. Zürich 1986.

Über Mandel'štam:

Ralph Dutli: *Ossip Mandelstam.* „Als riefe man mich bei meinem Namen". Dialog mit Frankreich. Ein Essay über Dichtung und Kultur. Zürich 1985.
Nadeschda Mandelstam: *Das Jahrhundert der Wölfe.* Eine Autobiographie. Übers. von Elisabeth Mahler. Frankfurt/M. 1971.
Dies.: *Generation ohne Tränen.* Erinnerungen. Übers. von Godehard Schramm. Frankfurt/M. 1975.

Marburg, ein Dichterschicksal – Boris Pasternak

Werke:

B. P. *Sočinenija* (Werke). 3 Bde. Hrsg. von G. P. Struwe und B. A. Filippov. Ann Arbor 1961.
B. P. *Doktor Živago.* Mailand 1957.

Übersetzungen:

B. P. *Wenn es aufklart.* Gedichte 1956–1959. Die Gedichte des Jurij Schiwago. In neuer Übersetzung [...] von Rolf-Dietrich Keil. Frankfurt/M. 1960.
B. P. *Ausgewählte Gedichte und wie sie zu lesen sind.* Einleitung und Übersetzung von Elisabeth Kottmeier. Zürich 1961.
B. P.: *Doktor Schiwago.* Roman. (Übertragung der Gedichte des Jurij Schiwago von Rolf-Dietrich Keil). Frankfurt/M. 1964, 1985.
B. P. *Gedichte von Jurij Schiwago.* Russisch und deutsch. Übertr. von Mary von Holbeck. Frankfurt/M. 1965.
B. P. *Initialen der Leidenschaft.* Hrsg. von Edel Mirowa-Florin, übertr. von Günther Deicke u. a. Frankfurt/M. 1971.

B. P.: *Geleitbrief.* Entwurf zu einem Selbstbildnis. Übers. von Gisela Drohla. Frankfurt/M. 1986.

Über Pasternak:

GERD RUGE: *Pasternak.* Eine Bildbiographie. München 1958.
Boris Pasternak in Selbstzeugnissen und Bilddokumenten. Dargestellt von Michel Aucouturier. Reinbek 1965 (rororo Monographien 109).
ERIKA A. FREIBERGER SHEIKHOLESLAMI: *Der deutsche Einfluß im Werke von Boris Pasternak.* Ann Arbor 1981.

Dem Verhängnis zum Trotz – Maksimilian Vološin

Werke:

M. V. *Stichotvorenija i poėmy v dvuch tomach* (Gedichte und Poeme in zwei Bden.). Hrsg. von B. A. Filippov, G. P. Struve und N. A. Struve. Paris 1982 und 1984.

Übersetzungen in:

MAXIMILIAN VOLOSCHIN (1876–1932). *Gedichte.* Übertragen und eingeleitet von Heinrich Stammler. In: Zeitschrift „*Merkur*" 4 (1950), S. 959–965.
Russische Lyrik. Gedichte aus drei Jahrhunderten. Ausgewählt und eingeleitet von Efim Etkind. München und Zürich 1981.
Russische Lyrik. Von den Anfängen bis zur Gegenwart. Russisch und deutsch. Hrsg. von Kay Borowsky und Ludolf Müller. Stuttgart 1983.

Über Vološin:

I[GOR'] KUPRIJANOV: *Sud'ba poėta* (Ličnost' i poezija Maksimiliana Vološina). (Poetenschicksal [Persönlichkeit und Poesie Maksimilian Vološins]). Kiev 1978.
MARGARITA VOLOSCHIN: *Die grüne Schlange.* Lebenserinnerungen einer Malerin. Frankfurt/M. 1985.
CLAUDIA WALLRAFEN: *Maksimilian Vološin als Künstler und Kritiker.* München 1982. (= Slavistische Beiträge, Bd. 153.)

Nachweise der Gedichttexte

Anna Achmatova: „I očertan'ja Fausta vdali" (Und Faustens Silhouette in der Ferne). In: Novyj mir 5 (1969).

Ėduard Bagrickij: „Vrag" (Der Feind). In: E. B.: Stichotvorenija i poėmy (Gedichte und Poeme). Moskau, Leningrad: Sovetskij pisatel', 1964. Deutsche Übersetzung von Eva Rönnau.

Ders.: „Pticelov" (Der Vogelfänger). In: Ė. B. Stichotvorenija i poėmy (Gedichte und Poeme). Moskau, Leningrad: Sovetskij pisatel', 1964. Deutsche Übersetzung von Helmut Preißler. In: Russische Lyrik. Gedichte aus drei Jahrhunderten. Ausgewählt und eingeleitet von Efim Etkind. München, Zürich: Piper 1981. Abdruck mit freundlicher Genehmigung des Verlages Volk und Welt, Berlin.

Ders.: „Saksonskie tkači" (Die sächsischen Weber). In Ė. B.: Stichotvorenija i poėmy (Gedichte und Poeme). Moskau, Leningrad: Sovetskij pisatel', 1964. Deutsche Übersetzung von Eva Rönnau.

Andrej Belyj: „Vmesto pis'ma" (Statt eines Briefes). In: A. B.: Gedichte II. Ungesammeltes, Überarbeitetes und Unveröffentlichtes. Hrsg., eingeleitet und kommentiert von John E. Malmstadt. München: Wilhelm Fink Verlag, 1982. Deutsche Übersetzung von Rolf-Dietrich Keil.

Ders.: „Berlin". In: A. B.: Gedichte II. Ungesammeltes, Überarbeitetes und Unveröffentlichtes. Hrsg., eingeleitet und kommentiert von John E. Malmstad. München: Wilhelm Fink Verlag, 1982. Deutsche Übersetzung von J. R. In: Kontinent 3 (1975).

Aleksandr Blok: „Vljublennost'" (Verliebtheit). In: A. B.: Sobranie sočinenij v vos'mi tomach (Gesammelte Werke in 8 Bden.). Hrsg. von V. N. Orlov, A. A. Surkov, K. I. Čukovskij. Moskau, Leningrad: Chudožestvennaja literatura, 1960–1963. Bd. 2. Deutsche Übersetzung von Johanne Peters.

Ders.: „Tam, na gorach, beleli villy" (Dort, auf den Bergen, schimmerten weiße Villen). In· A. B.: Sobranie sočinenij v vos'mi tomach (Gesammelte Werke in 8 Bden.). Hrsg. von V. N. Orlov, A. A. Surkov, K. I. Čukovskij. Moskau, Leningrad: Chudožestvennaja literatura, 1960–1963. Bd. 2. Deutsche Übersetzung von Johanne Peters.

Ders.: „Vpečatlenija Rejna" (Eindrücke vom Rhein). In: A. B.: Sobranie sočinenij v vos'mi tomach (Gesammelte Werke in 8 Bden.), Hrsg. von V. N. Orlov, A. A. Surkov, K. I. Čukovskij. Moskau, Leningrad: Chudožestvennaja literatura, 1960–1963. Bd. 1. Deutsche Übersetzung von Johanne Peters.

Ders.: „Sižu za širmoj" (ich sitze hinterm Wandschirm). In: A. B.: Sobranie sočinenij v vos'mi tomach (Gesammelte Werke in 8 Bden.). Hrsg. von V. N. Orlov, A. A. Surkov, K. I. Čukovskij. Moskau, Leningrad: Chudožestvennaja literatura, 1960–1963. Bd. 1. Deutsche Übersetzung von Johanne Peters.

Ders.: „Skify" (Die Skythen). In: A. B.: Sobranie sočinenij v. vos'mi tomach (Gesammelte Werke in 8 Bden.). Hrsg von V. N. Orlov, A. A. Surkov, K. I. Čukovskij. Moskau, Leningrad: Chudožestvennaja literatura, 1960–1963. Bd. 3. Deutsche Übersetzung von Johanne Peters.

Valerij Brjusov: „Faust". In: V. B.: Izbrannye sočinenija v dvuch tomach (Ausgewählte Werke in 2 Bden.). Moskau: Chudožestvennaja literatura, 1955. Bd. 1. Deutsche Übersetzung von Irmgard Wille.

Ders.: „Pomnju večer" (Ich gedenk' der Abendstunde). In: V. B.: Izbrannye sočinenija v dvuch tomach (Ausgewählte Werke in 2 Bden.). Moskau:

Chudožestvennaja literatura, 1955. Bd. 1. Deutsche Übersetzung von Irmgard Wille.

Ders.: „Duch zemli" (Erdgeist). In: V. B.: Izbrannye stichotvorenija (Ausgewählte Gedichte). Moskau: Chudožestvennaja literatura, 1945. Deutsche Übersetzung von Irmgard Wille.

Ders.: „Germanija" (Deutschland). In: V. B.: Sobranie sočinenij v semi tomach (Gesammelte Werke in 7 Bden.). Hrsg. von P. G. Antokol'skij. Moskau: Chudožestvennaja literatura, 1973–1975. Bd. 3. Deutsche Übersetzung von Irmgard Wille.

Saša Černyj: „Kinderbalsam". In: S. Č.: Stichotvorenija (Gedichte). Leningrad: Sovetskij pisatel', 1960. Deutsche Übersetzung von Eva Rönnau.

Ders.: „Nemeckij les" (Der deutsche Wald). In: S. Č.: Stichotvorenija (Gedichte). Leningrad: Sovetskij pisatel', 1960. Deutsche Übersetzung von Eva Rönnau.

Ders.: „Korporanty" (Korpsstudenten). In: S. Č.: Stichotvorenija (Gedichte). Leningrad: Sovetskij pisatel', 1960. Deutsche Übersetzung von Eva Rönnau.

Ders.: „Fakt" (Das Faktum). In: S. Č.: Stichotvorenija (Gedichte). Leningrad: Sovetskij pisatel', 1960. Deutsche Übersetzung von Eva Rönnau.

Ders.: „V Berline" (In Berlin). In: S. Č.: Stichotvorenija (Gedichte). Leningrad: Sovetskij pisatel', 1960. Deutsche Übersetzung von Eva Rönnau.

Ders.: „Ešče fakt" (Noch ein Faktum). In: S. Č.: Stichotvorenija (Gedichte). Leningrad: Sovetskij pisatel', 1960. Deutsches Übersetzung von Eva Rönnau.

Ders. „Ins Grüne". In: S.Č.: Stichotvorenija (Gedichte). Leningrad: Sovetskij pisatel', 1960. Deutsche Übersetzung von Eva Rönnau.

Ders.: „Obstanovočka" (Interieur). In: S. Č.: Stichotvorenija (Gedichte). Leningrad: Sovetskij pisatel', 1960. Deutsche Übersetzung von Eva Rönnau.

Ders.: „Na Rejne" (Auf dem Rhein). In: S. Č.: Stichotvorenija (Gedichte). Leningrad: Sovetskij pisatel', 1960. Deutsche Übersetzung von Eva Rönnau.

Vladislav Chodasevič: „Berlinskoe" (Berlinerisches). In: V. Ch.: Sobranie stichov v dvuch tomach (Gesammelte Gedichte in zwei Bden.). Hrsg. von Jurij Kolker. Paris: La Presse Libre, 1982 und 1983. Bd. 2. Deutsche Übersetzung von Kay Borowsky. In: Wladislaw Chodassjewitsch. Europäische Nacht. Ausgewählte Gedichte. Tübingen: Gunter Narr Verlag, 1985.

Ders.: „Net, ne najdu segodnja pišči ja" (Keine Nahrung heute). In: V. Ch.: Sobranie stichov v. dvuch tomach (Gesammelte Werke in zwei Bden.). Hrsg. von Jurij Kolker. Paris: La Presse Libre, 1982 und 1983. Bd. 2. Deutsche Übersetzung von Kay Borowsky. In: Wladislaw Chodassjewitsch. Europäische Nacht. Augewählte Gedichte. Tübingen: Gunter Narr Verlag, 1985.

Ders.: „Vse kamennoe" (Alles aus Stein). In: V. Ch.: Sobranie stichov v dvuch tomach (Gesammelte Werke in zwei Bden.). Hrsg. von Jurij Kolker. Paris: La Presse Libre, 1982 und 1983. Bd. 2. Deutsche Übersetzung von Kay Borowsky. In: Wladislaw Chodassjewitsch, Europäische Nacht. Ausgewählte Gedichte. Tübingen: Gunter Narr Verlag, 1985.

Marina Cvetaeva: „Skazočnyj Švarcval'd" (Märchenhafter Schwarzwald). In: M. C.: Stichotvorenija i poėmy v pjati tomach (Gedichte und Poeme in 5 Bden.). New York: Russian Publishers Inc., 1980. Bd. 1. Deutsche Übersetzung von Maria Razumovsky.

Dies.: „Naši carstva" (Unsere Königreiche). In: M. C.: Stichotvorenija i poėmy v pjati tomach (Gedichte und Poeme in 5 Bden.). New York: Russian Publishers Inc., 1980. Bd. 1. Deutsche Übersetzung von Maria Razumovsky.

Dies.: „Kak my čitali ‚Lichtenstein'" (Wie wir ‚Lichtenstein' lasen). In: M. C.: Stichotvorenija i poėmy v pjati tomach (Gedichte und Poeme in 5 Bden.). New York: Russian Publishers Inc., 1980. Bd. 1. Deutsche Übersetzung von Maria Razumovsky.

Dies.: „Germanii" (Deutschland). In: M. C.: Stichotvorenija i poėmy v pjati tomach (Gedichte und Poeme in 5 Bden.). New York: Russian Publishers Inc., 1980. Bd. 3. Deutsche Übersetzung von Josef Müller.

Dies.: „Berlinu" (An Berlin). In: Posle Rossii (Nach Rußland). Paris: YMCA-press, 1976. Deutsche Übersetzung von Maria Razumovsky.

Dies.: „Krysolov" (Der Rattenfänger). In: M. C.: Krysolov (Der Rattenfänger). Hrsg. von Marie-Luise Bott. Wien 1982 (= Wiener Slawistischer Almanach. Sonderband 7). Deutsche Übersetzung von Maria Razumovsky.

Dies.: „Germanii" (An Deutschland). In: M. C.: Nesobrannye proizvedenija (Ungesammelte Werke). Hrsg. von Günther Wytrzens. München: Wilhelm Fink Verlag, 1971 (= Slavische Propyläen, Nr. 90). Deutsche Übersetzung von Maria Razumovsky.

Nikolaj El'jašov: „Fehrbelliner Platz". In: Rošča. Vtoroj sbornik berlinskich poėtov (Der Hain. Zweite Sammlung Berliner Dichter). Berlin: Slovo, 1932. Deutsche Übersetzung von Kay Borowsky.

Nikolaj Gumilëv: „Rabočij" (Der Arbeiter). In: N. G.: Sobranie sočinenij v četyrech tomach (Gesammelte Werke in 4 Bden.). Hrsg. von G. P. Struve und B. A. Filippov. Washington: Viktor Kamkin, Inc., 1962–1968. Bd. 2. Deutsche Übersetzung von Eva Rönnau.

Ders.: „V severnom more" (In der Nordsee). In: N. G.: Sobranie sočinenij v četyrech tomach (Gesammelte Werke in 4 Bden.). Hrsg. von G. P. Struve und B. A. Filippov. Washington: Viktor Kamkin, Inc., 1962–1968. Bd. 2. Deutsche Übersetzung von Eva Rönnau.

Semën Kirsanov: „Germanija" (Deutschland). In: S. K.: Isbrannye stichotvorenija (Ausgewählte Gedichte). Hrsg. von V. V. Kazin. Moskau: Sovetskij pisatel', 1956.

Vladimir Majakovskij: „Germanija" (Deutschland). In: Polnoe sobranie sočinenij v 13–i tomach (Sämtliche Werke in 13 Bden.). Hrsg. von L. V. Majakovskuju, V. V. Voroncov und A. I. Koloskov. Moskau: Chudožestvennaja literatura, 1961. Bd. 4. Deutsche Übersetzung von Hugo Huppert. In: V. M., Werke in 10 Bänden. © Insel Verlag, Frankfurt am Main 1973.

Ders.: „Uže!" (Schon!). In: Polnoe sobranie sočinenij v 13–i tomach (Sämtliche Werke in 13 Bden.). Hrsg. von L. V. Majakovskaja, V. V. Voroncov und A. I. Koloskov Moskau: Chudožestvennaja literatura, 1961. Bd. 5. Deutsche Nachdichtung von Hugo Huppert. In: V. M.: Werke in 10 Bänden. © Insel Verlag, Frankfurt am Main 1973.

Ders.: „Dva Berlina" (Zweierlei Berlin). In: Polnoe sobranie sočinenij v 13–i tomach (Sämtliche Werke in 13 Bden.). Hrsg. von L. V. Majakovskaja, V. V. Voroncov und A. I. Koloskov. Moskau: Chudožestvennaja literatura, 1961. Bd. 6. Deutsche Übersetzung von Hugo Huppert. In: V. M.: Werke in 10 Bänden. © Insel Verlag, Frankfurt am Main 1973.

Ders.: „Vojna ob-javlena" (Der Krieg ist erklärt). In: V. M.: Polnoe sobranie sočinenij v 13–i tomach (Sämtliche Werke in 13 Bden.). Hrsg. von L. V. Majakovskaja, V. V. Voroncov und A. I. Koloskov. Moskau: Chudožestvennaja literatura, 1961. Bd. 1.

Osip Mandel'štam: „Ljuteranin" (Der Lutheraner): In: O. M.: Sobranie sočinenij v trech tomach (Gesammelte Werke in drei Bden.). Hrsg. von G. P. Struve und B. A. Filippov. Bd. 1, Washington: Inter-Language Literary Associates, 1967. Deutsche Übersetzung von Dagmar Herrmann.

Ders.: „Bach". In: O. M.: Sobranie sočinenij v trech tomach (Gesammelte Werke in drei Bden.). Hrsg. von G. P. Struve und B. A. Filippov. Bd. 1, Washington: Inter Language Literary Associates, 1967. Deutsche Übersetzung von Dagmar Herrmann.

Ders.: „K nemeckoj reči" (An die deutsche Sprache). In: O. M. Sobranie sočinenij v trech tomach (Gesammelte Werke in drei Bden.). Hrsg. von G. P. Struve und B. A. Filippov. Bd. 1, Washington: Inter-Language Literary Associates, 1967. Deutsche Übersetzung in: Ossip Mandelstam: Mitternacht in Moskau. Die Moskauer Hefte. Gedichte 1930–1934. Zürich Ammann-Verlag, 1987, S. 139f. (zweisprachig).

Vladimir Nabokov: „Berlinskaja vesna" (Frühling in Berlin). In: V. N.: Stichi (Gedichte). Ann Arbor: Ardis, 1979. Deutsche Übersetzung von Kay Borowsky.

Ders.: „Prochožij s elkoj" (Passant mit Weihnachtsbaum). In: V. N. Stichi (Gedichte). Ann Arbor: Ardis, 1979. Deutsche Übersetzung von Kay Borowsky.

Ders.: „Veršina" (Der Gipfel). In: V. N.: Stichi (Gedichte). Ann Arbor: Ardis, 1979. Deutsche Übersetzung von Kay Borowsky.

Boris Pasternak: „Marburg". In: B. P. Sočinenija v trech tomach (Werke in drei Bden.). Hrsg. von G. P. Struve und B. A. Filippov. Ann Arbor: The University of Michigan Press, 1961, Bd. 1. Deutsche Übersetzung von Rolf-Dietrich Keil.

Sergej Tret'jakov: „Marš-plakat" (Marsch-Plakat). In: „Izvestija" vom 7. November 1923. Deutsche Übersetzung von Berndt Jentsch. In: Russische Lyrik. Gedichte aus drei Jahrhunderten. Ausgewählt und eingeleitet von Efim Etkind. München/Zürich: Piper, 1981.

Maksimilian Vološin: „Dušno v komate" (Im Zimmer ist es stickig). In: M. V.: Stichotvorenija i poèmy v dvuch tomach (Gedichte und Poeme in zwei Bden.). Hrsg. von B. A. Filippov, G. P. Struve und N. A. Struve. Paris: YMCA-Press, 1982 und 1984. Bd. 2. Deutsche Übersetzung von Henning Sietz.

Ders.: „Pod znakom L'va" (Im Zeichen des Löwen). In: M. V.: Stichotvorenija i poèmy v dvuch tomach (Gedichte und Poeme in zwei Bden.). Hrsg. von B. A. Filippov, G. P. Struve und N. A. Struve. Paris: YMCA-Press, 1982 und 1984. Deutsche Übersetzung von Henning Sietz.

Ders.: „Nad poljami Al'zasa" (Über den Feldern des Elsaß). In: M. V.: Stichotvorenija i poèmy v dvuch tomach (Gedichte und Poeme in zwei Bden.). Hrsg. von B. A. Filippov, G. P. Struve und N. A. Struve. Paris: YMCA-Press, 1982 und 1984. Bd. 1. Deutsche Übersetzung von Henning Sietz.

Ders.: „Mir" (Der Friede). In: M. V.: Stichotvorenija i poèmy v dvuch tomach (Gedichte und Poeme in zwei Bden.). Hrsg. von B. A. Filippov, G. P. Struve und N. A. Struve. Paris: YMCA-Press, 1982 und 1984. Bd. 1. Deutsche Übersetzung von Henning Sietz.

Ders.: „Poroch" (Das Pulver). In: M. V.: Stichotvorenija i poèmy v dvuch tomach (Gedichte und Poeme in zwei Bden.). Hrsg. von B. A. Filippov, G. P. Struve und N. A. Struve. Paris: YMCA-Press, 1982 und 1984. Bd. 2. Deutsche Übersetzung von Henning Sietz.

Ders.: „Tangejzer" (Tannhäuser). In: M. V. Stichotvorenija i poèmy v dvuch tomach (Gedichte und Poeme in zwei Bden.). Hrsg. von B. A. Filippov, G. P. Struve und N. A. Struve. Paris: YMCA-Press, 1982 und 1984. Bd. 1. Deutsche Übersetzung von Henning Sietz.

Bildnachweise

Seite 13: Anna Achmatova Ende der dreißiger Jahre. A. A. Stichotvorenija i poėmy. Leningrad: Sovetskij Pisatel', 1977, vor S. 177.
Seite 23: Ėduard Bagrickij. Aus: E. B.: Stichotvorenija i poemy. Moskau, Leningrad: Sovetskij pisatel', 1964. Frontispiz.
Seite 41: Andrej Belyj während seiner Zeit in Dornach, 1914–1916. Aus: Andrej Belyj: Verwandeln des Lebens. Erinnerungen an Rudolf Steiner. Basel: Zbinden Verlag, 1977. Frontispiz.
Seite 64: Vladislav Chodasevič. Aus: Wladislaw Chodassjewitsch. Europäische Nacht. Ausgewählte Gedichte. Tübingen: Günter Narr Verlag, 1985. Frontispiz.
Seite 76: Vladimir Nabokov in Le Boulou (Ost-Pyrenäen), 1929. Aus: Vladimir Nabokov: Sprich, Erinnerung, sprich. Wiedersehen mit einer Autobiographie. Reinbek bei Hamburg: Rowohlt, 1984, S. 259.
Seite 95: Aleksandr Blok, 1906. Aus: Aleksandr Blok: Sobranie sočinenij v vos'mi tomach (Gesammelte Werke in 8 Bden.). Hrsg. von V. N. Orlov, A. A. Surkov und K. I. Čukovskij. Moskau, Leningrad 1960–1963. Bd. 2, Frontispiz.
Seite 119: Valerij Brjusov, circa 1900. Aus: Cvetaeva. Fotobiografija. / Tsvetaeva. A pictorial Biography. Hrsg. von Ellendea Proffer. Ann Arbor: Ardis, 1980, S. 139.
Seite 141: Saša Černyj. Aus: Saša Černyj: Soldatskie skazki (Soldatenmärchen). Paris: LEV, 1978. Frontispiz.
Seite 179: Marina Cvetaeva, 1912. Aus: Cvetaeva. Fotobiografija, a.a.O., S. 22.
Seite 217: Nikolaj Gumilev, ca. 1914. Aus: Ebenda, S. 138.
Seite 229: Vladimir Majakovskij. Aus: V. M., Izbrannye sočinenija. Hrsg. von N. N. Aseev, L. V. Majakovskaja und V. O. Percov. Moskau: Chudožestvennaja literatura, 1949. Frontispiz.
Seite 256: Sergej Trel'jakov, 1925. Aus: Kratkaja literaturnaja ėnciklopedija (Kurzgefaßte Literatur-Enzyklopädie). Moskau: Sovetskaja ėnciklopedija 1972, Bd. 7, Sp. 613.
Seite 265: Semen Kirsanov. Aus: Ebenda, Bd. 3, Sp. 542.
Seite 275: Osip Mandel'štam. Aus: Osip Mandel'štam: Stichotvorenija. Hrsg. von N. I. Charžiev. Leningrad: Sovetskij pisatel', 1974.
Seite 295: Boris Pasternak. Aus: Cvetaeva. Fotobiografija, a.a.O., S. 134.
Seite 315: Maksimilian Vološin, etwa 1926–1930 in Koktebel' (Krim). Aus: Maksimilian Vološin: Stichotvorenija i poėmy v dvuch tomach (Gedichte und Poeme in 2 Bden.). Hrsg. von B. A. Filippov, G. P. Struve und N. A. Struve. Paris: YMCA-Press, 1982 und 1984. Bd. 2, S. 5.